本书获中南林业科技大学研究生教材出版基金资助

环境法基本问题

姜素红 ◎ 编著

知识产权出版社
全国百佳图书出版单位
——北京——

图书在版编目（CIP）数据

环境法基本问题/姜素红编著.—北京：知识产权出版社，2021.11
ISBN 978-7-5130-7759-0

Ⅰ.①环… Ⅱ.①姜… Ⅲ.①环境保护法—研究—中国 Ⅳ.① D922.680.4

中国版本图书馆 CIP 数据核字（2021）第 201424 号

内容提要

本书以环境法理论与立法实践为对象，对环境法的基本理论、基本原则、基本制度及环境法律责任作了深入浅出的介绍。通过对环境法理论与实践的分析与认识，能够应用环境法的基础理论解释一般的环境法律现象，并准确地适用环境法律制度。

本书适合环境法学的学生学习使用，亦可作为对环境法感兴趣的读者、从事环保工作的实务工作者学习的参考文献。

责任编辑：宋 云 赵 昱	责任校对：谷 洋
文字编辑：赵 昱	责任印制：孙婷婷

环境法基本问题

姜素红 编著

出版发行：知识产权出版社有限责任公司	网　　址：http://www.ipph.cn
社　　址：北京市海淀区气象路 50 号院	邮　　编：100081
责编电话：010-82000860 转 8388	责编邮箱：songyun@cnipr.com
发行电话：010-82000860 转 8101/8102	发行传真：010-82000893/82005070/82000270
印　　刷：北京九州迅驰传媒文化有限公司	经　　销：各大网上书店、新华书店及相关专业书店
开　　本：720mm×1000mm　1/16	印　　张：18
版　　次：2021 年 11 月第 1 版	印　　次：2021 年 11 月第 1 次印刷
字　　数：264 千字	定　　价：79.00 元
ISBN 978-7-5130-7759-0	

出版权专有　侵权必究

如有印装质量问题，本社负责调换。

目 录

导 论 ·· 1

第一编 环境法的基本理论 ···································· 15

第一章 可持续发展理论 ·· 17
第一节 可持续发展理论的产生 ································ 17
第二节 可持续发展的内涵 ·· 21
第三节 可持续发展的特征 ·· 26

第二章 环境权理论 ·· 30
第一节 环境权的产生 ·· 30
第二节 环境权的含义 ·· 36
第三节 环境权的本质 ·· 48

第三章 循环经济理论 ·· 60
第一节 循环经济及其发展的层次 ···························· 60
第二节 循环经济的基本特征 ···································· 63
第三节 循环经济三原则 ·· 66

第二编 环境法的基本原则 ···································· 69

第四章 保护优先原则 ·· 73
第一节 保护优先原则的演进 ···································· 73

　　　　第二节　保护优先原则的含义……………………77
　　　　第三节　保护优先原则的地位和适用………79
　第五章　预防为主原则………………………………82
　　　　第一节　预防为主原则的概念………………82
　　　　第二节　预防为主原则的适用………………84
　第六章　公众参与原则………………………………88
　　　　第一节　公众参与原则的形成………………88
　　　　第二节　公众参与原则的概念………………91
　　　　第三节　公众参与原则的适用………………95
　第七章　损害担责原则………………………………98
　　　　第一节　损害担责原则的形成………………98
　　　　第二节　损害担责原则的内涵………………105
　　　　第三节　损害担责原则的适用………………113

第三编　环境法的基本制度……………………119

　第八章　环境影响评价制度…………………………121
　　　　第一节　环境影响评价制度概述……………121
　　　　第二节　我国环境影响评价制度的
　　　　　　　　主要内容………………………………127
　第九章　环境行政许可制度…………………………136
　　　　第一节　环境行政许可制度概述……………136
　　　　第二节　环境行政许可的设定和实施………141
　第十章　清洁生产制度………………………………146
　　　　第一节　清洁生产制度概述…………………146
　　　　第二节　清洁生产制度的形成与发展………148
　　　　第三节　我国清洁生产法的主要内容………154
　第十一章　"三同时"制度……………………………161

第一节 "三同时"制度概述 …………… 161
第二节 "三同时"制度的内容 ………… 166

第十二章 突发环境事件应急制度 …………… 169
第一节 突发环境事件应急制度概述 … 169
第二节 突发环境事件应急制度的预警和实施 ……………………………… 174

第四编 环境法律责任 …………………………… 183

第十三章 环境民事法律责任 ………………… 187
第一节 环境民事法律责任概述 ……… 187
第二节 环境民事法律责任的确认 …… 192
第三节 环境民事法律责任的实现 …… 199
第四节 环境民事赔偿责任社会化与环境公益诉讼 …………………… 204

第十四章 环境行政法律责任 ………………… 216
第一节 环境行政法律责任概述 ……… 216
第二节 环境行政法律责任的构成和免除 …………………………… 221
第三节 环境行政法律责任的实现 …… 225

第十五章 环境刑事法律责任 ………………… 236
第一节 环境刑事法律责任的确认与免除 …………………………… 236
第二节 环境刑事法律责任的实现 …… 252
第三节 环境刑事法律责任立法 ……… 255

参考文献 ……………………………………………… 268
后记 …………………………………………………… 281

导　论

环境法学是以环境法律部门为主要研究对象的一门法学重要学科，具有显著的人文社会科学与自然科学交叉的特征。环境问题是当前人类面临的一个重大问题，生态文明时代，加强对环境的保护及加强对环境法学基础理论的研究具有重要的理论和现实意义。

一、环境

"环境"一词在日常生活中经常会被提到，使用也十分广泛，但是在不同的情景下其含义往往是不一样的。一般来说，人们使用"环境"一词，首先要确定一个中心主体，然后将周围的事物称为这个主体事物的环境。故主体事物不同，环境的含义也不同。

（一）环境的定义和分类

环境是指围绕某一中心事物的外部条件的总和。或者说作用于某一特定事物的所有外部影响与力量的总和，叫作该事物的环境。因此，只要谈到环境，则必然有一中心事物，离开中心事物的环境是不存在的。对于环境概念来说，这一要求具有普遍意义。

环境科学上的环境是指围绕人群的空间和作用于人类这一特定对象的所有外界影响与力量的总和。因而这一环境也可以叫作人类环境，简称为环境。

环境法上的环境必然会受到各国政治、经济及法律文化背景的影响，受到各国的环境立法表述及环境管理对象的约束，故不同的国家其环境定义各不相同。从定义的方式来看，大致有概括式、列举式和混合式三种。概括式的优点在于强调环境的整体性，缺点是太抽象，使人们无法清楚地知道到底哪些是该国法律所要保护的对象；列举式的好处是能够使人们对法律所要保护的对象一目了然，缺点是因范围固定，从而适应性差；混合式则克服了上述两种定义方式的不足，因而是给环境下定义的一个比较好的方式。我国环境法采取概括式和列举式相结合的混合式方法对环境进行定义。即先对环境作概括式规定，列举了与人类密切相关的15类环境要素。《中华人民共和国环境保护法》（以下简称《环境保护法》）第2条规定："本法所称环境，是指影响人类生存和发展的各种天然的和经过人工改造的自然因素的总体，包括大气、水、海洋、土地、矿藏、森林、草原、湿地、野生生物、自然遗迹、人文遗迹、自然保护区、风景名胜区、城市和乡村等。"

环境所涉的事物范围广泛，因而对其进行分类的方法很多，主要有以下四种。

（1）按环境功能的不同，分为生活环境和生态环境。《中华人民共和国宪法》（以下简称《宪法》）第26条就采用了这种分类方法。所谓生活环境是指与人类生活密切相关的各种天然的和经过人工改造的自然因素。生态环境是指生物有机体周围的生存空间的生态条件的总和。生态环境由许多生态因子综合而成，这些生态因子包括生物因子和非生物因子两个方面。生物因子包括动物、植物、微生物等；非生物因子包括大气、水分、土壤、温度、光及无机盐等。在自然界，生物因子和非生物因子相互联系、相互影响，所有生态因子的综合体即为生态环境。

（2）按组成自然环境的各种要素的不同，可分为水环境、大气环境、海洋环境、生物环境、土壤环境等。这种分类方法具有重要意义，我国各环境资源单行法就是采用环境要素分类法。

（3）按组成环境的物质与人类活动关系的不同，可将自然环境分为天然环境和人工环境。天然环境是指地球在发展演化过程中自然形成的、未受人类影响或只受人类轻微影响尚保持自然风貌的环境，如原始山脉、原始森林、天然草场、河流、湖海等。人工环境也称为人为环境，是指在天然环境的基础上，经过人工改造的环境，如城市、乡村、人工修建的水库等。

（4）按照环境的范围大小的不同，分为宇宙环境、地球环境、区域环境和聚落环境等。所谓宇宙环境，是指大气层以外的宇宙空间，它是人类活动进入大气层以外的空间和地球邻近天体的过程中提出的新概念。地球环境，也称为地理环境，是指大气圈中的对流层、水圈、土壤圈、岩石圈和生物圈。区域环境，是指占有某一特定地域空间的自然环境，它是由地球表面不同地区的五个自然圈层相互配合而形成的。聚落环境，是指人类聚居和生活场所的环境。

应当指出的是，各种环境分类是相对的，各种环境因素相互联系、相互制约，共同构成不可分割的环境整体。

（二）相关概念辨析

随着环境问题日益受到关注，"环境"以及与"环境"相关的概念，如生态、生态环境、自然环境等也被广泛提及和使用。为了便于更加准确地理解和把握"环境"这一概念，有必要对相关概念进行辨析。

1.生态

生态（ecological），通常指生物的状态以及生物与环境之间、不同生物个体之间的关系。与之相关联的概念就是生态系统（ecosystem），它是指在一定的空间范围内生物和非生物成分通过物质的循环及能量流动而组成的生态学功能单位。通过对"生态"和"生态系统"概念的定义不难看出，环境与生态之间区别在于各种自然因素所围绕的中心事物不同。生态偏重于生物与其周边事物的关系，而环境则是以人类为中心的外部事物的总体。

2.生态环境

生态环境（ecological environment）的概念，在我国正式出现是在1982年《宪法》中。《宪法》第26条规定，国家保护和改善生活环境和生态环境。在此，"生态环境"是"环境"的一类属概念，其与生活环境相对，

3

是指自然界生态平衡的环境。

3. 自然环境

自然环境（natural environment）这一概念多出现在社会学研究中，是指人类赖以生存和发展的各种自然因素的总和。一方面，自然环境是人类存在和发展的基础条件，影响社会生产部门的布局和发展方向，影响社会的政治和文化；❶ 另一方面，随着科学技术的发展和生产力的进步，对社会发生作用的自然条件会越来越多，因而自然环境的范围也会随之扩大。

（三）环境与人类的关系

这里所说的环境与人类的关系主要是指自然环境与人类的关系。人类作为大自然的一个组成部分，是自然环境长期发展演化的产物。所以，人类对自然环境有着天然的依赖性。自然环境对人类有三方面的作用。首先，自然环境是人类赖以生存和延续的条件。其次，自然环境是人类生活、生产和其他各种活动的场所、空间。最后，自然环境是人类获取各种生活资料和生产资料的源泉。

人类开发利用环境，环境又反作用于人类，人类与自然环境始终处于相互作用和影响的矛盾统一体中。为了生存和发展，人类从诞生的第一天起就在开发利用自然环境和资源。人类和一般动物不同，一般动物只会适应自然环境，而人类则会改造自然环境，使自然环境为自己的利益服务，以满足自己的物质和精神需要。

在处理人类与自然环境的关系时，人类往往过分陶醉于对自然的胜利。其实，人类对自然的每一次胜利，都要付出高昂的代价，都要受到自然界的报复。❷ 因此，我们在处理人类与自然环境的关系时，必须记取前人盲目改造自然的教训，不应再以自然征服者的姿态自居，而应按自然发展的规律去开发利用自然环境。人类要想长久地生存和发展下去，就必须

---

❶ 肖云忠：《社会学概论》，清华大学出版社2012年版，第40—41页。
❷ 《马克思恩格斯选集》（第4卷），人民出版社1995年版，第383页。

牢记自己是自然界的一部分，审慎地对待自然界，合理开发利用自然环境和资源，与环境建立一种和谐的关系，与自然界和谐共处。

二、环境问题

人类开发利用自然环境及其中的自然资源，就必然会产生环境问题。这既是由于认识和掌握自然规律是一个长期而复杂的过程，又是因为人口增多和社会经济制度等因素，使得环境问题日益突出。

（一）环境问题的定义

环境问题是指因自然环境的运动变化而给人类造成的一切有害影响。环境问题是当前人类所面临的重大问题，涉及人类是否能可持续发展。

环境问题的产生，既有自然原因，也有人为原因。某些自然现象如地震、火山爆发、台风、洪水等可以在短时间内，在一定地区和范围引起环境问题。这类环境问题在人类出现以前就存在，且难以为人类所预见和预防。人为原因引起的环境问题，是指由于人类破坏了环境，致使环境给人类带来灾难。如向水体排放过多的废水会造成水体污染，向空中排放废气会造成大气污染，对森林的过度砍伐会造成水土流失和荒漠化等。

（二）环境问题的分类

根据环境问题产生的原因是自然的还是人为的，环境问题分为原生环境问题和次生环境问题两大类。

1. 原生环境问题

原生环境问题又称第一类环境问题，是指因为自然现象所引起的环境问题。这类环境问题在人类出现以前就有，绝大多数情况属于人类难以预见和预防的。法律上称之为"不可抗力"。

2. 次生环境问题

次生环境问题又称第二类环境问题，是指因为人为原因所引起的环境问题。环境科学和环境法学所研究的环境问题主要是这类环境问题。人类如果能够合理地开发利用自然环境，就可以在很大程度上避免或减缓这类环境问题的发生。当代的环境问题主要是次生环境问题。在日本和我国台湾地区，则称之为"公害"。

然而，在次生环境问题与原生环境问题之间存在着某些联系，有时不能把它们截然分开。第一类环境问题虽是由自然现象所引起，但其中有些却是人类活动产生的。如地震可能因修建大型水库而诱发；洪水泛滥、泥石流肆虐、山体滑坡可因砍伐水源保护林和其他森林而引起；酸雨、黑雨、红雪可因人类排放大气污染物而形成。

次生环境问题一般可分为环境污染和环境破坏。环境污染主要是指由于人们在生产建设或者其他活动中产生的废水、废气、废渣、粉尘、噪声、放射性物质、电磁波辐射等对环境的污染和损害。

在多数情况下，环境污染的产生是由污染源排放了污染物所造成的。污染源是造成环境污染的污染物的发生源，通常是指向环境排放有害物质或对环境产生有害影响的场所、设备和装置。按污染物排放的空间分布方式，可将其分为点污染源和面污染源；按污染物的排放种类，可将其分为有机污染源、无机污染源、噪声污染源、热污染源、辐射污染源、病原体污染源和同时排出多种污染物的混合污染源等；按人类活动的功能，可将其分为工业污染源、农业污染源、交通运输污染源、生活污染源等。污染物是指进入环境后使环境的正常组成和性质发生直接或间接有害于人类的变化的物质和能量。按受污染物影响的环境要素分，可将其分为大气污染物、水污染物、土壤污染物等；按污染物的性质分，可将其分为化学污染物、物理污染物和生物污染物；按污染物的形态分，可将其分为气体污染物、液体污染物、固体污染物、能量污染物等。

环境破坏是指由于人类不合理地开发和利用自然资源，过度向环境索取物质或者能量，使自然资源的恢复和繁殖能力受到破坏的现象，如水土流失、土地荒漠化、盐渍化、生态平衡失调等。环境破坏和环境污染具有密切联系，二者具有复合效应。环境破坏会降低环境的自净能力，如森林减少会加重大气污染，而环境污染又会降低生物生产量，加剧环境破坏。

环境问题在人类和生产力发展的不同阶段有着不同的表现形式，其后果和危害程度也因时因地而异。早期的环境问题主要是人类对自然资源过度索取造成的环境破坏，18世纪工业革命以后的环境问题主要是环境污染。当代环境问题既是政治问题、经济问题、生态问题、技术问题、国际问题，也是道德问题，环境问题的解决有赖于人类生态观和价值观的转型。

三、环境保护

日趋严重的环境问题，不仅影响经济和社会的发展，而且危害人类健康，甚至危及人类的生存。严峻的现实迫使人类不得不认真对待环境问题，重视环境保护。

（一）环境保护的定义

环境保护是指为了解决环境问题，保护和改善自然环境而采取的各种措施，实施的各种行动的总称。

对环境保护内容的认识，有一个历史发展过程。在20世纪50年代，人们对环境保护的认识还比较狭隘，通常认为环境保护是局部地区的问题。时至今日，环境保护已是一个内容十分广泛的概念，而且这种广泛的内容正向综合性、系统性转变。总的来说，环境保护主要有两个方面的内容：一是保护和合理开发利用自然资源，二是防治污染和其他公害。环境保护的最终目的，是保证人类社会和自然界的持续协调发展。

（二）我国的环境保护

我国的环境保护从中华人民共和国成立至今，大致经历了产生、发展、强化和完善四个发展阶段。

1.1949—1978年，是我国的环境保护和环境法的产生阶段

从1949年中华人民共和国成立到1973年第一次全国环境保护会议召开之前，是我国的环境保护事业兴起和环境法的孕育阶段。这一时期我国较为重视对作为农业命脉的自然环境要素的保护，并且确立了自然资源的

公有制形式。当时施行的1954年《宪法》规定："矿藏、水流，由法律规定为国有的森林、荒地和其他资源，都属于全民所有。"

在自然资源管理立法方面，国家较为重视对水土保持、森林保护、矿产资源保护等方面的行政管理，并制定了若干纲要和条例。如：1950年颁布第一部矿产资源法规《中华人民共和国矿业暂行条例》，1953年颁布《国家建设征用土地办法》，1956年颁布《矿产资源试行条例》，1957年颁布《中华人民共和国水土保持暂行纲要》，1963年颁布《森林保护条例》等。

在环境污染防治方面，1956年颁布的《工厂安全卫生规程》是我国第一部针对工业污染防治的法规，1959年颁布《生活饮用水卫生规程》，1960年颁布《放射性工作卫生防护暂行规定》。

孕育阶段的环境立法零散，内容规定较原则，且没有以环境保护思想为指导。

从1973年第一次全国环境保护会议召开至1978年党的十一届三中全会，是我国环境保护工作和环境法艰难产生的阶段。1972年，我国派代表团参加联合国人类环境会议。1973年，国务院召开第一次全国环境保护会议，把环境保护提到国家管理的议事日程。会议拟定了我国第一个保护环境的综合性行政法规《关于保护和改善环境的若干规定（试行草案）》。1974年，我国成立国务院环境保护领导小组。

第一次全国环境保护会议之后，我国加快了防治污染的立法步伐。如：1973年颁布《工业"三废"排放试行标准》，对工业污染及废气、废水、废渣的允许排放量和排放标准作了详细规定。1974年国务院颁布我国第一部防治环境污染的正式行政法规《防治沿海水域污染暂行规定》。

1978年我国修改了《宪法》。《宪法》第11条规定："国家保护环境和自然资源，防治污染和其他公害。"从而使环境保护成为国家的一项重要职能，为我国的环境保护进入法制轨道开辟了道路。

2.1979—1988年，是我国的环境保护和环境法的发展阶段

1979年以来，随着经济的快速增长，环境保护在国家经济社会生活中

的重要性也被提到了一个新的高度。1979年颁布《中华人民共和国环境保护法（试行）》，这是我国第一部环境保护的综合立法，标志着我国环境法律体系开始建立。1981年国务院发布《关于在国民经济调整时期加强环境保护工作的决定》，对《中华人民共和国环境保护法（试行）》进行补充和具体化。进入20世纪80年代后，我国的环境立法发展十分迅速，并成为中国法制建设最为活跃的领域之一。

1982年对《宪法》又作了修改，第26条规定："国家保护和改善生活环境和生态环境，防治污染和其他公害。"与1978的《宪法》相比，扩大了环境的对象，同时还增加了一些合理开发利用自然资源的条款。这为后来我国环境保护立法的发展和强化提供了依据。

在环境污染防治方面的法律有：1982年制定的《中华人民共和国海洋环境保护法》（以下简称《海洋环境保护法》），1984年制定的《中华人民共和国水污染防治法》（以下简称《水污染防治法》），1987年制定的《中华人民共和国大气污染防治法》（以下简称《大气污染防治法》）。在自然资源保护方面的法律有：1984年制定的《中华人民共和国森林法》，1985年制定的《中华人民共和国草原法》，1986年制定的《中华人民共和国渔业法》《中华人民共和国矿产资源法》《中华人民共和国土地管理法》，1988年制定的《中华人民共和国水法》《中华人民共和国野生动物保护法》。

国务院通过的环境污染防治方面的行政法规有：1983年制定的《防治船舶污染海域管理条例》《中华人民共和国海洋石油勘探开发环境保护管理条例》，1985年制定的《中华人民共和国海洋倾废管理条例》。自然资源保护方面的行政法规有：1982年制定的《水土保持工作条例》，1988年制定的《土地复垦规定》《森林防火条例》。环境管理方面的行政法规有：1982年制定的《征收排污费暂行办法》，1983年制定的《环境监测管理条例》《环境保护标准管理办法》，1984年制定的《关于加强乡镇、街道企业环境管理的规定》，1986年制定的《建设项目环境保护管理办法》《对外经济开放地区环境管理暂行规定》等。另外，国务院有关部委还制定了大量的环境保护的行政规章，各地方结合各自的实际情况制定了大量的地方环境保护法规和规章。

3.1989—2011年，是我国的环境保护和环境法的强化阶段

这一阶段我国的经济得到快速发展，国家环境保护事业和法制建设也进入了一个蓬勃发展的时期。面对严峻的环境资源瓶颈，我党提出了建设生态文明的主张。"生态文明"最早出现在党的十六大报告中，作为全面建设小康社会的奋斗目标之一被提出。党的十六届五中全会将其纳入建设"资源节约型社会"和"环境友好型社会"目标。党的十七大报告将生态文明建设作为全面建设小康社会的新要求。1989年全国人大常委会完成了对《环境保护法（试行）》的修订，颁布了《环境保护法》，对于我国环境保护的基本法律原则和制度进行了较为全面与系统的规定。

在污染防治方面，颁布了《中华人民共和国环境噪声污染防治条例》（1989年）、《中华人民共和国环境噪声污染防治法》（1996年）、《中华人民共和国放射性污染防治法》（2003年）等。同时，还根据环境保护形势的发展对《海洋环境保护法》《水污染防治法》《大气污染防治法》等进行了修订。

在保护生态环境和资源方面，颁布《中华人民共和国水土保持法》（1991年）、《中华人民共和国防沙治沙法》（2001年）、《中华人民共和国海域使用管理法》（2001年）、《中华人民共和国海岛保护法》（2009年）等。同时，还根据环境保护形势的发展对《中华人民共和国水法》《中华人民共和国野生动物保护法》等进行了修订。

为适应可持续发展的需要，颁布或修订《中华人民共和国清洁生产促进法》（2002年）、《中华人民共和国环境影响评价法》（2002年）、《中华人民共和国可再生能源法》（2005年）、《中华人民共和国节约能源法》（2007年）、《中华人民共和国循环经济促进法》（2008年），这些法律都进一步扩展了环境立法的范围，完善了环境保护的法律体系。同时，全国人大常委会批准加入了一系列国际环境公约，中国成为国际环境事务中的重要主体。

此外，在其他一些部门法的立法中，也对环境保护作了相应的规定。

如《中华人民共和国民法典》(以下简称《民法典》)中的物权编、侵权责任编,《中华人民共和国民事诉讼法》《中华人民共和国刑法》等对相邻关系、环境污染损害赔偿责任、环境民事公益诉讼以及危害环境资源罪等作了规定。2001年的《中华人民共和国刑法修正案(二)》针对毁林开垦和乱占滥用林地,对条文进行了修改。2002年的《中华人民共和国刑法修正案(四)》对废物、林木资源的犯罪作了规定。2009年的《中华人民共和国刑法修正案(七)》对走私珍稀植物的犯罪作了规定。2011年的《中华人民共和国刑法修正案(八)》针对排放、倾倒或处置废物,调低了入罪的要求,凡违反国家规定,且严重污染环境的,即追究刑事责任。

4.2012年至今,是我国环境保护和环境法的完善阶段

2012年,党的十八大报告在将建设社会主义法治国家作为治国理政的总方略的同时,把中国特色社会主义事业由经济建设、政治建设、文化建设、社会建设"四位一体"拓展为包括生态文明建设的"五位一体"的总体布局。党的十八届三中全会通过的《中共中央关于全面深化改革若干重大问题的决定》指出:"建设生态文明,必须建立系统完整的生态文明制度体系,实行最严格的源头保护制度、损害赔偿制度、责任追究制度,完善环境治理和生态修复制度,用制度保护生态环境。"❶该决定将党的十八大报告精神进行深化与细化,提出建立系统完整的、最严格的生态文明制度体系的总要求。2015年9月中共中央、国务院印发《生态文明体制改革总体方案》,要求加快建立系统完整的生态文明制度体系,加快推进生态文明建设,增强生态文明体制改革的系统性、整体性、协调性。这为中国环境法的发展带来了新的机遇:一方面,中国环境法律体系的规模不断扩大。如制定了《畜禽规模养殖污染防治条例》(2013年)、《城镇排水与污水处理条例》(2013年)、《中华人民共和国环境保护税法》(2016年)、《中华人民共和国深海海底区域资源勘探开发法》(2016年)、《中华人民共和国土壤污染防治法》(2018年)、《中华人民共和国资源税法》(2019年)。

---

❶ 《中共中央关于全面深化改革若干重大问题的决定》,《人民日报》2013年11月16日。

另一方面，中国环境法律的质量不断提升。2014年4月24日，第十二届全国人大常委会第八次会议审议通过《中华人民共和国环境保护法（修订案）》。修订案回应了当前中国发展过程中如何处理环境与发展关系的一些根本性、综合性问题，回应社会对"美丽中国"的殷切期待。此外，还修订或修正了《中华人民共和国清洁生产促进法》（2012年）、《中华人民共和国农业法》（2012年）、《中华人民共和国渔业法》（2013年）、《中华人民共和国草原法》（2013年）、《中华人民共和国畜牧法》（2015年）、《中华人民共和国电力法》（2015年）、《中华人民共和国文物保护法》（2015年）、《中华人民共和国煤炭法》（2016年）、《中华人民共和国防洪法》（2016年）、《中华人民共和国水法》（2016年）、《中华人民共和国气象法》（2016年）、《中华人民共和国固体废物污染环境防治法》（2016年、2020年）、《中华人民共和国海洋环境保护法》（2017年）、《中华人民共和国水污染防治法》（2017年）、《中华人民共和国大气污染防治法》（2018年）、《中华人民共和国环境影响评价法》（2018年）、《中华人民共和国节约能源法》（2018年）、《中华人民共和国野生动物保护法》（2018年）、《中华人民共和国环境噪声污染防治法》（2018年）、《中华人民共和国循环经济促进法》（2018年）、《中华人民共和国森林法》（2019年）、《中华人民共和国城乡规划法》（2019年）等。

其他部门法中有关环境立法内容也不断更新完善。首先是民事立法方面，主要体现在2020年通过的《民法典》中总则编的第9条规定了绿色原则"民事主体从事民事活动，应当有利于节约资源、保护生态环境"。《民法典》侵权责任编的第七章"环境污染和生态破坏责任"从第1229条到1235条专门规定环境责任，以及2015年最高人民法院专门针对"环境侵权责任"而制定的解释，《最高人民法院关于审理环境侵权责任纠纷案件适用法律若干问题的解释》有了更加细化的规定。其次是诉讼法方面，2012年和2017年修订的《中华人民共和国民事诉讼法》，规定了环境民事公益诉讼，不仅法律规定的机关和有关组织可以提起诉讼，检察院也可以向法院提起诉讼。2017年修订的《中华人民共和国行政诉讼法》，针对环境和资源领域，行政机关不履行职责或者不正确履行职责，检察院可向法院提起诉讼。

在持续、科学的立改废释过程中，我国的环境保护和环境法正在不断发展完善。

第一编

环境法的基本理论

第一章 可持续发展理论

可持续发展理论的产生源于解决经济发展与资源、环境保护之间的矛盾，其含义丰富并具有鲜明的特征。

第一节 可持续发展理论的产生

一、可持续发展理论产生的背景

可持续发展（sustainable development）的思想源远流长。我国春秋时期老子主张"道法自然"，与大自然和谐共处。《周易》提倡"生生不息变易观"，蕴含着朴素的可持续发展思想。先秦时期产生的保护生物资源以便持续利用的思想，可以说包含着朴素的经济可持续发展思想。西方的一些学者如马尔萨斯（Malthus）、李嘉图（Ricardo）、穆勒（Mill）等也认识到人类消费的物质限制，即意识到人类经济活动的范围始终存在着生态边界。

任何一种理论的产生，都根源于社会的物质生活条件，是人类对当时特定的物质生活条件思考的产物。可持续发展理论的产生也是如此，其不是凭空产生的，是人类对以破坏环境换来经济增长速度反思的结果。工业革命以来，随着人类"改造自然、征服自然"的不断推进，社会生产力显著提高，人类文明空前发展。但随之而来的环境问题也不断发生并日益恶化。在20世纪，世界环境污染公害事故显著增加。20世纪30—60年代发生了马斯河谷事件、多诺拉烟雾事件、伦敦烟雾事件、日本水俣病事件、四日市哮喘事件、米糠油事件、疼痛病事件、美国洛杉矶光化学烟雾事件等"旧八大公害事件"。这些公害事件致使众多人群非正常死亡、残疾，给人类带来了灾难。这就从根本上动摇了工业文明时代经济社会发展模式的合理性，迫使各国不得不寻找一种更为健康、有效的新型发展模式和发展思路。可持续发展理论正是人类反思工业文明、积极探索经济社会与资源环境和谐共生之路的产物。

可持续发展的理论渊源是生态伦理思想。自近代西方工业革命以来，人类与自然的关系日益异化，走上了一条与自然相对立的发展道路。20世纪中期以来，在出现了"旧八大公害事件"后，又产生了"新八大公害事件"，不但破坏了生产，而且对人们的身体健康造成极大损害。人类在反思人与自然的关系后，对人类中心主义产生了严重的质疑，随之兴起了生态中心主义。[1]

人类中心主义是"把人类的利益作为价值原点和道德评价的依据，人类的一切活动都是为了满足自己的生存和发展的需要，如果不能达到这一目的的活动就是没有任何意义的，因此，一切应当以人类的利益为出发点和归宿"。[2]"生态中心主义提出环境伦理学的中心问题应该是生态系统或生物共同体本身或它的亚系统，而不是它所包括的个体成员。生态中心论的根据是，生态学揭示了人类和自然的其他成员既有历时性也有共时性的关系，他们共同是生命系统的一部分。"[3]因此，我们应该考虑整个生态系统，而不是把母体与个体分隔开。多数现代的道德理论，把注意力集中于个体的权利或利益，与此不同，生态中心主义是一种整体论的或总体主义的方法。它依据对环境的影响判断人类行为的道德价值。因此，当其他方

---

[1] 刘仁忠、罗军：《可持续发展理论的多重内涵》，《自然辩证法研究》2007年第4期，第79–83页。
[2] 舒毅彪、毛自鹏：《普世价值与以人为本》，《科学社会主义》2010年第4期，第51页。
[3] 安婕：《论斯奈德诗歌对生态中心主义的解构》，《甘肃高师学报》2014年第1期，第29页。

法力图把传统的西方道德规范扩展至关于动物和环境问题时，生态中心主义力图建立一种新的伦理模式。"土地伦理学"和"深层生态学"是这种倾向的最重要的代表。生态中心主义者所面临的主要问题是如何把环境的利益与人类个体的权利与利益相协调。❶

1962年，美国莱切尔·卡逊（Rachel Carson）出版了《寂静的春天》，阐述了人类应与大自然中的其他生物和谐共处的观点。1972年，罗马俱乐部发表了《增长的极限》的研究报告，提出了自然环境的重要性，深刻揭示了"增长极限"的危机。由此人类开始了科学研究可持续发展问题的活动。

从人类中心主义、生态中心主义到可持续发展理论的嬗变，充分体现了人类对发展问题孜孜不倦的探索。可持续发展理论从根本上摒弃了通过对自然无限度索取来换取增长的模式，尊重自然，不仅关注人与自然的和谐共生，而且关注人与社会的和谐发展。❷

二、可持续发展理论产生的过程

为了寻求一种建立在环境承载能力之上的长久的发展模式，人们进行了孜孜不倦的探索。1972年6月，联合国在斯德哥尔摩召开了第一次世界环境会议，来自114个国家的代表参加会议，会议的主题是讨论环境保护问题。经过深入讨论，大会通过《人类环境宣言》，强调保护环境、保护资源，同时还强调要考虑到"将来的世世代代的利益"，首次阐述与可持续发展概念相近的思想。大会成立了以挪威首相布伦特兰夫人为首组成的"世界环境与发展委员会"，集中研究当前世界所面临的环境问题、应该采取的措施及战略。1980年3月5日，联合国向全世界发出呼吁："必须确保全球持续发展。"同年，国际自然保护同盟和世界野生生物基金会"共

---

❶ 李媛媛：《突显生态大学主题特色的环境法教育模式研究》，《中国法学教育研究》2013年第3期，第54页。

❷ 郇庆治、李云爱：《可持续发展观：生态主义向度》，《文史哲》1998年第3期，第110–116页。

同审定通过了《世界自然保护大纲》，其副标题是'为了可持续发展的生物资源保护'"❶，这是"可持续发展"概念首次出现在国际文件中。"1987年，世界环境与发展委员会应联合国大会的要求，提出了一份长达20万字的长篇报告——《我们共同的未来》"❷，正式提出了可持续发展的模式。"该报告分为'共同的问题''共同的挑战''共同的努力'三大部分"❸，全面、系统地评价了"人类在当前经济发展和环境保护方面存在的问题。该报告一针见血地指出，过去我们担忧的是发展对环境带来的负面影响，而如今我们则深切地感到生态破坏的恶果，如大气、水、土壤、森林的退化对发展带来的不利影响"❹，过去我们深深体会到在经济方面，国家之间相互依赖的重要性，而如今在生态方面我们同样感受到国家之间相互依赖的重要性，生态与经济的关系从来没有像现在这样，十分紧密地联系在一个互为因果的网络之中。1992年6月，在巴西里约热内卢召开了联合国环境与发展大会，通过了《里约热内卢环境与发展宣言》和《21世纪议程》，世界各国广泛接受了可持续发展思想，可持续发展思想成为指导各国经济社会发展的总战略。巴西里约热内卢会议第一次把可持续发展由理念推向了行动。为此，1992年12月，联合国特别设立了可持续发展委员会，目的就在于对各国执行和落实里约热内卢会议达成的各项协议，尤其是对《21世纪议程》的实施情况进行监督，并作出报告。

人类在发展道路和发展模式的选择上几经曲折：在人类社会前期，发展是一种较为盲目的、缺乏规划的发展；自工业革命以来形成的发展观把经济的发展、物质财富的增长作为唯一目标，仅注重对当代人物质需求的满足，而且错误地认为环境资源是"取之不尽，用之不竭"的，无视环境的承载能力，无视人类所处的地球生态系统的平衡，贪婪地掠夺、开发利

---

❶ 蔡守秋：《析2014年〈环境保护法〉的立法目的》，《中国政法大学学报》2014年第6期，第41页。
❷ 丰晓萌：《环境法学理论与实务研究》，中国水利水电出版社2015年版，第27页。
❸ 谭玲：《我国可持续发展法律制度之构建》，《现代法学》2003年第2期，第67页。
❹ 于法稳、叶谦吉：《可持续发展的实事求是观》，《重庆大学学报（社会科学版）》1998年第4期，第60页。

用环境资源，无节制地向环境中排放污染物。这种发展模式短期内的确促进了人类社会的发展与进步，但也导致了日益严重的环境污染和生态破坏，最终危及了人类的生存和发展，因而是不可持续的。

可持续发展正是人类在日益严重的全球环境危机面前，通过反思传统发展模式，重新审视人与自然关系基础上建构起来的。它是一种基于生态学、伦理学理念的发展观——人作为大自然的一员，作为整个地球生态系统的一环，必须将其发展与环境保护、资源节约结合起来。人的发展和自然的发展相互影响、相互制约、密不可分。

第二节　可持续发展的内涵

可持续发展概念的提出经历了一个从增长至发展，再到可持续发展的过程。

一、发展的含义

增长主要是指经济增长。罗马俱乐部对不顾环境承载能力，单纯追求经济增长的做法进行了十分强烈的批判，提出了"零增长"的主张，在世界范围内引起了广泛的反响，继而产生了悲观派和乐观派两派。悲观派认为，如果人口和资本的快速增长继续下去的话，世界将面临一场"灾难性的崩溃"。[1]而乐观派则认为，随着科学技术的进步和对资源利用效率的提高，粮食、能源短缺的现象，环境污染等问题，将得到有效解决。况且人的潜力是无限的。因此，世界的发展趋势是在不断改善而不是在逐渐变坏。[2]虽然乐观派的主张对于人类社会的发展具有一定的意义，但是屡

---

[1] ［美］D.梅多斯等：《增长的极限》，于树生译，商务印书馆1984年版，第64页。
[2] 刘东辉：《可持续发展之路》，北京大学出版社1994年版，第33页。

屡发生的环境悲剧在不断地提醒人们：资源是有限的，环境负荷也是有限的。单纯追求经济增长的做法是不可取的。增长应被发展所取代。

"发展是一个哲学概念，意味着进化与上升，即事物由小到大、由简单到复杂、由低级向高级的变化。发展既指世界上客观事物和现象的进化过程，也指作为主体的人的发展过程，包括物的发展和人的发展两个方面。"❶ "发展是一个内涵相当宽泛的词，发展有多种指标，也有多种路径。发展可以是GDP的增长，也可能是快速的工业化进程和技术进步；发展可以是贫困人口的减少或人民健康水平的提高，也可以是教育程度的提高和文盲率的下降。然而，GDP增长了，却有可能以自然环境的破坏和资源的枯竭为代价；工业化程度加深了，却不是每个地方的每个人都能获得收入的增加，可能是穷人更穷，富人更富，社会差距的进一步扩大，社会不公的进一步深化。一个繁荣的奴隶社会不能被称为一个和谐的社会，一个高度集权的专制社会，即使是盛世，也同样不能称之为一个和谐社会。清朝的康乾盛世，国民生产总值居世界首位，却是文字狱与思想钳制的最黑暗时期。物质水平的提高并不一定带来幸福感、安全感的增加。"❷

就发展的目标而论，有的将经济增长作为发展的首要特征。"如果从某一特定社会的发展状况看，将发展的中心确定为经济发展，并无不可，而且很可能更加适宜于保障该社会人权的实现，因为没有生产方式的进化，就没有其他方面的发展。有的则认为发展的目标首先不是经济发展，而是指社会发展，只有社会普遍利益获得增进，才能显现发展的活力，使发展成为促进人权的有力保障。事实上，发展包括物质和非物质两种要素。"❸ 尽管发展的具体阶段和具体环节呈现多样性特征，但"发展的实质正在于人类在经济、政治、社会和文化诸方面得以全面发展"。❹

发展是一个全面发展的过程，它不仅指经济发展，还涵盖了社会、文

---

❶ 汪习根：《发展权含义的法哲学分析》，《现代法学》2004年第6期，第5页。
❷ 夏清瑕：《发展权视野下发展问题探讨》，《河北法学》2005年第10期，第18-19页。
❸ 汪习根：《发展权含义的法哲学分析》，《现代法学》2004年第6期，第6页。
❹ 汪习根：《发展权含义的法哲学分析》，《现代法学》2004年第6期，第6页。

化、政治等领域的发展，其目的在于持续增进社会福利。此定义与发展的传统定义即根据 GDP 增长、工业化、出口扩张或资本流入等定义的发展大不相同。发展过程必须是公民真正参与的过程，是本着公平和公正利益分配原则稳步提高所有人福利的过程。

由传统经济发展战略向经济社会综合发展战略和可持续发展战略的转变，是发展中国家在经济发展理论和实践方面的觉醒。第一，新的发展战略区分了经济增长与经济发展的不同。经济增长是一个偏重数量的概念，而经济发展则是一个既包括数量又包括质量的综合概念。新的发展战略不仅强调产出的增长和生产的速度，而且更强调随着产出的增长和生产的加速而出现的经济、社会、政治等结构的变化和体系的变革，经济发展的过程被理解为以实现经济和社会目标为特点的一个完整的过程，经济发展不仅是国民生产总值增长的问题，而且是一个社会进步的问题，是经济增长与社会进步相统一的过程。第二，新战略强调以"人"的发展为中心，以满足人的基本需要和消灭贫困为目标。它突破了单纯以经济增长为尺度的传统评价标准，把经济发展战略目标由单一性目标转向多层次综合性目标；它突破了把经济发展单纯看作经济问题的传统思想，而把经济发展的过程看作社会、经济、文化、政治等多方面综合发展的过程，是以人为中心的经济增长与社会进步的统一过程。第三，新战略体现了可持续发展的重要性。就是既为当代人着想，也为后代人考虑。

二、可持续发展的含义

可持续性是指一种可以长久维持的过程或状态。人类社会的持续性由生态可持续性、经济可持续性和社会可持续性三个相互联系不可分割的部分组成。人类处于普受关注的可持续发展问题的中心。可持续发展是指

"既满足当代人的需求，又不损害后代人满足其需求的发展"。[1] 发展与环境保护相互联系，构成一个有机整体。《里约环境与发展宣言》指出"为了可持续发展，环境保护应是发展进程的一个整体部分，不能脱离这一进程来考虑"。可持续发展非常重视环境保护，把环境保护作为它积极追求实现的最基本目的之一，环境保护是区分可持续发展与传统发展的分水岭和试金石。

第一，发展是人类的权利。可持续发展突出强调的是发展，发展是人类共同的和普遍的权利。发达国家也好，发展中国家也好，都应享有平等的、不容剥夺的发展权。对于发展中国家，发展更为重要。事实说明，发展中国家正经受来自贫穷和生态恶化的双重压力。因此，可持续发展对于发展中国家来说，发展是第一位的，只有发展才能解决贫富悬殊、人口激增和生态危机，最终走向现代化。

第二，环境保护与可持续发展紧密相联。可持续发展把环境建设作为实现发展的重要内容，因为环境建设不仅可以为发展创造出许多直接或间接的经济效益，而且可以为发展保驾护航，为发展提供适宜的环境与资源；可持续发展把环境保护作为衡量发展质量、发展水平和发展程度的客观标准之一，因为现代的发展与现实越来越依靠环境与资源的支撑，人们在没有充分认识可持续发展之前，随着传统发展，环境与资源正在急剧衰退，能为发展提供的支撑越来越有限了，越是高速发展，环境与资源越显得重要；环境保护可以保证可持续发展最终目的实现，因为现代的发展早已不仅仅满足于物质和精神消费，而是把建设舒适、安全、清洁、优美的环境作为重要目标不懈努力。

第三，放弃传统的生产方式和消费方式。可持续发展要求人们放弃传统的生产方式和消费方式，就是要及时坚决地改变传统发展的模式——首先减少进而消除不能使发展持续的生产方式和消费方式。它一方面要求人

---

[1] 世界环境与发展委员会：《我们共同的未来》，王之佳、柯金良译，吉林人民出版社1997年版。

们在生产时要尽可能地少投入，多产出；另一方面又要求人们在消费时尽可能地多利用、少排放。因此，我们必须纠正过去那种单纯靠增强投入，加大消耗实现发展和以牺牲环境来增加产出的错误做法，从而使发展更少地依赖有限的资源，更多地与环境容量有机协调。

第四，提高环境保护技术水平。可持续发展要求加快环境保护技术的创新和普及。解决环境危机、改变传统的生产方式以及消费方式，其根本出路在于发展科学技术。只有大量地使用先进科技才能使单位生产量的能耗、物耗大幅度下降，才能实现少投入、多产出的发展模式，减少对资源、能源的依赖性，减轻对环境的污染。

可持续发展是人类对工业文明进程进行反思的结果，经济发展、社会发展和环境保护是可持续发展的相互依赖互为加强的组成部分，党和政府对这一问题也极为关注。1991年，我国发起召开了发展中国家环境与发展部长会议，发表了《北京宣言》。1992年6月，在里约热内卢世界首脑会议上，我国庄严签署了《环境与发展宣言》。1994年3月25日，国务院通过了《中国21世纪议程》，为了支持该议程的实施，同时还制订了《中国21世纪议程优先项目计划》。1995年，党中央、国务院把可持续发展作为国家的基本战略，号召全国人民积极参与这一伟大实践。

2002年党的十六大把"可持续发展能力不断增强"作为全面建设小康社会的目标之一。可持续发展是以保护自然资源环境为基础，以激励经济发展为条件，以改善和提高人类生活质量为目标的发展理论和战略。它是一种新的发展观、道德观和文明观。其一，发展的可持续性。发展与经济增长有根本区别，发展是集社会、科技、文化、环境等多种因素于一体，人类的经济和社会的发展不能超越资源和环境的承载能力。其二，人与人之间的公平性。当代人在发展与消费时应努力做到使后代人有同样的发展机会，同一代人中一部分人的发展不应当损害另一部分人的利益。其三，人与自然的和谐共生。人类必须学会尊重自然、保护自然，与自然和谐相处。我党提出的科学发展观把社会的全面协调发展和可持续发展结合起来，以经济社会全面协调可持续发展为基本要求，指出要促进人与自然的和谐，实现经济发展和人口、资源相协调，坚持走生产发展、生活富裕、生态良好的文明发展道路，保证一代接一代持续发展。从忽略环境保护受到自然界惩罚，到最终选择可持续发展，是人类文明进化的一次历史性重大转折。

第三节 可持续发展的特征

可持续发展具有四个基本特征：持续性、公平性、协调性、科技性。

一、持续性

持续性最基本的要求是自然资源总量保持不变或者比现有的水平更高。持续性由三个方面组成。第一，可再生资源的使用速度不超过其再生速度。第二，不可再生资源的使用速度不超过其可再生替代物的开发速度。第三，污染物的排放速度不超过环境的自净容量。由于许多污染物的环境自净容量几乎为零（如铅、电离辐射等），因此，必须运用科学或者技术的手段，确定污染物达到何种程度时，其危害是人们可以容忍的。一般来说，持续性是一种自然的状态或过程，但不可持续性却是人类行为的结果。人类的发展离不开自然资源，人类应通过合理利用自然资源来提高生活质量。因此，持续性并不否定人类的合理需求，只是要求寻求一定的限度，以保证资源的持续利用，保证人与自然的和谐、平衡。

经济建设和社会发展均不能超过自然资源与生态环境的承载能力，无论是经济的发展还是社会的发展都只有建立在生态环境负荷能力范围内，才有可能持续。可持续发展必须是人与自然的和谐发展。发达国家的工业化是以牺牲地球环境为代价而实现的，在这一过程中其生产方式和生活方式是以大量消耗自然资源及污染环境而实现的，人们称之为"发展的失败"。令人担忧的是，有不少发展中国家和地区正在沿袭发达国家过去的工业化发展道路。

可持续发展要求人们依据发展的持续性特征调整自己的生产方式和生活方式，在生态环境的承载范围内调整好消耗标准，进行清洁生产，发展循环经济，不要过度消费。在这个方面，发达国家如此，发展中国家也如此。同时，各国必须推行适当的人口政策以降低人口增长速度，减轻地球的人口负担。在这方面，亚洲、非洲、拉丁美洲的发展中国家的任务更为艰巨。

二、公平性

可持续发展只能建立在人与人平等和社会公平的基础上。在现代汉语中，公平的含义是指"处理事情合情合理，不偏袒哪一方面"。❶英语中的公平（fair，fairness）含义是指"公正而正直，不偏私、无偏见"。❷从对公平一词的释义中，我们应当明确的是，公平首先是人对人类自身活动的价值评判。这就潜在性地告诉我们，人类在对待人与自然的关系上，尽管不应该以人的利益为中心，但仍然是以人的价值判断为中心的。可持续发展所追求的公平性主要是指代内公平和代际公平两个方面。❸

一般认为，代内公平是指处于同一代的人们和其他生命形式对享受清洁和健康的环境有同样的权利。❹人类同住一个地球村，共同承担着保护整个地球环境的责任，这就使得我们对代内公平的思考与定义必须突破个人、区域的视野局限而放大到对整个地球生态系统的人文关怀上。因此，我们可以也应当将每一代人的代内公平分为国家之间的代内公平与一国之

---

❶ 中国社会科学院语言研究所词典编辑室：《现代汉语词典》，商务印书馆1980年版，第379页。

❷ Webster's New World College Dictionary of American English（3th Edition）[Z]. New York：Merriam-Webster，1988：487.

❸ 姜素红、杨凡：《环境公平涵义探析》，《湖南社会科学》2011年第6期，第14-15页。

❹ 蔡守秋：《环境与环境民主——三论环境法学的基本理念》，《河海大学学报》2005年第5期，第13页。

内的代内公平。就国家之间的代内环境公平而言，任何国家和地区的发展都不能以损害其他国家和地区的发展为代价。同时需要强调的是，发达国家不应该具有超越发展中国家的环境权利，同时，还应该给予发展中国家在克服环境问题方面以援助。一国之内的代内环境公平指每个当代人都应当具有享受优良环境的权利，同时对因自身原因所造成的环境破坏都应当承担其相对应的责任。一国公民对环境权利意识的觉醒往往有赖于该国公民物质生活条件的富足。如果一国之内存在代内环境不公平的现象，则问题归根结底还是经济发展不平衡导致的一部分人对另一部分人环境权利的侵害。

代际公平指世代人之间的纵向公平性。当代人不能因自己的发展与需求而损害后代人的自然资源与环境。要给后代人以公平利用自然资源与环境的权利。不过，应该指出的是，如果说当代人及其前几代人的经济发展是建立在过度消耗资源及破坏环境的基础上从而对后代人的环境权益构成侵犯的话，那么，这种侵犯的责任主要应由发达国家来承担。对于发展中国家，面临的最紧迫任务是发展。

三、协调性

可持续发展不仅涉及当代或一国的人口、资源、环境与发展的协调问题，还涉及同后代的人口、资源、环境与发展的协调。可持续发展同时也涉及经济、社会和文化的协调发展。可持续发展以良好的生态环境、自然资源的可持续利用为基础，以经济的可持续发展为前提，以促进社会的全面进步为目标。可持续发展是三者共同发展的综合体。可持续发展不是生态环境、经济、社会某一方面的发展，仅仅是某一方面的发展是片面的发展，真正的可持续发展是经济、社会、环境均得到有效的发展。因此，可持续发展要求统筹兼顾、综合决策，将经济发展、社会进步同生态环境保护有机结合起来。在实现生态环境保护时要充分考虑经济、社会的全面发展，在制定经济、社会发展规划时要切实考虑资源的总量、生态环境的承载能力。

四、科技性

可持续发展的实现自始至终与科学技术密切相关。造成社会经济发展不可持续的原因与科学技术有关，要保证未来社会经济的可持续发展又依赖于科学技术。对可持续发展战略的认识，在很大程度上取决于对科学技术运用的理解。科学技术是一把双刃剑，它既可以毁灭人类，也可以造福人类。我们应该清醒地认识到，科学技术给人类带来灾难，罪过不在科学技术，而在于运用科学技术的人。毋庸置疑，现代化建设的实现需要科学技术，可持续发展的实现同样需要科学技术。那么，促进可持续发展实现的科学技术具有什么样的特征呢？国内外很多学者指出，最适合可持续发展实现的科学技术是绿色科技。绿色科技，就是指符合生态环境保护要求的科学技术。绿色科技分为两大类：一是保护绿色的科学技术，如污水处理技术、预防病虫害技术、防沙技术、固体废物无害化技术等；二是推进绿色发展的技术，如新能源开发技术、资源综合利用技术、高效节能技术等。目前，发展绿色科技已成为当今世界的一股强大潮流。绿色科技的特殊价值在于它适应可持续发展的目标要求，有利于解决资源、环境等与人类命运休戚相关的问题。如果说，"人们过去强调的是经济建设要依靠科学技术，科学技术要面向经济建设；今后则强调可持续发展要依靠科学技术，科学技术要面向可持续发展"。[1]

---

[1] 陈昌曙：《哲学视野中的可持续发展》，中国社会科学出版社 2000 年版，第 216 页。

第二章 环境权理论

第一节 环境权的产生

一般认为,环境权发端于20世纪六七十年代的欧、美、日等工业发达国家和地区。作为一项新型权利,与其他权利类型一样,环境权并不是凭空产生的,而是有着深刻的社会根源和理论基础。

一、环境权产生的现实基础

"环境权的产生与环境问题尤其是工业革命以来日趋严重的环境危机密切相关。"[1]虽然环境问题自人类诞生之日起即已存在,但是随着人类社会的发展,环境问题有日趋严重的趋势。

在两类环境问题中,第二类环境问题是最重要、起主导作用的环境问题。人类的不当活动不仅引起了第二类环境问题,而且还可能诱发第一类环境问题,这早已为我们人类的历史事实所证明。如1998年的长江洪灾,2004年的印度尼西亚海啸等自然灾难在很大程度上都是人类的不当环境行为所导致的。因此,完全可以说,环境问题主要是由于人类不当活动所引

---

[1] 朱艳丽:《论环境治理中的政府责任》,《西安交通大学学报(社会科学版)》2017年第3期,第53页。

起或诱发的。环境问题自人类诞生之后就已经存在，但在漫长的人类历史演进过程中，却并没有产生相应的环境权概念。这主要是因为在人类社会的前期，生产力还不发达，人口数量不大，人类社会相对于整个自然环境来说规模尚小，人类活动整体上对自然环境的影响还不是很大，即人类社会和人类活动尚未超出环境的承载能力，环境的自我修复功能和自净功能仍可以发挥应有的作用。所以，从总体上看，环境资源既不稀缺也没有受到人类的威胁，环境权这种权利既难以受到侵犯和剥夺，也无须通过法律加以确认和保障。

然而，这种状况在18世纪工业革命之后逐渐发生了变化。工业革命不但大大提高了人类的生产力水平，而且对人类社会的各个方面都产生了深远的影响。与此相应的是，环境问题也日趋严重，并呈现出新的特点：首先，机器的使用虽然大大提高了社会生产力，加快了工业化和城市化进程，增强了人类对环境资源的改变和控制能力，但是对自然资源和能源的消耗和浪费也大大增加。其次，社会物质财富的不断创造，也大大提高了人类的生活水平，世界人口呈现高速增长趋势，人口的剧增一方面需要更多的资源供应，另一方面又向环境中排放更多的污染物。此种恶性循环使环境承受的压力与日俱增。最后，科学技术是柄"双刃剑"，一方面，科学技术的广泛运用给人类带来了巨大的福祉；另一方面，其不当运用又会造成严重的环境污染和生态破坏，给人类带来灾难。特别是进入20世纪以后，环境问题日益严重，环境资源不再被视为"不尽之物"。而环境权的提出、确认和保障，正是要妥善处理人与自然的关系，尊重自然，保护环境，实现人类的可持续发展。

二、环境权产生的理论基础

在环境权概念被正式提出前，有关环境权的理论多种多样，这为环境权的确立奠定了坚实的理论基础。

（一）公共信托理论

公共信托理论是美国密执安大学的萨克斯（Sachs）教授提出来的。20世纪70年代，萨克斯教授针对当时美国政府行为中存在的环境管理行政决定过程公众参与程度低，环境诉讼中存在的当事人资格等问题，根据公共信托原理，从民主主义立场首次提出了"环境权"理论。萨克斯教授认为，用"在不侵害他人财产的前提下使用自己的财产"这句古老的法格言作为环境品质之公共权利的理念基础极其具有意义。他指出，全面看待散在的证据资料，可以看出公共信托理论有如下三个相关的原则："第一，像大气、水这样的一定的利益对市民全体是极其重要的，因此将其作为私的所有权对象是不贤明的。第二，由于人类蒙受自然的恩惠是极大的，因此与各个企业相比，大气及水与个人的经济地位无关，所有市民应当可以自由地利用。最后，增进一般公共利益是政府的主要目的，就连公共物也不能为了私的利益将其从可以广泛、一般使用的状态而予以限制或改变分配形式。看待信托问题的指标，不是单单看事实上将公共财产按不同用途作出再分配，或包含各种补助金的要素等，而是看其中是否缺乏由此而达成待查各种公共利益的重要证据。对于法院，事实上要有公共利益受到威胁的证据才能起作用。"❶

同时，萨克斯教授认为："像清洁的大气和水这样的共有财产资源已经成为企业的垃圾场，因为他们不考虑对这些毫无利润的人们普通的消费愿望，更谈不上对市民全体共有利益的考虑了，而这些利益与相当的私的利益每样具有受法律保护的资格，其所有者具有强制执行的权利。在前面所引述的古代格言'在不侵害他人财产的前提下使用自己的财产'不仅适用于现在以及将来所有者之间的纠纷，而且适用于诸如工厂所有者与对清洁大气的公共权利享有者之间的纠纷、不动产业者与水产资源和维持野生生物生存地域的公共权利享有者之间的纠纷、挖掘土地的采掘业者与维

---

❶ 参见汪劲：《环境法律的理念与价值追求》，法律出版社2000年版，第241–242页。

持自然舒适方面的公共利益享有者之间的纠纷。"❶ 这也是萨克斯教授提出"环境权"理论的主要根据。

(二)代际公平理论❷

人类社会是否存在代际公平问题,即人类是否对其后代的福利负有责任?自20世纪60年代以来,随着环境状况的日趋严峻,从可持续发展角度来探讨自然资源配置问题越来越获得广泛的认同。这实际上承认了人类后代有独立的利益,并且当代人有义务加以维护。国际自然资源保护同盟在1980年和1982年先后起草的《世界自然保护大纲》和《世界自然宪章》两个报告中,都表达了代际公平的思想。报告认为,代际的福利是当代人的社会责任,当代人应限制对不可更新资源的消费,并把这种消费水平维持在仅仅满足社会基本需要的层次上。同时还要对可更新资源进行保护,确保持续的生产能力。❸

之后,时任美国国际法学会副会长的爱蒂丝·布朗·魏伊丝(Edith Brown Weiess)教授在1984年《生态法季刊》上发表了名为《行星托管:自然保护与代际公平》的一篇文章,将"代际的福利"提到环境公平的高度,从而完整地提出了代际公平理论。她认为,当代人与后代人的关系是各代之间的一种伙伴关系,在人类家庭成员关系中有一种时间的关联。如果当代人传给下一代人不太健全的行星,即违背了代际公平。为此,她提出了"行星托管"的理念,主张"人类与人类所有成员,上代人、这代人和下一代,共同掌管着被认为是地球的这个行星的自然资源。作为这一代成员,我们受托为下一代掌管地球,与此同时,我们又是受益人有权使用并受益于地球"。❹

根据代际公平理论,地球上的人类应当意识到:后代人与当代人一样,对其赖以生存发展的环境资源有相同的选择机会和相同的获取利益的

---

❶ 参见汪劲:《环境法律的理念与价值追求》,法律出版社2000年版,第242页。
❷ 姜素红、杨凡:《环境公平涵义探析》,《湖南社会科学》2011年第6期,第15页。
❸ 黄乾:《论代内公平与代际公平》,《南方人口》2001年第2期,第16页。
❹ 参见汪劲:《环境法律的理念和价值追求》,法律出版社2000年版,第264页。

机会；并不要求当代人为后代人作出巨大牺牲，但更不允许当代人耗费后代人所应当享有的环境资源。当代人有权使用环境并从中受益，但更有责任为后代人保护环境。在人与自然的关系中，每一代人都有相同的地位和平等的机会，没有理由偏袒当代人而忽视后代人。每一代人都希望能继承至少与他们之前的任何一代人一样良好的地球，并能同上代人一样获得地球的资源。正因为无法准确地预测后代人的喜好与能力，所以，代际公平的价值理念更强调当代人应提供健康的环境以供后代人满足他们自己的喜好和能力。代际公平体现了当代为后代代为保管、保存地球资源的观念。

值得关注的是，近年来有国外学者力图以五大原则的表述方式来系统地整合代际公平这一价值理念。其一，代际公平本身乃是一种"共享的伦理"（ethical hedonism），进而成为一种"福利的向导"（welfare orientation）；其二是所谓的"福祉共享主义"（beneficiary universalism），即将共享福祉作为实现代际公平的基本前提；其三，在普遍共享的基础之上，强调"优先考虑主义"（prioritarianism）。亦即在实际分享福祉的过程中又优先考虑当下虽未能参与共享，而于将来必为生存和发展之所需的人的福惠；其四是所谓的"道义担当的有限性原则"（principle of limited commitment）。此原则是对"优先考虑主义"的适度限制，即当代人对代际公平的道义承担并非无限，其界限止于已存道德规范的严格遵守；其五，在追求代际公平的同时也应兼顾"效益"（efficiency or economy principle），并应依此种公平的价值特点引入代际利益衡量机制。❶

由此可见，尽管目前保障各代人平等的发展权利，走可持续发展之路尚更多地停留在理论的层面，但是代际公平的思想理念却在一步步的创新整合之中悄然改变着人类社会生产、生活方式及人的发展模式，其对人类生存的价值观念而言不啻一次深刻的思想革命，对于现代环境法律制度的完善和环境法治理念的进步，尤其具有价值指引和哲学方法论上的重大

---

❶ Christoph Lumer.Principles of Generational Justice [C] //Jorg Tremmel（ed.）：Handbook of Intergenerational Justice. London：Edgar Elgar，2006：65-86.

意义。

（三）自然的权利理论

自然的权利（rights of the nature）最初是由环境伦理学者提出的，当时只在环境伦理的范围内探讨和研究。随着环境保护运动和环境道德、生态伦理的深入发展，人们尊重自然、保护环境的意识不断增强，同时传统的"人类利益中心主义"观由于其弊端的不断显现而遭到广泛的抨击，一种新的与"人类利益中心主义"相对的"生态利益中心主义"得到了许多人的认同和提倡。在此背景下，自然的权利问题也被引入法学领域。当然，其作为一种全新的权利观念对传统法学理论的冲击是颠覆性的，因而也引起了法学学者的激烈论争。

英国伦理学家彼得·辛格（Peter Singer）所写的《动物解放》一书，被誉为动物保护运动的圣经和生命伦理学的经典之作。在书中，辛格指出："人的生命，或者只有人的生命是神圣不可侵犯的信念，是物种歧视的形态之一。所有的动物都是平等的。"[1] 既然人与动物是平等的，而且动物也具有感到痛苦、快意和幸福的能力，那么动物当然也与人类一样享有权利。山村恒年等在"《自然的权利》一书中，比较全面地介绍了与自然的权利有关的各种主张与理论"。[2] 山村恒年等认为，"近代法在原则上将自然及其要素作为人类财产权的对象来看待"[3]，根据最大限度地尊重个人自由的法律原则，个人的行动在不妨害他人的限度里是自由的。所以人类对自然的支配和利用，以及在以法律处理环境问题时，在原则上均是自由的，制约只是例外。司法机关在判断人类活动的违法性时，进行利益衡量，其衡量的原则是个体（自然人、法人）的所有权的保护。这种否认自然的法律价值的观念对环境保护是极其不利的。"只有承认自然的法的

---

[1] 王干、万志前：《动物权利与生态保护》，《华中科技大学学报（社会科学版）》2005年第3期，第49页。

[2] 谢妮：《环境权视角下新疆煤炭资源开发中的环境保护研究》，石河子大学硕士学位论文，2011年，第3页。

[3] 参见汪劲：《论现代西方环境权益理论中的若干新理念》，《中外法学》1999年第4期，第36页。

价值,才能在法律上确立自然的权利。而确认自然的法的价值,就必须如同现代法将人类的尊严作为基本的价值予以尊重一样,承认人类的生物学的、精神的生存基础——自然是人类的基本价值。"❶

自然的权利理论对于增强人们的环保意识、控制人类自己的不当行为、尊重自然等还是有一定作用的。

第二节 环境权的含义

一、环境权的提出

环境权是20世纪六七十年代世界性环境保护运动的产物。自环境权被提出之时起,就引起了世界各国,尤其是欧、美、日等工业发达国家和地区政府和民众的极大关注和热情。随着世界性环境问题的日益严重,环境权作为一项新的权利类型,无论是在国内法还是在国际法领域都得到了显著的发展。

"1960年,一位联邦德国医生向欧洲人权委员会提出控告,认为向北海倾倒放射性废物这种行为违反了《欧洲人权条约》中关于保障清洁、卫生环境的规定。这是首次提出环境权的主张,由此也引发了在欧洲人权清单中是否应增加环境权的大讨论。"❷ 在美国,自莱切尔·卡逊"于1962年发表《寂静春天》一书对美国民权条例没有提到一个公民有权保证免受私人或公共机关散播致死毒药(指农药污染)的危险的感叹后,60年代末在美国引发了一场关于环境权的大辩论,当时许多美国人要求享有在良好环境中生活的权利"。❸ 反对方认为,环境是任何人都可使用和先占的无主物,

---

❶ 汪劲:《论现代西方环境权益理论中的若干新理念》,《中外法学》1999年第4期,第37页。
❷ 周晨:《环境损害赔偿立法研究》,中国海洋大学博士学位论文,2007年,第81页。
❸ 蔡守秋:《论环境权》,《金陵法律评论》2002年春季卷,第83页。

因而向大气、河流排放污染物的行为并不是违法行为。另外，设置环境权限制了"企业自由"，违反了资本主义社会的基本原则。密执安大学的萨克斯以"共有财产（common property）和公共信托（public trust doctrine）理论为基础，提出了环境权的主张"。❶ 美国的《国家环境政策法》（1969年）对环境权作了概括性规定。在日本，日本律师联合会把享受自然作为一项公共财产提了出来，"仁藤一、池尾隆良两位律师提出了环境权的主张，并阐述以下观点：任何人都可以依照宪法第25条（生存权）规定的基本权利享受良好的环境和排除环境污染；良好环境是该地区居民的共有财产，企业根本无权单方面污染环境"。❷

1970年3月，在日本东京召开了公害问题国际座谈会，会后发表的《东京宣言》指出："我们请求，把每个人享有其健康和福利等要素不受侵害的环境的权利和当代人传给后代人的遗产应是一种富有自然美的自然资源的权利，作为一种基本人权，在法律体系中确定下来。"❸ 此次会议明确地提出了环境权的要求，并使其作为一项基本人权和法律权利的观念得到了广泛的传播。同年9月，在日本律师联合会召开的第13届拥护人权大会上，环境权也得到了确认和倡导。

1972年6月，斯德哥尔摩人类环境大会通过的《人类环境宣言》明确指出"人类有权在一种能够过尊严的和福利的生活的环境中，享有自由、平等和充足的生活条件的基本权利，并且负有保证和改善这一代和将来世世代代的环境的庄严责任"。❹ 这也是目前公认的对环境权较权威的定义。

"1986年，世界环境和发展委员会（WCED）法律专家小组作出了一个《关于自然资源和环境冲突的一般原则的报告》，该报告申明：'任何人

---

❶ 梁莹：《我国环境公益诉讼原告资格研究》，北方工业大学硕士学位论文，2011年，第15页。
❷ 汪劲：《论现代西方环境权益理论中的若干新理念》，《中外法学》1999年第4期，第32页。
❸ 陈泉生：《环境时代与宪法环境权的创设》，《福州大学学报（哲学社会科学版）》2001年第6期，第19页。
❹ 李爱年、彭本利：《环境权应成为环境法体系的重心》，《湖南师范大学社会科学学报》2004年第4期，第78页。

有权享有作为健康和福利之充分保障的环境权'。"❶ 这就明确认可了环境权。在1989年联合国环境会议起草的《海牙宣言》中，进一步发展世界环境和发展委员会在1986年所作的报告，该宣言指出，采取积极措施以挽救自然环境的危机，不仅仅是保护生态系统的基本义务，而且也是人类维护尊严和可持续的全球环境的权利。

1992年，联合国在巴西的里约热内卢召开的世界环境与发展大会通过了《关于环境与发展的里约宣言》，该宣言第1条重申了1972年《斯德哥尔摩人类环境宣言》所确定的原则"人类有权享有与自然和谐的、健康的和富足的生活"。

二、环境权的界定❷

伴随着环境问题的出现，公民环境权利意识不断加强，进而产生了环境权。然而，自20世纪60年代世界范围内出现环境权这一概念以来，法学界对环境权构成要素的认识充满分歧，以致人们认为环境权概念模糊，进而造成立法上的迟缓和司法实践中的被排斥。造成这些分歧的重要原因在于混淆了伦理道德与法律的区别。法律是最低的道德底线。在现实生活中，并不是所有的道德要求都会转化为法律。从权利的形态看，权利有应有权利、法律权利、现实权利之分，后者的范畴总是比前者要小，在适当的条件下，尽可能地使前者转化为后者。通过分析环境权的构成要素，是正确把握环境权含义的关键所在。

（一）环境权的主体

目前学界对环境权主体存在着各种不同的观点。以蔡守秋为代表的学者认为环境权主体包括个人、单位、国家、人类及非人自然体❸；以吕忠梅

---

❶ 周晨：《环境损害赔偿立法研究》，中国海洋大学博士学位论文，2007年，第81页。
❷ 姜素红：《环境权构成要素研究》，《求索》2011年第1期，第172-174页。
❸ 蔡守秋：《环境资源法学教程》，武汉大学出版社2000年版，第248-272页。

为代表的学者认为环境的主体只能是公民或自然人❶；以陈泉生为代表的学者认为主体有公民、法人及其他组织、国家乃至全人类，还包括尚未出生的后代人。❷

本书认为环境权主体是自然人、法人。国家在国际法上能成为环境权的主体。自然体、动物、后代人不能成为环境权的主体。

环境权主体是指环境权的享有者。作为环境权主体，必须具有外在的独立性，不但能以自己的名义享有权利，而且具有一定的意志自由。反之，如果依附于其他主体而没有外在的独立性，则不能成为环境权的主体。

环境权的基本主体是自然人（也可称为公民）。自然人并非仅指单个的个人，它还包括人的集合体法人，尽管单个人与人的集合体在数量、作用、影响等各个方面都存在着区别，但是在一个健康的环境中生存与发展的要求上却是一致的。环境权是人有在健康的环境中生活的权利，主要包括清洁空气权、清洁水权、日照权、通风权、宁静权、眺望权、风景权等。这种权利的主体只能是人——自然人和法人。

法人（机构和组织）作为拟制"人"可以成为环境权的主体。在法人与环境的关系上，一方面许多企业会造成大量污染，侵犯自然人和其他组织的环境权，另一方面，污染严重的环境也将影响到企业的生存与发展。况且，法人除了企业外，还有事业组织和社会团体。因此，不能因为企业是最大可能的环境权侵害者而否认法人享有环境权。

国家享有环境管理权，拥有对环境保护、开发利用等一系列权力。该权力体现在国家通过立法的方式对各种从事与环境有关的行为予以明确；对环境质量进行监测、对各种与环境资源有关的行为进行监督；对需要由司法程序处理的环境纠纷和环境犯罪问题，由国家审判机关依法进行审理。国家的这种环境权是权力而不是权利，它同时是一种职责、一种义

---

❶ 吕忠梅：《环境法新视野》，中国政法大学出版社2000年版，第123页。
❷ 陈泉生：《环境法原理》，法律出版社1997年版，第106页。

务，与权利的涵义截然不同。但是，在国际环境法中，国家是享有环境权利和承担相应义务的，因而是环境权的主体。

自然体、动物不能作为环境权的主体。不少学者认为自然体、动物也应享有环境权，成为环境权的主体。理由是承认自然体享有环境权是法律史传统的逻辑发展使然，即权利主体经历了一个不断扩展的过程，由贵族扩展到平民再到奴隶，由男性扩展到女性，由白种人扩展到非白种人，从自然人扩展到法人和非法人组织，那么，权利主体也可由人类扩展到动物、非人类生命体乃至自然物。❶ 在法律技术上可以通过赋予自然体诉讼主体资格，设立自然体监护人或代理人制度来实现。❷ 但这种理论的可行性与合理性均存在疑问。虽然从环境伦理学的角度承认动植物等自然体的价值，给予动物福利，给予动植物等自然体以保护，这是必要的。给动植物的这种"关怀"，归根结底是为了保护我们赖以生存的环境，以维系人类的生存。但这并不等于动物等自然体应成为环境权的主体。首先，动物等自然体没有意志自由，不能成为环境权的主体。权利主体扩张有两种：一是在人类内部实现的扩张，如奴隶、妇女、精神病人等逐渐成为权利主体。二是人类为维护自身利益而进行的主体拟制，如法人、国家成为权利主体。无论奴隶、妇女还是精神病人，无外乎是人，具有人的同质性；而法人、组织虽非自然人，但也是由人组成的，是人的集合体，是由人操纵、由人控制的。企业、社会团体、国家有自己的意志机关，代表其行使权利和义务。而自然则不是。因此，这决不意味着权利主体可以扩张到人以外的动物等自然体。其次，即使承认动物等自然体是环境权的主体，但当其权利受到侵害时，却无法实现法律救济。于是问题自然涉及代理制度。动物等自然体应成为环境权主体的主张者认为：既然精神病人能够由其代理人代理行使权利承担义务，那么，给非人生命体确定代理人也是可行的。这种观点忽视了重要的一点，即自然物和人毕竟并非同类。在代理

---

❶ 郑少华：《生态主义法哲学》，法律出版社2002年版，第106页。
❷ [美]纳什：《大自然的权利》，杨通进译，青岛出版社1999年版，第155页。

制度中，代理人和被代理人同是人类，代理人能够从一般人的角度出发，了解同是人的被代理人的需要和感受，从而作出对被代理人有利的判断和决定。然而，如果人类作为自然体的代理人，由于非同类，人是无法揣测自然物的感受和要求的。那么，通过代理作出的决定只不过是代理人的一厢情愿而已，并不能代表自然物。单纯规定权利而不给予相应救济，这种虚设的权利与其有还不如无。由于这种观点在法律制度的设计上存在障碍，因而是行不通的。

后代人亦不能作为环境权的主体。环境权既是一项个人权利也是一项集体权利。但个人仅指当代人，不包括后代人。后代人作为环境权的主体主要是基于代际公平理论。《我们的共同未来》中认为代际公平是在世代延续过程中，既要满足当代人的需要，又不要对后代人满足其需要的能力构成威胁。这实际上是强调要保护后代人在资源环境方面的需要，它更多的是一种道德宣示或要求，不宜作为确认后代人环境权的依据。后代人不能作为环境权的主体。第一，后代人成为权利主体的前提不存在。后代人要成为环境权的主体，首先就要确定后代人的范围，可是其范围无论如何也确定不了。如果把地球上现存的人视为当代人，而把尚未出生的人视为后代人，但由于人类的繁衍在时间上是连续的而非间歇的，所以当代人与后代人是无法截然分开的。正因为找不到当代人与后代人的时间界限，那么，后代人的范围无论如何也无法划定。既然后代人无法确定，那么，后代人成为权利主体的前提不存在。第二，后代人的权利无法得到保障。就算能确定一定时间范围的人为后代人，接下来的问题是后代人的权利如何保障。一种权利如果在遭受侵害时得不到切实的保障，那么，这种权利的存在就没有任何实际意义。因为"有权利就有救济"。可是，当后代人的权利遭受侵害需要救济时，该如何主张其权利，由谁来担任后代人的代理人？第三，后代人环境利益的维护可以通过保护当代人的环境权而实现。事实上，如果能够有效地保护当代人的环境权，也就有效地保护了环境，自然也就等于保护了后代人的环境利益。理论上的不可能和实际上的不必要充分说明了后代人不能作为环境权的主体。

（二）环境权的客体

环境权客体是指环境权所指向的对象。而不是"指环境权主体的权利义务所指向的对象"[1]，不能等同为环境法律关系的客体。由于对环境权的主体认识不同，而主体范围的不同将导致客体范围的不同，如在主张动物是环境权主体之一的情形下，人就成为环境权客体之一。本书认为环境权的客体是环境。

环境是相对于某种中心事物而言的，如生物的环境、人的环境分别是以生物或人作为中心事物。[2] 环境是个多义词，环境科学、生态学、伦理学、法学等不同的学科有不同的界定。环境科学所研究的环境，是以人类为主体的外部世界，即人类生存、繁衍所必需的、相适应的环境或物质条件的综合体，一般被区分为自然环境和人工环境两种类型。[3] 按照环境要素的差异，环境被区分为自然环境、工程环境和社会环境。自然环境是指对人类的生存和发展发生直接或间接影响的各种天然形成的物质和能量的总体，如大气、水、土壤、日光辐射、生物等，按其组成部分细分为大气环境、水域环境、土壤环境、地质环境、生物环境等。工程环境按其功能划分为城市环境、村落环境、生产环境、交通环境、商业环境、文化环境、卫生环境、旅游环境。社会环境可按其组成要素分为政治环境、经济环境和文化环境等。从空间范围按从小到大来划分，人类的生存环境包括聚落环境、区域环境、全球环境、星际环境等不同的层次结构，每一级均由自然环境、工程环境和社会环境组成。[4]

我国《环境保护法》对"环境"作了明确、具体的规定。"本法所称环境，是指影响人类生存和发展的各种天然的和经过人工改造的自然因素的总体，包括大气、水、海洋、土地、矿藏、森林、草原、湿地、野生

---

[1] 侣连涛、闫召华：《我国环境权概念的反思与重构》，《昆明师范高等专科学校学报》2007年第1期，第55页。
[2] 张合平、刘云国：《环境生态学》，中国林业出版社2002年版，第58页。
[3] 李玉文：《环境科学概念》，经济科学出版社1999年版，第1页。
[4] 张合平、刘云国：《环境生态学》，中国林业出版社2002年版，第60页。

生物、自然遗迹、人文遗迹、自然保护区、风景名胜区、城市和乡村等。"这就是作为环境权客体的环境的含义，即环境权客体的环境是环境科学和环境法特别定义的环境，而不是其他意义上的环境。《环境保护法》采用的环境概念，包括环境科学对环境分类中的自然环境和工程环境。不同的是，环境科学对环境的研究，只受科学技术条件的限制；而在环境法中，哪些环境要素在多大范围受到保护以及主体对环境享有哪些权利，还受到人的认识、法学理论研究水平和社会物质生活条件的制约。[1]《环境保护法》对环境的表述中，"人类"这个限定词，表明环境的享受主体是人。"影响人类生存和发展的"这个定语表明并非所有围绕于人的自然存在均能成为"环境"。如庭院中的盆景植物、村民房前屋后的零星树木、家养宠物等。"总体"一词，表明环境包容许多自然因素这个事实并不意味着环境是一定数量自然因素的简单叠加，而是由一定数量、结构和层次的自然因素所构成的具有一定生态功能的统一体。即"环境"是一个整体的概念。这样的环境具有物质性、生态性、唯一性、有限性和资源性等特征。即环境是由各种物质所构成的自然条件。环境不仅是物质的，这些物质通过一定的方式联系在一起，并且可以相互转化和循环。地球是由生物及其生命支持系统构成的一个巨大的生态系统，这个生态系统由各种环境要素构成，而各环境要素之间通过物质循环、能量流动和信息传递而联系成为不可分割的整体，维持着一种动态的平衡。如果这种平衡遭受破坏，将带来不可挽回的后果。而且人类只能在一定的自然环境中生存，这种环境是不可替代的。并且自然能够提供的环境条件是有限的，并不是可以无限满足人类的需求。同时环境本身也是一种资源，具有稀缺性、地域性、多用性和效用性。

其实，将环境作为环境权的客体在我国法律中是有所体现的。如我国《宪法》第26条规定："国家保护和改善生活环境和生态环境，防治污

---

[1] 周训芳：《环境概念与环境法对环境概念的选择》，《安徽工业大学学报（社会科学版）》2002年第5期，第11页。

染和其他公害。"这是以直接规定国家的环境保护职责的方式，间接规定了公民环境权。《民法典》第1229条规定："因污染环境、破坏生态造成他人损害的，侵权人应当承担侵权责任。"本条是以环境侵权造成他人损害应当依法承担民事责任的方式，间接规定了公民享有生活环境不受污染的权利。《环境保护法》第6条规定："一切单位和个人都有保护环境的义务，并有权对污染和破坏环境的单位和个人进行检举和控告。"此条是规定保护环境是公民的义务，参与环境管理是公民的权利。这些关于公民环境权的间接规定对环境问题的解决和环境保护所起的作用是有很大局限的。在我国法律中以明示的方式规定环境权，这将是我国环境法发展的必然趋势。

（三）环境权的内容

环境权是一项年轻的权利，它是环境时代的产物。"权利决不会超出社会的经济结构以及由经济结构所制约的社会文化发展。"[1] 随着人们征服和改造自然能力的增强，社会财富在得到极大增长的同时，我们赖以生存的环境却在一天一天地遭受破坏、衰退、恶化，以至我们喝不到干净的水、呼吸不到洁净的空气、看不到清澈的天空、听不到鸟儿的鸣声，各种各样奇怪的病接连发生。于是，人们呼唤保护人类赖以生存的环境，人人都有在健康安全的环境中生活的需要。

对环境权的界定，目前没有一个统一的定义。1966年签署的《经济、社会和文化权利国际盟约》第11条宣布"本盟约缔约各国承认人人有权为他自己和家庭获得相当的生活水准，包括足够的食物、衣着和住房，并能不断改进生活条件。各缔约国将采取适当的步骤保证实现这一权利，并承认为此而实行基于自愿同意的国际合作的重要性"。1972年《人类环境宣言》对环境权的定义是"人类有权在一种具有尊严和健康的环境中，享受自由、平等和充足的生活条件的基本权利，并且负有保护和改善这一代和将来世世代代的环境的庄严责任"。这是国际社会对环境权的规定。

---

[1] 《马克思恩格斯选集》（第3卷），人民出版社1995年版，第305页。

20世纪70年代开始,一些国家进行了环境权的立法活动。但各国对环境权的规定也不尽相同。如《菲律宾共和国宪法》第16条规定:"国家保障和促进人民根据自然规律及和谐的要求,享有平衡和健康的生态环境的权利。"《智利共和国宪法》第1条第18款规定:"保证所有个人……有在无污染的环境中生活的权利。"[1]韩国《宪法》第33条规定:"国民有生活于清洁环境之权利……"《马里宪法》(1992年)第15条规定:"每个人都有拥有一个健康的环境的权利。"美国《伊利诺伊州宪法》第11条第2项规定:"每个人都享有对于有利健康的环境的权利。"本书认为:环境权是指人有在健康的环境中生活的权利。所谓"健康",是指人所生存的环境应达到的"特定标准"。此标准是根据经济发展水平、文化状况等在环境科学、生态学、医学等学科研究成果的基础上确定。之所以用"健康"而不用"良好",是因为"健康"是一个最基本的标准。

环境权作为一种权利,其特殊性不在于这种权利是权利与义务的统一,而在于其内容的特定性。在法理上,权利与义务是根本不同的两个范畴,它们的设立目的、功能机制、价值取向不同。从本质上看,权利是指法律保护的某种利益;从行为方式的角度看,它表现为权利人可以怎样行为。义务是指人们必须履行的某种责任,它表现为必须怎样行为和不得怎样行为两种方式。在法律调整的状态下,权利是受法律保障的利益,其行为方式表现为意志和行为的自由。义务则是对法律所要求的意志和行为的限制,保障权利主体获取一定的利益。因此,权利不能同时是义务。根据权利对人们的效力范围,可将权利分为一般权利与特殊权利。一般权利亦称"对世权利",其特点是权利主体无特定的义务人与之相对,而以一般人(社会上的每个人)作为可能的义务人。它的内容是排除他人的侵害,通常要求一般人不得做出一定的行为。环境权即属于此类。特殊权利亦称"相对权利""对人权利"或"特定权利",其特点是权利主体有特定的义务

---

[1] 马镶聪、陈茂云:《宪法中的环境保护问题》,宪法比较研究课题组编:《宪法比较研究文集一》,南京大学出版社1993年版,第333页。

人与之相对，义务主体应当根据权利主体的合法要求做出一定行为使权利主体的利益得以实现。经济合同关系中的权利即属于此类。公民享有环境权和必须履行环境保护的义务，这是两个方面，绝不等于环境权既是权利又是义务。

对环境权的内容，学界有不同的理解。有的学者认为环境权包括享受和开发利用环境资源两方面，即良好环境权和开发利用环境资源权（开发利用环境资源权也称为自然资源开发利用权）。❶ 也有学者认为"环境权包括两方面的内容：一是人们在适当环境中生活的权利，即环境依存权；二是人们保护环境资源的权利，即环境保护权"。❷

本书认为：环境权有着特定的内容，并不是一种包含环境法所有内容的权利。环境权的内容仅指健康环境权。

开发利用环境资源权是环境法权利体系的一个重要组成部分，但不是环境权。开发利用环境资源权包括（但不限于）土地资源开发利用权、渔业捕捞权、狩猎权、采药权、伐木权、航运权、探矿权、采矿权、放牧权、生态资源收益权、旅游资源开发利用权等。开发利用环境资源权既可以是民法上的物权，也可以是经济法上的经济权利如自主经营权、承包经营权等，还可以是行政法上的国家权力运用到经济法上的国家经济职权。❸ 开发利用环境资源权之所以不是环境权，是因为两者有着重大区别。第一，两者的目的不同。环境权的目的在于保障有健康的环境能为人们所享有。而开发利用环境资源权的目的在于使人们通过开发利用环境资源而获得一定的生活资料与生产资料。第二，两者的性质不同。环境权作为一项人权，无须许可，不可剥夺，不能转让。而开发利用环境资源权本质上属于一种财产性权利，虽然通常因此项权利的行使会对生态环境带来干扰甚至破坏，而有必要对之加以限制，但这些限制的手段并未改变其本质属

---

❶ 蔡守秋：《环境资源法学教程》，武汉大学出版社2000年版，第273—281页；陈泉生、张梓太：《宪法与行政法的生态化》，法律出版社2001年版，第116—117页。
❷ 徐丰果：《环境权新探》，《西南政法大学学报》2007年第3期，第21页。
❸ 李昌麒：《经济法学》，中国政法大学出版社1997年版，第70—79页。

性。第三，两者取得和行使的条件不同。环境权的取得始于主体存在之时，其行使一般没有严格的限制条件和特定程序。开发利用环境资源权的取得和行使通常需要达到一定条件并遵循法定程序。该权利的行使往往会受到诸多限制，如许可限制、配额限制、用途限制、时间限制、空间限制等。因此，开发利用环境资源不是环境权的内容。把开发利用环境资源权纳入环境权中，不仅会使环境权的内容变得模糊，不好把握，而且不利于环境权的法定化。

虽然开发利用环境资源权不属于环境权的内容，但由于环境资源同时具有经济属性和生态属性，因而开发利用环境资源就不是一项单纯的经济活动，而是一项能影响生态环境功能的经济活动。这也是把开发利用环境资源活动纳入环境法调整范畴的原因。

要可持续地开发利用环境资源，就必须对那种只重视环境资源经济属性而忽视其生态价值的法律制度进行改造，包括对刑法、行政法、民法尤其是物权法进行"绿化"，重视环境资源的生态属性，促进和加强环境资源开发利用的可持续性。❶

环境保护权（环境保护权应该包括以下内容：获取与环境有关的信息；参与与环境有关的决策；监督、检举、控告、建议、请求救济；参加保护、改善生态环境的活动❷）不是环境权。获取与环境有关的信息；参与与环境有关的决策；监督、检举、控告、建议等都是环境民主的表现。请求救济是为了维护健康环境权而派生出来的，具有从属性和依附性。保护、改善生态环境的活动在很大程度上属于履行保护环境的义务。

---

❶ 徐丰果：《环境权新探》，《西南政法大学学报》2007年第3期，第22页。
❷ 徐丰果：《环境权新探》，《西南政法大学学报》2007年第3期，第21页。

第三节　环境权的本质

环境权作为一个新的权利类型，其表现形式是复杂多样的。遵循马克思主义的认识论，对事物的认识应该由表及里，层层深入，最后达到对事物本质的把握。对环境权的认识和研究也应如此。

一、环境权是一项权利

在探讨环境权的本质时，我们不得不面对的第一个问题就是：环境权是不是一项权利？这是对环境权进行定性的前提。

"权利"一词纯粹是西方的舶来品，中国古代典籍中虽有"权利"之语，但并不是我们现代法学理论、制度和观念中的"权利"。在西方，权利的渊源可追溯至罗马法。英国学者梅因曾言："概括的权利这个用语不是古典的，但法律学有这个观念，应该完全归功于罗马法。"❶在罗马法中，拉丁文的"Jus"就被现代人译为"法""权利"，这很大程度上是因为古罗马时期商品经济的繁荣导致的私法（市民法）发达的结果。到了中世纪末期，资本主义商品经济的发展使各种利益独立化、个量化，权利观念逐渐成为普遍的社会意识。❷17、18世纪，资产阶级启蒙思想家在反封建的斗争中提出了"自然权利"（natural rights）、"天赋人权"（rights inborn）等权利观念，随着资产阶级革命的胜利和资本主义民主制度的建立，权利作为造物主赋予人的资格的观念得到广泛的认同和传播。到了19世纪，由于资本主义生产方式的推动，商品经济的不断发展，法定权利和义务成为社会生产、交换和社会秩序的机制，法定权利成为人们权利观念的核心。19世纪末，以功利主义、实用主义哲学为指导的德国法学家耶林（Jhering）敏锐地注意到了权利背后的利益，他认为权利就是受法律保护的

---

❶ ［英］梅因：《古代法》，商务印书馆1997年版，第102页。
❷ 张文显：《法哲学范畴研究》（修订版），中国政法大学出版社2001年版，第283页。

一种利益。当然，不是所有的利益都是权利，只有法律所承认和保障的利益才是权利。❶近代以来，随着权利理念的确立以及权利观念的日益普及，甚至使世界范围内出现了"权利流行色"和"权利拜物教"，在20世纪的最后50年，在社会生活、政治斗争、国际关系、法律论辩中，"权利之声压倒一切"，人们把自己的经济主张、政治要求、精神需要纷纷提升到权利的高度，迫使国会、政府、法院承认其正当性和合法性。❷

从以上我们对权利发展进程的回顾中，就可以发现，权利的形成和发展是与人的自身利益密切相关的。人的利益从本质上说就是人的某种需要，需要的满足也就是利益的实现。而权利本质上就是对人某种利益的正当性与必要性的确认，同时通过强制性的或非强制性的机制去保障这种利益的实现。人类要生存和发展必然要有多种需要，而在人类社会中，有些需要的满足是没有保证的，所以才出现了确认某种利益和以国家强制力保障这种利益实现的法定权利。一方面，人作为高级生物，其需要是多方面、多层次的；另一方面，随着人类社会的不断发展，人的需要也随之不断发生变化，因而权利观念和权利类型也是一个不断演进的历史过程。

人作为地球生态系统的一员，其生存和发展离不开周围自然环境的支撑。在适宜、健康的环境中生活是人最基本的生存需要。这种需要的满足是必不可少的。然而自人类诞生起很长一段时间内，自然环境是良好的，资源是充足的，大自然"充分"且"无微不至"地满足了人类的各种需要，而且由于环境的公共性、非独占性、使用非排他性，人类这种需要无须保障即可自动满足。所以，人在适宜、健康的环境中生活这种需要并没有通过法定权利予以保障，而仅仅是作为当然的、不证自明的应有权利而存在，但其权利性质是确定无疑的。

许多学者否定环境权权利性质的一个重要理由是：环境权所保障的环境权益本质上是一项公共利益，不能为个人所排他性独享，因而不能构成

---

❶ 张文显：《法哲学范畴研究（修订版）》，中国政法大学出版社2001年版，第285页。
❷ 张文显：《法哲学范畴研究（修订版）》，中国政法大学出版社2001年版，第298页。

个人权利的基础。但应该看到，这种观点是以传统法学上的公私法二分，以及公共利益和个人利益二元论为前提的，而公共利益和个人利益二元论又是建立在近代政治国家与市民社会二元对立基础上的。随着近代国家向现代国家的转型，政治国家与市民社会的界限也逐渐淡化，二者的相互支撑与融合日益加强，"公法私法化""私法公法化"的趋势日趋明显。可以说，在当代，公共利益和个人利益已经是相互交融、密不可分的了，公共利益虽然不是个人利益的简单相加，但其必须建立在实在的个人利益的基础上，必然要包含着个人利益的因子。

环境权益从传统上看是一种公共利益，但在当今严重的环境危机面前，它对每一个人来说都是不可或缺、不可剥夺的重要利益，已经构成了个人利益的一部分，故可以说环境权益已经是公共利益与个人利益的融合，而不再仅仅是纯粹的公共利益。同时，在当代由于环境权益极其容易受到侵犯，如果仍然遵循传统的公法上的公共利益保护方法，公民仅能享受反射利益而不能主张权利，❶那么公民个人的环境权益损害将无法补救，对环境权益的保障也是不充分的，因而确认公民环境权是有依据并且也是十分必要的。当然，由于环境权益具有公共利益和个人利益的双重性质，所以环境权的行使是应受到较严格限制的，即主体在行使权利的同时，必须承担相应的义务，不得侵害其他主体的环境权。这也是环境权作为一项新型权利的独特性所在。

二、环境权是一项基本人权

人权即人成其为人所应享有的权利，是人作为人为维持其生存和尊严，形成独立人格和发展完善自己的权利。人权来源于对人自身正当性与至上性的认识。它最初是作为道德权利或自然权利而存在的，具有超国家与超实定法的性质。

---

❶ 杨建顺：《日本行政法通论》，中国法制出版社1998年版，第198–200页。

近代，资产阶级在反对封建特权的过程中，资产阶级启蒙思想家洛克、孟德斯鸠、卢梭等系统提出并大力宣扬"天赋人权""人民主权""社会契约"等理念，从而使人权观念普遍化，得到了人民广泛的支持和认同。资本主义民主制度建立后，鉴于某些人权类型的根本性和不可或缺性，各国纷纷通过宪法予以确认和保障。这些宪法化的人权就被称为"基本权利"或"基本人权"。随着人权保护的国际化，一些国际人权公约或洲的人权公约也规定了这种意义上的人权。❶

人权不是封闭的，它是一个开放的体系。随着人类社会的发展与变迁，人权内容和人权类型也在不断地发展和完善。按照法国学者卡雷尔·瓦萨克（Karel Vasak）的研究，从人权发展历史的视角看，人权可分为三代：第一代人权是法国大革命时代倡导的公民政治权利。如公民自由权、言论权和结社权等权利，这类权利的功能在于保障公民不受政府的侵扰，也称作"消极的权利"。第二代人权是垄断资本主义时期出现的普遍的社会权利，主要指俄国革命和西方福利国家所提出的经济、社会和文化权利，也称作"积极的权利"。第三代人权是全球合作以维护和平、保护环境和促进发展的"连带权"。❷ 与第一代、第二代人权不同，第三代人权是"集体人权"，其主体已不再是单个公民，而是作为"集体"的国家或民族。它越出了国界，是国际人权法的重要内容。

基于对人权的上述理解，故环境权本质上是一项基本人权。具体来讲，包括两层含义：第一，在国内法上，环境权是一项具有宪法位阶的人权。第二，在国际法上，环境权是一项集体人权，可以称之为国家环境权（本书使用的"国家环境权"与一些学者使用的"国家环境权"不同，其仅在国际法上作为一项集体人权而使用，而不包括所谓的国内法上的"国家环境权"）或人类环境权。

---

❶ 胡锦光、韩大元：《中国宪法》，法律出版社2004年版，第68页。
❷ ［法］卡雷尔·瓦萨克：《人权的不同类型》，张丽萍、程春明译，载郑永流：《法哲学与法社会学论丛（四）》，中国政法大学出版社2001年版，第467-471页。

1. 环境权是一项具有宪法位阶的人权

按照西方学者的观点，作为一项人权应当具备三个要件：文化正统性、不可或缺性和生存需要性，而环境权均能很好地满足。首先，环境权满足文化正统性的要求。所谓文化正统性是指与人们可识别和接受的既有文化所确定的规则和标准相一致的特性，也就是文化传统上的正当性、一致性。环境权一直被人们视为一种当然的、不言自明的自然权利，在当代日益严峻的环境危机面前，环境权更是与人们环境保护、可持续发展等观念相一致。其次，环境权满足不可或缺性的要求，在适宜、健康的环境中生活是每个人生存的必不可少的基础，环境权对于每个人来说都是不可或缺的。同时，一个清洁健康的环境也是其他任何人权得以实现的基础和前提，否则，任何生命权、自由权和发展权都是妄谈。因此，环境权应当作为一项人权加以确立。最后，环境权满足生存需要性的要求。适宜的环境是人类在地球上生存的最基本需要，它是所有生物生存所必需的最为基本的条件。由于环境权涉及的是作为一个整体的人类之生存的问题，具有人权所要求的"普遍性"，足以成为一项人权。

与其他人权不同，环境权是一项独立的人权。首先，环境权是一项复合型的权利。从主体上看，既包括公民，还包括法人、国家。从客体上看，既包括整体的环境，又包括具体的环境要素。从保护的利益上看，既注重对个人利益的维护，也不忽视对公共利益的保障，兼具公益性和私益性。这些都是生存权或其他传统人权所无法涵盖的。其次，环境权主要保障的不是人类的经济利益，而是人类的生态利益，保障人类生活的环境质量，这也是传统人权所没有的功能。最后，在某种程度上，环境权是对其他人权的控制或修正。有学者认为："环境权本质上是一种与其他权利相冲突的权利，在一定意义上，它实际上起着控制其他权利的途径之作用。在某种程度上，它确定了对所有其他人权的功能上的限制，特别是对环境作广义的定义时，情况更如上所述。"❶ 因为环境权要保障的是人类的环境

---

❶ [斯] C.G.威拉曼特里：《人权与科学技术发展》，张新宝等译，知识出版社 1997 年版，第 233 页。

质量和生态利益,而环境问题主要是人的行为,包括依某项权利而进行的行为造成的,为保障环境质量,就必须对人类行为进行规范,包括对某些传统人权的权利范围进行界定和限制。

环境权不但是一项独立的人权,还是一项基本人权。在人权的权利体系中,各项人权并不是地位均等的,而是有差别的。有些人权具有根本性、基石性,对人的生存和发展都是必不可少的,就构成了基本人权,是人权体系的核心。宪法所确定和保障的也正是这些基本人权。从这个意义上也可以说基本人权就是具有宪法位阶的人权。适宜的生活环境是人类生存和发展的前提,对于人类生存来说是不可或缺的,环境权也是个人行使其他任何权利的基础。失去了环境权,人的生存基础都将丧失,更遑论行使其他人权了。环境权作为基本人权的地位是显而易见的。从实证的角度也可以看到,许多国家明确规定了环境权或与环境权相关的权利。

2. 环境权是一项集体人权

在国际环境法领域,环境权是作为一项集体人权而存在的。集体人权即第三代人权是从人权发展历史阶段的角度作的划分,它是相对于第一代人权自由权和第二代人权社会权而言的。❶ 权利主体已不是单个公民,而是代表一国公民的国家和人类整体。因而,在国际环境法中,环境权可分为国家环境权和人类环境权。

在承认环境权主体包括国家的学者中,他们对国家环境权界定的视角是不同的,归纳起来这些视角大致有三类:国际法视角、国内法视角和国内国际相结合的视角。而学者们在采用后两种视角界定国家环境权时,在国内法层面,基本上都认为国家环境权就是国家环境管理权。如陈泉生认为国家环境权是指国家根据宪法的授权而拥有的保障全体人民的环境权益的权利。❷ 蔡守秋认为,从各国国内法律来看,国家的环境权主要指的

---

❶ 徐祥民:《环境权论——人权发展历史分期的视角》,《中国社会科学》2004 年第 3 期,第 125–126 页。

❷ 陈泉生:《环境时代与宪法环境权的创设》,《福州大学学报(哲学社会科学版)》,2001 年第 4 期,第 27 页。

是国家在保护国民生活的自然环境方面的基本职责。国家环境权就是国家的基本环境职责，国家的基本环境职责与国家的环境权具有基本相同的含义。❶ 本书认为，在国内法层面，是不存在国家环境权的，虽然在宪法上基本权利的权利主体的范围已经由自然人扩大到了法人（如德国《宪法》第19条第3款就规定："在基本权利的性质许可的范围内，基本权利也适用于本国内的法人。"），但国家是不能作为权利主体的。因为在国内法层面，所谓的国家环境权只不过是国家保护和管理环境的权力，是国家权力在环境领域的具体表现形式。环境权利则是一项权利。然而，权利和权力，虽然具有某些共性，但差异却是根本性的，绝不能混淆或等同。一般来说，在近代以来的宪政国家，以下理念是被共同遵奉的：主权在民，人民为了保障固有权利而组成国家，国家权力来源于人民权利的让渡，其存在的正当性与根本目的即在于保障人权。从中我们可以看出，权利是第一位的，目的性的；而权力是第二位的，工具性的。二者是绝对不能同等视之的。从理论建构而言，公民环境权应该是国家环境保护和管理权力的来源和依据。尽管从实证的角度看，国家环境管理和保护的权力先于公民环境权而出现，但这并不妨碍我们的理论建构，正如虽然国家权力早已存在，但在理论建构上，公民权利仍然是其正当性的来源。因此，本书在使用国家环境权时仅将其界定在国际法视角上，认为其是一项集体人权。

作为集体人权的国家环境权和人类环境权的产生，也有其深刻根源。从根本上说，其是环境问题日趋严重，从一地区、一国发展到全球范围的结果。20世纪80年代后，全球范围的环境污染与生态破坏更加严重，环境问题愈加突出，且环境问题呈现全球化发展趋向，主要表现在："首先，跨国污染骤增，由于环境污染具有流动性，一些重大污染事故的危害后果可能在不同国家或地区出现。其次，现在的一些环境问题，特别像温室效应、臭氧层破坏等危害是全球性的。环境问题的全球化，使环境污染和生

---

❶ 蔡守秋：《环境权初探》，《中国社会科学》1982年第3期，第33页；蔡守秋：《论环境权》，《金陵法律评论》2002年春季卷，第96页。

态破坏所引起的损害已不再局限于公民个人权利,而且,环境问题的全球化,决定了环境问题的解决要靠全球的共同努力,特别是全球国家间的通力合作。要解决世界性的环境问题,不能靠一个国家,甚至也不是靠几个国家或集团所能独自解决的,它需要全球的决心和协调一致的行动。"❶ 日益严峻的全球性环境问题,不仅对一国公民的生存,而且对全人类的生存都是巨大的威胁,为了保障一国以及人类整体的环境利益,国家环境权应运而生。

因而,国家环境权就是指国家作为一国的全体公民的代表,在国际环境法律关系中所享有的权利,主要包括对本国环境资源的主权性权利和对国际(包括对他国的)环境资源一定程度上的共享权。其是基于国家主权、人类环境整体性以及环境问题的全球化而产生的。当然,也正是由于人类环境的整体性、环境利益的共享性,国家在国际环境法上享有权利的同时,也负有不可推卸的义务和责任。

三、环境权是一项法律权利

权利理论通常认为,权利主要有三种存在形态,即应有权利(道德权利)、法定权利和现实权利。应有权利是指人作为人所应当享有的当然的权利。广义的"应有权利"包括一切正当的权利。狭义的"应有权利"特指当有而且能够有,但还没有法律化的权利。由于应有权利又往往表现为道德上的主张,所以也被称为"道德权利"。❷ 法定权利是通过法律明文规定和保障的权利。现实权利又称实在权利,是主体实际享有与行使的权利,它是通过主体自身的努力(权利行使)而实现的。

应有权利是一种道德性的宣言或主张,缺乏实现权利的有效保障机制。法定权利具有明确的内容和以国家权力为后盾的强制性保障机制,因

---

❶ 张梓太:《论国家环境权》,《政治与法律》1998 年第 1 期,第 37 页。
❷ 张文显:《法哲学范畴研究(修订版)》,中国政法大学出版社 2001 年版,第 311 页。

而最容易转化为现实权利，对权利主体的利益保障也最有力。故人类权利演进的历史也可以说就是应有权利向法定权利演化的过程。而现实权利是前两者权利的运行目标，也是人们设置权利的初衷所在。

那么环境权在当代处于什么样的权利形态呢？环境权在人类诞生后工业革命前的很长时期内是作为应有权利（道德权利）而存在的。在工业革命后，随着先进机器和科学技术的广泛运用，人们对自然资源的控制和改变能力日益增强，加之人口剧增，人类社会规模不断扩大，为了满足人类日益增长的贪欲和物质需求，人对自然进行疯狂的掠夺开发，从而引发了日益严重的环境污染、生态破坏和资源枯竭等环境问题，最终酿成了20世纪五六十年代全球性的环境危机。作为环境保护运动和全球环境危机的产物，作为法定权利的环境权概念和理论应运而生，联合国等国际组织通过条约、宣言等大张旗鼓倡导环境权，各国也纷纷在宪法或其他法律中直接或间接地确认了环境权。可以说，环境权在当代作为一项法律权利已经得到了广泛认可。

四、环境权是一项具有公益和私益双重属性的权利

在承认环境权是一项法律权利的前提下，对环境权的具体法律属性，学界的认识仍有较大分歧，有人认为环境权是一项公益性的权利，也有人认为环境权是一项私权。然而，鉴于环境权益所具有的公共利益与个人利益相交融的特点，环境权既不是纯粹的公益权，也不是纯粹的私权，而是一项超越了传统公益权与私权的新型法律权利。

（一）环境权不是一项纯粹的公益权

环境权益无论是传统上还是在当代都是一项公共利益，公益性是环境权的一个重要特征，这是毋庸置疑的。但公益性只是环境权法律属性的一方面，而不是其法律属性的全部。因为公共利益和个人利益二元论是以政治国家和市民社会的二元对立为基础的。而在现代国家，一方面，国家已经不再扮演"消极的守夜人"角色，而逐渐承担起越来越多的经济和社会

职能；另一方面，市民社会也通过各种方式和途径积极参与到国家的决策和治理过程中。二者已经更多地表现为相互支撑和彼此融合。因此公共利益和个人利益二元化已经失去了现实基础。可以说，在现代社会中，公共利益和个人利益已经变得密不可分。一方面，现代社会是高度整体化的社会，任何个人都不可能离开整体去追求个人利益；另一方面，任何公共利益都离不开个人利益的支撑，都必须含有个人利益的因子。尤其是20世纪60年代后，全球性的环境问题已直接危及每个人的生存和发展，环境利益不再仅仅是公共利益，它也已经是每个人迫切需要保障的个人利益了。总之，在现代社会，环境权益已不再仅仅是公共利益了，而是公共利益和个人利益的结合体。

（二）环境权不是一项纯粹的私权

近代以来，随着环境污染、生态破坏等环境问题的日益严重，环境侵权逐渐引起了人们的广泛关注和担忧。囿于传统私法思维的局限，同时也为了填补因社会发展而产生的法律漏洞，在理论上和司法实践中，学者和法官均倾向于将环境权侵害视为民事侵权的一种新类型，运用民法规范来进行调整和救济。因而，环境权是一项私权的主张逐渐成为主流观点。然而随着环境法作为一个新的法律部门的兴起以及环境权理论的提出，这种观点的局限性和弊端逐步为人们所认识，主张的学者已越来越少。大体来讲，学者们关于环境权是一项私权的主张又可具体分为以下两种学说。

1. 人格权说

所谓人格权，"是指以主体依法固有的人格利益为客体的，以维护和实现人格平等、人格尊严、人身自由为目标的权利"。[1] 作为人格权的客体，人格利益是指主体就其人身自由和人格尊严、生命、健康、姓名或者名称、名誉、隐私、肖像等所享有的利益的总和。由于传统上环境权的主体是公民。虽然环境权的主体在当今已经扩展到了法人、国家，但公民作为最基本、最重要的环境权主体，其核心和基石地位是毋庸置疑的。而公民

---

[1] 王利明：《人格权法研究》，中国人民大学出版社2005年版，第14页。

的环境权益包括了人身利益，又加之侵犯环境权的后果往往表现为对公民身体、健康的损害，因此，一些学者认为环境权属于人格权。在日本，由于法律中没有明文规定"环境权"，在司法实践中，法院往往将侵犯环境权的行为视为侵犯人格权来进行法律救济，如在1970年的大阪国际机场公害案和1980年的伊达火力发电厂案中就是如此。❶ 日本宪法学者大须贺明也认为环境权寓于《日本宪法》第25条的生存权条款中，他从该条款推导出了公民享有的环境权，从而使环境权是一种人格权的主张有了宪法依据。❷

2. 财产权说

这种学说主张环境权是一种财产权。持这种观点的学者首推美国密执安大学的萨克斯教授。他认为，空气、阳光、水、野生动植物等环境要素是全体公民的共有财产；公民为了管理他们的共有财产而将其委托给政府，政府与公民从而建立起"信托"关系。政府作为受托人有责任为全体人民，包括当代美国人及其子孙后代管理好这些财产，未经委托人许可，政府不得自行处理这些财产。❸ 从现实角度看，将环境权视为一种财产权，一定程度上可以说近代以来是学者和法官们运用传统民法思维来应对环境问题的结果。他们认为，既然环境纠纷归根结底主要表现为财产权益的纠纷，环境侵权的后果主要是财产权益受损，那么将环境权视为一种财产权就是合理的，而且还因此而免去了衡量那些毫不确定的环境权益的烦恼，可以对受害方进行及时的救济。然而，随着环境问题的日益严重和复杂化，人们愈发意识到这种简单化处理方式的弊病，意识到环境权与财产权的巨大差异。现在主张这一学说的学者已经不多了。

其实，环境权与人格权是有区别的。首先，人格权中的生命健康权的保护以对人身的直接侵害为构成要件，而环境污染和破坏行为在大多数情

---

❶ ［日］野村好弘:《日本公害法概论》，康树华译，中国环境管理、经济与法学学会1982年版。
❷ ［日］大须贺明:《生存权论》，林浩译，法律出版社2001年版，第194–207页。
❸ 程正康:《环境法概要》，光明日报出版社1986年版，第43页。

况下不具备这一特征（即具有侵害的间接性和累积性，侵害结果需要较长一段时间才能表现出来）；其次，"衡量是否造成生命健康权侵害的标准是医学标准，尤其是对健康权的侵害时以产生疾病为承担责任的标准的，而在环境保护中，造成疾病以为环境污染和破坏的最严重后果，环境法要以保证环境的清洁和优美、不对人体健康构成威胁作为立法目标，以环境质量作为承担责任的依据"。❶

同时，环境权与财产权也是不同的。首先，财产权尤其是"所有权的客体只能是人力所能够支配和控制之物，而作为环境要素（环境权客体）的空气、水体、野生动植物尤其是生态因子不能为人力所支配和控制，因而往往无法成为财产权的客体"。❷ 其次，对于财产权尤其是财产所有权来说，对标的独占和排他性使用、收益、处分是其重要的特征，而每个人对环境是不能也无法独占和排他性使用的。即使某些环境要素归属于某个主体，但他也不能排除他人对基本环境利益的共同享有。最后，当环境资源作为财产权客体时，主要体现的是其经济价值，而当其作为环境权客体时，主要体现的是其生态价值。

客观地说，将环境权视为一种人格权或财产权具有一定程度的合理性，因为环境权益里面的确包含着一定的人格利益和财产利益，两种学说包含着对环境权属性的正确性认识，但又都因"只反映了环境权某一方面的特征而失之片面"。❸ 环境权不仅具有私权的属性，而且由于环境的整体性、关联性，环境利益的共享性、非排他性，从而使其还具有很强的公益性，它已经不是一项纯粹的私权。

---

❶ 吕忠梅：《论公民环境权》，《法学研究》1995年第6期，第62页。
❷ 吕忠梅：《论公民环境权》，《法学研究》1995年第6期，第61页。
❸ 刘淑丽：《论环境权》，吉林大学硕士学位论文，2004年，第19页。

第三章 循环经济理论

循环经济是一种新的经济发展模式，有着特定的发展层次、特征和原则。

第一节 循环经济及其发展的层次

一、循环经济的提出

自人类诞生之日起，生态系统和自然资源便成为人类赖以生存和发展的基础，人类不断向自然索取以谋求自身的生存与发展。可以说，生态破坏自古有之。但是，在农业文明时期，由于受当时生产手段、科学技术等条件的制约，人类对生态系统的破坏只是小范围、小规模的。并且，生态系统在特定的时间和状态下，当物质和能量的输入和输出相对平衡时，结构和功能也相对稳定，其本身就具有一定抵御外界压力的能力，在受到干扰后可通过自身调节恢复其相对平衡，因此那些小规模的、零星的破坏处于生态系统自我调节的能力范围之内。但是，进入工业文明后，随着生产力的发展和科学技术的突飞猛进，人类认识、改造和驾驭自然的能力越来越高，"逐渐出现了以资源的高投入、高消耗为途径，以高速度、高享受为目的的发展模式。"❶ 在这种模式的影响下,人类毫无节制地开采自然资源,同时又肆意地排放废弃物。长此以往,环境问题随之而来,生态破坏空前严重。气候变暖、物种锐减、酸雨侵蚀、土地荒漠化、自然资源严重匮乏等问题逐渐影响人类的生活,制约人类的发展。在此背景下,人类开始反思与自然的关系,提出循环经济概念。《人类环境宣言》提出人类在利用自然资源的同时,也要承担相应的责任和义务。斯德哥尔摩第一次世界环境大会标志着人类对环境保护问题的觉醒,世界各国也由此走上了注重环境保护的艰难历程。1987年,世界环境与发展委员会提交报告《我们共同的未来》,报告中首次提出可持续发展的概念,并且详细阐述其内涵。1989年,美国的福罗什发表《加工业的战略》一文,首次提出工业生态学理念,即将上游的废弃物转变为下游的原料。这一思想为现代的生态工业园奠定了理论基础,同时也极大地丰富了循环经济思想。1992年6月,联合国在巴西里约热内卢召开环境与发展大会,会议制定并通过重要文件《21世纪议程》,号召成员国将可持续发展作为基本策略,推动落实其发展。至此,"可持续发展逐渐成为世界潮流,源头治理和全过程治理逐渐成为国家环境与发展政策的主流。循环经济因此在世界范围内崛起"。❷

我国大约在20世纪90年代引入循环经济概念,目前正处于理论的发展时期,关于循环经济的定义还尚未统一。不同领域的学者从不同角度出发,对循环经济做出了不同的定义,据不完全统计,现已有40余种。刘庆山是我国较早提出循环经济一词的学者,他在《开发利用再生资源缓解自然资源短缺》一文中指出"从资源再生角度提出废弃物的资源化利用,认为循环经济的本质是自然资源的循环经济利用"。❸ 曲格平提出,"所谓循环经济,本质上是一种生态保护型经济,它要求运用生态学规律而不是

---

❶ 乔刚:《生态文明视野下的循环经济立法研究》,西南政法大学博士学位论文,2010年,第25页。

❷ 诸大建、朱远:《生态效率与循环经济》,《复旦学报(社会科学版)》2005年第2期,第60页。

❸ 刘庆山:《开发利用再生资源缓解自然资源短缺》,《再生资源研究》1994年第10期,第24页。

机械论规律来指导人类社会的经济活动。循环经济倡导的是一种与环境和谐的经济发展模式。它要求把经济活动组成一个'资源—产品—再生资源'的反馈式流程,其特征是低开采、高利用、低排放"。❶

二、循环经济发展的层次

循环经济的发展层次大致经历了三个阶段:20世纪80年代以企业层面的"小循环"为标志的微观企业试点阶段;20世纪90年代以区域层面的"中循环"为标志的生态工业园阶段;21世纪以社会层面的"大循环"为标志的循环型社会建设阶段。

企业层面的"小循环"是循环经济的第一个层面。要求单个企业在生产和流通的过程中,依据循环经济理念和生态效率原则,实施清洁生产。把对环境的伤害评估作为企业效益考核的一部分,通过重新设计生产体系和生产流程,提高技术水平、优化生产方式,从源头减少进入生产和消费领域的物质量,实现企业资源内部的高效率、最大化利用,获得效益与环境的双赢。企业通过最大限度地利用和节约物资,创造性地将循环经济"3R"❷原则发展成与化工生产相结合的"3R制造法",通过放弃使用一些对环境有害型的化学物质、减少某些化学物质的使用量以及发明回收本公司产品的新工艺,有效减少污染,降低成本。

区域层面的"中循环"是循环经济的第二个层面。生态工业园区的实施和建立是其典型模式。所谓生态工业园,是指一种新型工业组织形式,是将各个关联企业或上下游企业模拟自然生态系统中生产者—消费者—分解者链条式相互依存的结构,组成社区或区域。通过把上游企业的副产品或废弃物用作下游企业的营养物或原料,形成梯形循环共生网络;同时还能实现企业间物质、能量、信息的集成、互补,从而使区域内各个企业降

---

❶ 曲格平:《发展循环经济是21世纪的大趋势》,《当代生态农业》2002年第21期(增刊),第18页。

❷ 3R即减量化(Reduce)、再利用(Reuse)、再循环(Rcycle)。

低生产成本、减少污染、提高效率，最终形成企业进步、经济发展、环境保护之间的良性循环。

社会层面的"大循环"是循环经济的最高层面。在这个层面，要求对整个社会消费过程中以及消费过程后的废弃物进行无害化处理和循环利用，最终能够使生态保护、经济发展、社会进步三者之间和谐统一、相互促进，建立完善的"循环型经济社会"体制。

第二节 循环经济的基本特征

循环经济作为一种新型的经济形态，自身具有一系列独立特征，具体表现在以下两个方面。

一、循环经济的本质特征

在传统经济时期，人们习惯了"资源—产品—废弃物"单向线性经济模式、习惯了高资源投入量、高污染排放、低生产产出率的"牧童式"不节约经济。通过不断把资源变为废弃物换取经济的数量型增长是传统经济的典型手段。但是这种模式不符合生态系统平衡规律，使资源环境和经济增长之间出现了严重的矛盾。与此不同的是，循环经济以可持续发展为核心理念，以节约资源、保护环境为目的，从根本上改变了这一线性模式，是一种新型的物质闭环流动型经济。并且相比较之前传统经济"两高一低"的特点，循环经济遵循低资源能源投入量、低污染排放量、高经济产出量的"两低一高"特点，形成"资源—产品—再生资源—再生产品"的物质流动方式，致力于"降低'通量'，使之与生态系统的'容量'相适

应",这是循环经济区别于传统经济的本质特征。❶

二、循环经济的观念特征

循环经济作为全新的经济发展形式,不仅在经济发展中具有自身的特点,也带来了观念上的变革和特点。人类社会的初期,人类臣服于自然;传统经济时期,人类征服自然,主宰自然;循环经济时期,人类的观念发生了转变,认识到自然环境对于人类社会的发展和经济发展的制约性和重要性。于是由"征服"转向"和谐相处",由"以人类为中心"转向"以生态为中心"。这种观念的转变具体表现在:人类不再像传统经济时期肆意开采资源、排放污染,仅仅将自然环境作为人类活动的"取料场"和"垃圾场",而开始考虑自然环境的承载力,在自然承载力的范围内,生产层面上实行有节制的开采,资源最大化利用;消费层面上适度消费、层次消费,注重废弃物的重复利用。人类开始采用"整体—系统化"的思维,"即把人、自然、资源与技术作为一个大系统整体考虑,把这些要素看作一个有机联系的系统,并把这个系统和谐地纳入地球大系统内,当人类考虑生产和消费活动的全过程时,不能把自身置于这个大系统外,要将自己作为这个系统的一部分来研究符合客观规律的制度和原则"。❷

循环经济作为一种新的经济发展模式,这种新主要体现在:

(一)体现了新的道德观

循环经济的道德观是生态道德观,由"以人类为中心"转向"以生态为中心"。人类不应再以自然的主宰自居,随意地去征服自然、改造自然,而应该自觉地把自己视为自然的一部分,一切活动必须以遵循自然规律为准则。人与自然是一个密不可分的利益共同体,人在考虑生产和消费时不再置身于这一大系统之外,而是将自己作为这个大系统的一部分来研究符

---

❶ 吴海民:《中国工业经济运行效率研究:1980—2006》,西南财经大学博士学位论文,2008年,第172-173页。

❷ 毕凌岚:《生态物质空间系统结构模式研究》,重庆大学博士学位论文,2004年,第23页。

合客观规律的经济原则，保护生态系统，维持大系统持续发展。学会并处理好与自然的和谐相处是人类的神圣使命，强调同代人之间的公平和代际公平是人的基本道德。它要求我们在环保立法和经济建设中要以生态主义的道德观为底线，逐步树立"生态文明"的发展观。

（二）体现了新的生产观和消费观

传统的生产观追求大量的生产以实现 GDP 指标的不断攀升，传统的消费观追求大量的消费以拉动内需、促进经济的快速发展并刺激再生产的扩大化，即拼命生产，拼命消费，再拼命生产。在此观念的影响下，催生了许多的社会负面效应并对资源和环境施加了巨大的压力。

推行循环经济就是要鼓励生产部门采用循环式的清洁生产，以尽可能少的资源消耗、尽可能小的环境代价实现最大的经济和社会效益，促进经济社会可持续发展和人与自然和谐发展。循环经济的"3R"原则中的"减量化"是针对生产输入端而言的，指在产品生产和服务过程中尽可能减少资源消耗和废弃物的产生，核心是提高资源利用效率，减少自然资源消耗；"再利用"是针对生产过程而言的，指产品多次使用或修复、翻新和再制造后继续使用，以延长产品的生命周期，防止产品过早地成为废弃物，减少对环境的污染；"资源化"是针对生产输出端而言的，指废弃物最大限度变成资源，变废为宝，化害为利，关键是减少废弃物的排放，减轻环境的纳污负担。循环经济的消费观就是生态消费观和适度消费观。通过循环经济的生态、适度消费观以达到向生产领域发出价格和需求的刺激信号，刺激生产领域的清洁技术与工艺的研发和应用，带动环境友好产品和服务生产的良性循环之目的。

正是因为循环经济的生产观和消费观注重从源头上节约资源，采取对环境友好的生产和消费方式，是对"大量生产、大量消费、大量废弃"的传统增长模式的根本变革，因此它是缓解资源短缺矛盾的根本出路，是从根本上减轻环境污染的有效途径。

（三）体现了新的发展观

循环经济的发展观是可持续的发展观。过去在衡量一个地方或政府的发展水平和业绩时，仅用 GDP 作为标准。而循环经济更注重自然、经济、社会的协调发展，是一种可持续的发展观，这需要我们彻底摒弃地方保护主义、官僚主义和官本位政绩观，要强调改善环境就是发展生产力。

第三节　循环经济三原则

目前，理论界关于循环经济的原则主要有四种不同说法。季昆森认为是四原则，即减量化（Reduce），再利用（Reuse），再循环（Recycle），再思考（Rethink）；❶ 吴季松认为是五原则，即减量化（Reduce），再循环（Recycle），再利用（Reuse），再思考（Rethink），再修复（Repair）；❷ 陈晨认为是六原则，即降低消耗、减少排放（Reduce），重复使用（Reuse），循环利用（Recycle），可再生（Renewable），可替代（Replace），恢复和重建（Recovery）；❸ 冯之浚认为是三原则，即减量化（Reducing），再利用（Reusing），资源化（Recycling）。❹ 本书采用冯之浚教授的三原则观点。

一、减量化原则

减量化原则是全过程控制输入端方法，旨在从生产和消费流通的源头控制和减少物质的投入量。这项原则打破了传统末端治理的方式，人们不再走"先污染后治理"高成本、低效率的老路，而认识到了从源头预防的重要性。同时，减量化原则绝不是单纯的减少物质利用数量，减慢发展速度的意思，其核心是促进科学技术进步、提高资源利用率、减少资源消

---

❶ 季昆森：《循环经济与资源节约型社会》，《决策咨询》2004 年第 7 期，第 43 页。
❷ 吴季松：《正确理解循环经济的内涵》，《科技日报》2005 年 6 月 19 日，第 1 版。
❸ 陈晨：《各国循环经济立法及其对我国的影响与借鉴》，《2005 年中国环境资源法学研讨会论文集》，第 335 页。
❹ 冯之浚：《论循环经济》，《中国软科学》2004 年第 10 期，第 4–5 页。

耗。换句话说，减量化原则是要求在不影响经济发展速度和人们生活水平的前提下，减少物质资源使用量，使"经济增长具有持续性和与环境的相容性"。根据这一原则，在生产中，要求生产商重新设计优化生产体系，提高资源利用率，减少单位产品的物质使用量，进而减少废弃物的排放。譬如，汽车制造商可以尽量考虑生产小型化、轻型化的汽车产品来取代重型汽车。轻型汽车不但可以减少金属资源的使用量，且采用柴油机，耗油量较低，对空气中排放的 CO_2 也只相当于汽油机的十分之一。❶ 这样一来在节约资源的同时，还降低汽车尾气排放量，保护了环境。在消费中，消费者应摒弃奢侈消费、过度消费的观念，实行适度消费、绿色消费。在购买产品时，尽量选用包装物较少、可以循环使用的，抵制不耐用或一次性产品，以减少废弃物的产生。

二、再利用原则

再利用原则是过程性方法，其目的在于尽可能地延长产品使用周期，多次、重复、多种方式利用，防止产品过早成为废弃物。在生产领域，同一产品类型的不同生产者均应采用零部件的标准尺寸进行设计、生产，使产品在更新换代或损坏时，只需更换零部件，而不必更换整个产品。在生活中，人们将产品废弃之前，应该想一想该产品对家中其他产品、单位、他人是否还有利用价值。这样不仅能使物资得到循环利用，还能有效减少家庭开支。

三、资源化原则

资源化原则也称为再循环原则，是针对输出端的原则。它是指人们将

---

❶ 李芳等：《柴油发动机颗粒排放物研究进展》，《环境科学与技术》2009年第32卷第4期，第81–85页。

已经废弃的物品，通过加工使其转变为再生资源，再次进入生产和流通领域进行利用。这样不仅控制和减少了新资源的开采和使用量，同时还能减少废弃物的处理量和末端处理（如焚烧垃圾）给环境带来的压力。资源化分为原级资源化和次级资源化两种情况。原级资源化是指将废弃物经过加工处理转变为再生资源用于同类产品的生产，如废弃报纸和易拉罐的回收利用均属于原级资源化。这种循环方式可以减少20%—90%的原生材料的使用量。次级资源化是指将退出使用领域的物品经过加工处理转变为再生资源，用于与原产品不同的其他产品的生产。这种循环方式对原生材料的使用量的减少最高可达到25%。从以上数据可以看出，原级资源化对原生材料的节约率要远远高于次级资源化，是循环经济最高的理想境界。但两者都通过对废弃物的资源化减少了原生材料的使用量，达到了节约资源、保护环境的效果。

第二编

环境法的基本原则

法律的基本原则在整个法律体系中居于极其重要的地位，它"体现着法的本质和根本价值，是整个法律活动的指导思想和出发点，构成法律体系中的灵魂，决定着法的统一性和稳定性"。❶ 环境法的基本原则是环境法的核心与灵魂，是环境法制建设总的指导方针。环境法的基本原则是指环境法中所规定或体现的，涉及环境法制建设全局的、具有指导意义的根本准则，它可以为制定具体的环境法规范和处理具体的环境保护问题提供基本依据。因此，确立环境法的基本原则有着重要的理论意义与现实意义。

在实践层面，环境法基本原则同样具有不可或缺的重要作用。考察中国环境立法，绝大多数环境法律法规都具体设置了执法主体，或者说法律明确了由哪个行政部门来执行某部法律。但执法者拥有的执法权并意味着可以随心所欲，其执法行为必须符合立法目的与精神。环境法基本原则概括了立法者对环境法制度的基本态度与价值观念，是立法目的与精神的直接体现。虽然从制度设计的角度看，不同的制度所体现的重点会有所不同，但任何制度都不能也不该背离环境法的基本原则。因此，执法者只有依循基本原则实施具体执法行为，才能实现环境法的目的，体现环境法的精神。否则，执法行为就可能出现偏差，执法结果可能与立法精神南辕北辙。

另外，当社会生活中出现既定的环境法律规范与变化的社会现象的矛

---

❶ ［美］M.D.贝斯勒：《法律的原则——一个规范的分析》，张文显等译，中国大百科全书出版社1996年版，第469页。

71

盾时，环境法基本原则可以为司法者提供法律解释的基本线索和根本指引，弥补成文法滞后于社会发展变化的不足，既为解决个案纠纷提供可能，也为法律的修改奠定基础。任何制定法都不可能穷尽社会生活中人们行为的全部，加之环境法较之于传统法律更加广泛而复杂，环境法律规范更不可能涵盖全部环境社会关系，法律适用空白与不足的情形必然会出现。一旦出现这种情形，基本原则可以成为司法者在个案裁判中直接援引的一般条款，通过法官的法律解释进行法律漏洞补充和利益衡量。在这个意义上，环境法的基本原则与民法上的"诚实信用""公序良俗"等基本原则一样，是对法官的一种授权，是司法用来处理成文法与社会发展的不一致，综合考量法律、当事人利益、社会秩序三者关系，公正合理地处理环境纠纷的重要依据。

环境法的基本原则是人类在一定时期，根据环境问题以及对环境问题及其解决方法的认识基础上形成的，它们是生态规律、人类环境观、环境经济原理的基本要求等支撑环境法的知识背景与知识内核在环境立法上的反映，是正确认识环境法的性质的关键所在，也是准确理解、执行、适用环境法律规范的"钥匙"。但在具体的立法实践中，由于各国具体国情、法律结构、经济发展水平的不同，对基本原则会有所取舍或侧重。从环境法独有的特征与品性出发，以现行立法为参考，本书将贯穿于整个环境法的理念与制度，最能反映出环境法自身特质的基本原则概括为：保护优先、预防为主、综合治理、公众参与、损害担责。

第四章 保护优先原则

党的十八大提出，推进生态文明建设，要坚持节约优先、保护优先、自然恢复为主的方针。保护优先不仅仅是生态文明建设的基本方针，更是环境法的基本原则和根本宗旨。

第一节 保护优先原则的演进

环境问题是在人类改造自然、征服自然的过程中产生的，与人类的经济活动休戚相关。如何处理经济发展与环境保护的关系，人类一直在不断探索。随着环境承载能力的变化和社会主要矛盾的改变，我国环境法的首要原则从协调发展原则演进为保护优先原则。

一、协调发展原则的确定

在2014年新《环境保护法》确定保护优先原则之前，协调发展原则是环境法的首要原则，它经历了三个发展阶段。

1979—1982年为第一阶段。1979年的《环境保护法（试行）》是我国第一部系统的环境保护法律，第5条规定，"国务院和所属各部门、地方各级人民政府必须切实做好环境保护工作；在制定发展国民经济计划的时候，必须对环境的保护和改善统筹安排，并认真组织实施"，这里的"统筹安排"，含义比较模糊，没有具体指出统筹安排的对象。虽如此，但已然包含着协调发展的理念。到1981年，情况有了很大变化，国务院在《关于在国民经济调整时期加强环境保护工作的决定》中提出了"综合平衡"的要求。"各级人民政府在制订国民经济和社会发展计划、规划时，必须把保护环境和自然资源作为综合平衡的重要内容，把环境保护的目标、要求和措施，切实纳入计划和规划，加强计划管理。"这是因为我国环境的污染和自然资源、生态平衡的破坏已相当严重，影响人民生活，妨碍生产建设，已成为国民经济发展中的一个突出问题。因此必须对生产建设和环境保护之间的比例加以调整。该决定提出了环境保护的重点工作，即严格防止新污染的发展，抓紧解决突出的污染问题，如位于生活居住区、水源保护区、风景游览区的工厂企业的严重污染问题，制止对自然环境的破坏。"综合平衡"的要求比"统筹安排"要明确、具体，可以将其看作"协调发展"原则的雏形。

1983—1988年为第二阶段。在1983年12月召开的第二次全国环境保护会议上，"协调发展"的思想已得到了明确、具体的表达。这次会议提出：经济建设、城乡建设和环境建设必须同步规划、同步实施、同步发展，实现经济效益、社会效益、环境效益的统一。这实际上就是明确了协调发展的对象：经济建设、城乡建设和环境建设；明确了协调发展的方法：同步规划、同步实施、同步发展；明确了协调发展的目的：实现经济效益、社会效益、环境效益的统一。也就是说，这次会议的要求已经明确了协调发展的思想，只是缺乏协调发展的文字表述而已。

1989—2014年为第三阶段。在1989年颁布的《环境保护法》中，明确提出了"协调发展"的概念。1989年《环境保护法》第4条规定："国家制定的环境保护规划必须纳入国民经济和社会发展计划，国家采取有利于环境保护的经济、技术政策和措施，使环境保护工作同经济建设和社会发展相协调。"至此，协调发展原则被正式提出。

怎样理解协调发展，可谓仁者见仁，智者见智。一般认为，协调发展就是指环境保护同经济建设同步发展、不可偏废。但在实际工作中，环境保护同经济建设往往存在矛盾，加强环境保护有时就会影响经济建设，延缓经济建设的速度；而加强经济建设，有时就会不利于环境保护，甚至会破坏环境。于是，就有人提出了重点论。认为"环境保护工作同经济建设和社会发展相协调"的重点就是加强经济建设，是在加强经济建设的前提下进行环境保护。

二、保护优先原则的提出

在保护优先原则确立之前，协调发展原则在相当长的时间内（1989—2014年），作为我国处理经济发展与环境保护关系问题的基本准则。协调发展原则的本意为经济利益与环境利益同等重要，二者不可偏废。但这一原则在实施过程中，其效果却很不理想。"使环境保护工作同经济建设和社会发展相协调"的表述被理解为经济建设第一，环境保护第二，环境保护工作服从于经济建设和社会发展工作，经济利益优先于环境利益。这就使得我国生态环境破坏严重，环境污染十分严重。于是人们开始反思协调发展原则实施所带来的实际效果，开始有意识地逐步转变理念。2005年国务院发布《关于落实科学发展观加强环境保护的决定》，在决定中首次使用了"经济发展须与环境保护相协调"的表述，才实现环境保护与经济发展主次地位的倒换，也标志着我国在环境保护理念上开始转变。❶

国务院2006年制定的《风景名胜区管理条例》明确规定了环境优先原则。该法第13条规定："风景名胜区总体规划的编制，应当体现人与自然和谐相处、区域协调发展和经济社会全面进步的要求，坚持保护优先、开发服从保护的原则……"

全国人大常委会2009年制定的《中华人民共和国海岛保护法》明确规定了环境优先原则。该法第3条规定："国家对海岛实行科学规划、保护优先、合理开发、永续利用的原则。"这是保护优先原则首次出现在国

---

❶ 吴卫星：《从协调发展到环境优先——中国环境法制的历史转型》，《河海大学学报（哲学社会科学版）》2008年第3期，第31页。

家的法律中。

在地方性法规方面，许多地方的地方性法规中明确规定了环境优先原则。如2008年制定的《太原市绿色转型促进条例》第4条规定："促进绿色转型应当遵循政府引导、公众参与、生态优先，经济、社会、生态效益相统一的原则。"2009年制定的《深圳经济特区环境保护条例》第3条规定："城市发展应当遵循环境优先原则。鼓励公众参与环境保护。"2009年制定的《北京市绿化条例》第49条规定："各级风景名胜区应当坚持保护优先、利用服从保护的原则，保护绿化资源的完整性与观赏性。游览者和风景名胜区内的居民有保护林草植被和各项绿化设施的义务。"2010年制定的《江苏省长江水污染防治条例》第3条规定："省人民政府和沿江地区各级人民政府应当树立科学发展观，确立生态环境保护优先原则，贯彻预防为主、防治结合、综合整治、促进发展的方针，坚持先规划、后开发，先环评、后立项，在保护中开发、在开发中保护。"2010年制定的《四川省风景名胜区条例》第13条规定："风景名胜区总体规划的编制，应当体现人与自然和谐相处、区域协调发展和经济社会全面进步的要求，坚持保护优先、开发服从保护的原则，突出风景名胜资源的自然特性、文化内涵和地方特色。"2010年制定的《四川省湿地保护条例》第4条规定："湿地保护管理应当遵循保护优先、科学规划、突出重点、合理利用、可持续发展的原则，实行湿地生态效益补偿制度。"[1]

2014年《环境保护法》第5条规定："环境保护坚持保护优先、预防为主、综合治理、公众参与、损害担责的原则。"在我国法律中正式确定了保护优先原则。

从"协调发展"到"保护优先"，这是我国环境保护立法史上重要的里程碑，该原则的确立使得环境保护法成为真正意义上保护环境的法。

---

[1] 尚凡莹：《论环境法中的环境优先原则》，中国政法大学硕士学位论文，2001年，第34页。

第二节　保护优先原则的含义

"保护优先"在字面上由"保护"与"优先"两个词组成。《环境保护法》中"保护"的对象顾名思义是"环境",因此"保护优先"从字面意思上应该是指针对环境实施的行为中,"保护"的行为应该优于其他的行为。人类针对环境实施的行为,除了"保护"的行为外,更多的就是对环境的"开发、利用"行为,因此"保护优先"是指人类对环境的保护行为应该优于对环境的开发、利用行为。

一、保护优先与可持续发展的关系

保护优先原则的确立是实现可持续发展理念的本质要求。1997年可持续发展理念成为我国现代化建设的战略要求,也成为我国经济社会建设的指导思想之一,并且体现在2014年《环境保护法》的立法目的中。2014年《环境保护法》第1条规定:为保护和改善环境,防治污染和其他公害,保障公众健康,推进生态文明建设,促进经济社会可持续发展,制定本法。

在环境保护方面,可持续发展目标有两个:一是从自然界获得的资源,不能超过其再生能力;二是排放到环境中的废弃物,不能超出环境的自我净化能力。可持续发展两个目标的要求与保护优先的内涵非常接近,通过落实保护优先原则,就可实现可持续发展在环境方面的目标。保护优先原则主要考虑的是本国内部环境利益,侧重于从横向关系上,即经济、环境、社会等相互关系上对当前人类发展提出要求,更侧重于当代人的利益。而可持续发展则不仅包括上述的横向关系,也涉及纵向历史过程,从当前需要与未来需要的关系上提出要求,思考当代人之间以及当代人和后代人之间的生存发展问题,并更侧重于从纵向历史过程强调可延续性地生

存与发展。❶

二、保护优先原则的内容

《环境保护法》将"协调"的结果"环境保护优先"作为法律原则，其核心概念的含义清楚明了，就是要对环境进行"保护"，至于"保护"的具体含义则应当根据运用该原则时的具体情况来进行解释。保护优先原则具体应当包括但不限于以下几方面的内容。❷

第一，环境考量优先。环境考量优先是指，环境法律关系的主体在从事经济和社会发展的活动中，如果经济利益与环境利益产生冲突时，应当优先考虑保护环境利益，避免为了经济发展而牺牲环境利益的情况出现。

第二，环境规划优先。环境规划优先是指，在宏观规划层面，国家制定的经济和社会发展规划中应当优先体现对环境的保护；在具体规划层面，地方各级政府在制定本地区经济和社会发展规划时，也应将环境保护放在首位。

第三，环境评估优先。环境评估优先是指，在经济社会发展的过程中，对规划和建设项目实施后可能造成的影响进行预先分析和评估。

第四，环境救济优先。环境救济优先是指，某一区域的生态环境或某一自然资源或某一物种，已经或正在遭受严重损害或者破坏或者濒临灭绝，应当优先救济这一区域内被损害的生态环境，保育该自然资源或该物种。

---

❶ 黄雅惠：《论环境保护优先原则》，北京林业大学硕士学位论文，2016年，第8页。
❷ 李想：《环境优先原则作为环境法基本原则的正当性》，吉林大学硕士学位论文，2013年，第12-13页。

第三节 保护优先原则的地位和适用

一、保护优先原则的地位

就法律地位而言，保护优先原则在连接《环境保护法》立法目的与制度设计中起核心作用。2014年修订的《环境保护法》明确提出了"保护优先"的原则，是对原先协调发展思路的调整和修正。"保护优先"原则明确了指向和标准，意味着在环境保护与经济社会发展出现冲突时优先考虑环境目标，要求"经济建设与环境保护相协调"，而不是"环境保护与经济建设相协调"，重点和顺序已经发生变化。强调环境保护优先是基于对环境保护重要性的认识，更是对可持续发展观的实践。保护优先原则与环境法立法目的具有逻辑一致性，旨在提升环境保护在社会生活、经济活动与政府管理中的地位，优先保障环境保护目标的实现。特别是在全社会的环境保护意识尚未形成，经济发展压倒环境保护还是许多政府和企业的基本认知和追求的社会背景下，强调保护优先尤为必要。《环境保护法》第1条对立法目的进行了宣示，"为保护和改善环境，防治污染和其他公害，保障公众健康，推进生态文明建设，促进经济社会可持续发展"，保护优先原则与其相互呼应，具有明显的进步意义。但也必须看到，"保护优先"仍存在歧义，存在解释为"保护"与"治理"等概念并列、只是环境保护内部的问题的可能，即所谓"保护"优先只是相对于环境"治理"的优先，而不是相对于开发利用自然资源、发展经济的优先。[1]然而，综合《环境保护法》关于立法目的、基本国策的规定，保护优先的正确含义是环境保护相对于经济社会发展的优先，等同于环境保护优先或者环境优先。这也意味着，坚持保护优先，并不是不要经济发展，而是为了"高质量"的发展，为了切实实现经济社会的可持续发展。真正贯彻落实好保护优先，

---

[1] 吕忠梅：《环境保护法释义》，中国计划出版社2014年版，第30页。

才能真正加快发展方式转变。同时，谁先贯彻落实好保护优先，谁就能占据新一轮发展的制高点。

二、保护优先原则的适用

保护优先原则主要是通过保护环境的一系列制度来予以实施、贯彻、落实的。除此之外，还应做好以下几项工作。

第一，加强对宏观决策的法律控制。我国环境法律问题的产生和发展，在很大程度上是由于粗放型经济发展模式、掠夺式资源开发战略、不合理的产业结构和工业布局等宏观决策造成的。因此，解决这类"决策性环境问题"必须从宏观调控入手，努力强化环境保护目标责任制度、定量考核制度、环境监察制度及环境责任追究制度，通过加强对生态环境保护和建设工作的监督管理，切实把贯彻执行环境保护这一基本国策作为各级地方政府和决策者政绩考核的内容，纳入地方政府的任期目标中，并通过明确的综合决策的程序、范围和内容增强其强制性、规范性和可操作性，使其真正成为地方政府决策中必须遵守的工作制度。

第二，突出利益激励措施的运用。环境问题在一定意义上是利益冲突的表现。即"环境污染、生态破坏等，实际上是一部分人在追求自身经济利益的同时，把环境代价转移到其他人或者后代人身上的表现"。❶ 所以，通过法律来调整环境社会关系、合理安排人们的行为时，就必须考虑人们的利益需求，"只有建立起对权利和权利行使收益的保护，才能对人们的权利行使活动造成一种有效的激励"。❷ 法律虽然不能创造利益，也并非所有的利益都能通过法律的强制或限制得以实现，但在一定条件下，良好的法律却可以为新的社会利益关系形成和发展提供条件，以引导利益关系向预定方向发展。这对完善环境法的调整机制，促进环境保护具有很强的现

---

❶ 柯坚：《环境法原则之思考——比较法视角下的共通性、差异性及其规范性建构》，《中山大学学报（社会科学版）》2011年第3期，第88页。

❷ 曹明德：《对修改我国环境保护法的再思考》，《政法论坛》2012年第6期，第126页。

实意义。

第三，重视区域间"共同但有区别的责任"。环境的受益和代价分配不公，已成为制约环境状态难以整体改善的一个重要原因。这从我国近年来生态环境局部改善、整体恶化，城市环境质量改善、农村生态破坏加剧的发展趋势中得到体现。鉴于导致环境退化的因素不同以及区域、城乡间在环境治理和环境保护能力上的差异，为保护、恢复生态系统的健康和完整，在制定环境政策和法律时应高度重视环境责任的公平负担和环境正义问题。❶

---

❶ 郝时光：《谈生态环境保护的优先原则》，《民营科技》2014年第11期，第218页。

第五章　预防为主原则

"预防为主"是"预防为主、综合治理"的简称。预防为主原则属于事前调整，是先进的环境保护战略和科学的环境管理思想的体现，被视为现代环境保护的灵魂。人类凭借现有的科技水平在可能的范围内，预防一切可能引发的环境污染和环境破坏造成的危害，达到保护和改善环境的目的。

第一节　预防为主原则的概念

"预防为主、综合治理"的基本含义是指开发利用环境时，应该事先预测和防范可能产生的环境危害，对已经产生的环境问题，以综合的方式进行治理。预防为主原则要求在环境利用行为实施前，采取政治、法律、经济和行政等各种手段，防止环境利用行为导致环境污染或者破坏现象的发生，即所谓"防患于未然"。

预防为主原则是中国环境法在早期就承认的一项原则。20世纪70年代末正值我国环境法蓬勃发展之际，1978年《宪法》将环境保护作为国家的一项基本职责确立了下来。1979年《环境保护法（试行）》对保护自然资源、防治污染作了规定。之后预防为主原则成为环境法的主要原则之一被确定延续下来。最先的预防为主原则是预防为主、防治结合、综合整治原则的简称。❶ 它要求将保护的重点放在事前防止环境污染和自然破坏之上，以保护生态系统的安全和人类的健康及其财产安全。强调环境保护在经济社会发展中的重要性，强化人们对事前防范环境危害的重视程度。2014年《环境保护法》第5条规定了环境保护坚持"预防为主"的原则，其总体思路还是源于"预防"的基本理念。"预防为主"是指要事前预防与事中控制、事后治理相结合，并优先采用防患于未然的措施。

从国内外环境立法实践分析，预防为主原则应当包含两层含义：一是运用已有的知识和经验，对开发和利用环境行为带来的可能的环境危害事前采取措施以避免危害的产生；二是在科学不确定的条件下，基于现有的科学知识去评价环境风险，即对开发和利用环境行为可能带来的尚未明确或者无法具体确定的环境危害进行事前预测、分析和评价，促使开发决策避免这种可能造成的环境危害及其风险的出现。❷

在对上述含义的理解中，"可能的环境危害"一般指运用通常的知识或者经验，就足以判断决策对象具有较高的造成公众环境权益等具体危害可能性的状态。而"风险"则是指运用现有的科学知识可以得知决策的对象存在着某些具体危险，但又无法肯定针对该危险所采取的对策措施能够避免该危险及其可能造成危害的状态。

实际上，对已知的开发和利用环境行为所要造成的具体环境危害采取措施本身已超越了预防的范畴，而具有对策的性质。因此，预防为主原则的关键，应当放在防范可能的和抽象的环境危害及其风险之上。否则决策的结果，便会造成违法或者降低法益的保护。

在国际社会，1980年联合国环境规划署（UNEP）与世界自然保护联盟（IUCN）制定的《世界自然保护大纲》曾就"预期的环境政策"作出规定，"试图预测重要的经济、社会及生态事件，比试图只对这些事件作出

---

❶ 张梓太、王岚：《论风险社会语境下的环境法预防原则》，《社会科学》2012年第6期，第104页。

❷ 信春鹰：《〈中华人民共和国环境保护法〉学习读本》，中国民主法制出版社2014年版，第64–66页。

反应的政策，越来越重要"。"这种预期的环境政策包括所有行动以确保任何可能影响环境的重大决定，均在其最早阶段，充分地考虑到资源保护及其他的环境要求。这些政策并非企图代替反应性或治理性的政策，而是纯粹起加强作用而已。"❶1985年，联合国在《保护臭氧层维也纳公约》中明确提出了预防为主原则。

针对不确定性对环境决策的困扰，1987年经济合作与发展组织（OECD）提出了一个更为严格的环境政策和法的原则——谨慎原则（precautionary principle）。谨慎原则是指当某些开发行为的未来影响具有科学不确定性的情形下，只要存在发生危害的风险，决策者就应当本着谨慎行事的态度采取措施。

目前谨慎原则已被许多国家的环境立法和国际组织的活动采纳。与预防为主原则相比，谨慎原则要求在科学的不确定条件下，认真对待可能的环境损害和风险，即使在科学不确定的条件下也必须达成一定的措施。而预防为主原则是适用于所有环境利用活动的普遍性原则。另外，预防为主、综合治理原则是相辅相成、密不可分的，因为预防环境损害是实现综合治理的必然而适宜的途径。

第二节　预防为主原则的适用

由于预防为主、综合治理原则需要由具体的环境政策和法律制度予以确定才能有效地贯彻执行，因此该原则在中国没有直接的法的拘束力。预防原则的适用表现在与开发决策相关联的若干方面，具有多功能性。

---

❶　1980年《世界自然保护大纲》"国家的工作重点"一节中的"预期的环境政策"。

一、全面规划与合理布局

为贯彻预防为主原则，就必须有计划地开发利用环境和资源，为此各国在环境立法上专门确立了环境保护规划和环境规划制度，要求政府行政主管部门和相关企事业单位对工业发展与环境保护事前作出合理的计划和安排，对自然资源的开发利用应当与生态保护相结合并有计划地实施。我国的环境政策与法律确立了"全面规划与合理布局"的环境保护措施。其中，全面规划就是对工业和农业、城市和乡村、生产和生活、经济发展与环境保护各方面的关系作统筹考虑，进而制定国土空间主体功能区规划以及国土利用规划、区域规划、城市规划和环境规划，使各项事业得以协调发展；合理布局主要是指在工业及其发展过程中，要对工业布局的合理性作出专门论证，并且对老工业区不合理的布局予以改变，合理安排工业区、商业区、文教区、生活区和各种休闲游览区域，使得工业区的布局不会对人民生活环境造成污染和破坏的不良影响。在制定区域、城市和环境规划时，应该根据地区和城市的自然条件、经济条件，制定出一种既能有利于经济和社会发展、合理布局生产，又能维持趋于生态平衡、保持环境质量的最佳总体规划方案。通过科学规划与布局，形成有利于从根本上防治各种环境问题的合理的城镇体系、产业结构、能源结构和生态结构。

二、运用环境标准控制和减少生产经营活动向环境排放污染物

由于环境污染危害起因于污染物向环境的排放，因此，控制和减少向环境排放污染物就成为减轻和消除环境危害的最根本的环节。

控制和减少污染物的排放，在环境法律制度的实施方面就是执行环境标准制度。即以环境质量标准为依据确定某地域（水域）保持良好环境质量的基础数值，在此基础上以该地域（水域）的环境容量或者污染物排放标准的最大限度为限，将排放进入环境的污染物的种类、数量和浓度控制在一定的水平之内。

为了防止因新建、改建、扩建生产工艺和设备造成新的污染，各国环境立法也对企业的生产设施和设备提出了不同的要求。例如，在美国和加拿大等国家，环境法律要求在原有生产规模基础上对设施进行改造或者新增的，应当采用现实可得的最佳实用技术，否则不予许可和批准。我国也制定了《清洁生产促进法》，意在通过实行清洁生产措施来提高资源利用效率、减少和避免污染物的产生。

另外，民法有关预防性民事责任措施，如消除危险、排除妨害等在诸如噪声妨害、光照妨害等领域的运用，也是私法上的一种消除和减轻环境损害的保障措施。

三、对开发利用环境和资源的活动实行环境影响评价

从预防为主原则的内容来看，避免环境污染发生比减轻环境污染显得更为重要。作为环境法上的一项基本制度，环境影响评价制度是各国适用预防为主原则最直接的体现。该制度要求一切可能造成环境影响的决策、规划和建设项目等，均应当在公众的参与下对其实施后可能造成的环境影响进行分析、预测和评估，然后才能由政府行政主管部门作出批准或者不批准的决定。

四、谨慎对待具有科学不确定性的开发利用活动

科学的不确定性常常是决策者忽视环境风险的最大理由。但是，限于人类对自然的认识，决策者应当时刻想到"宁信其有、不信其无"。现在国际社会在臭氧层耗竭、气候变化问题上联合采取行动的做法就是一个例证。

对于危险性的预防比对危险的预防更为重要，因为危险性比具体的危险出现在时间和空间上更有距离，即危险性属于德国学者所谓的"危险尚

未逼近"的状态。❶为此，谨慎对待具有危险性的开发利用活动应当着重从如下几方面采取对策：第一，将有关在时间和空间上视为较为遥远的危险（包括对未来世代可能产生的危险）的决策作为国家的责任，予以事前的规划和预防；第二，对于危险出现的可能性较低或者只有危险嫌疑的决策，只需损害的出现具有可能性、可预见性或者可想象性即可认定危险存在，而无需明确的证据证实该危险。

世界银行的专家认为，对于决策者来说，当一种活动造成危害人类健康或环境的威胁时，应该采取预防措施，即使有些因果关系在科学上还不能完全确定。这时，证明的负担应该由活动的支持者而不是公众来承担。此外，应用预防为主原则的过程必须是公开的、知情的、民主的，包容可能受影响的各方。同时，还必须审查所有的备选方案，包括不采取行动。

由于预防的本意在于防患于未然，因此增强决策者和管理者的风险防范意识是非常重要的。例如，对于大型建设项目、改造自然项目（如在河川筑坝、发展核电、兴建大型工业、农业、水利、交通等项目）以及对外来物种的有意引进等行为，更应将可能造成的长久不良环境影响放在首位考虑。因此，在对具有环境影响的重大开发决策过程中，开发政策和政治利益应当让位于公众利益，此方面的决策更应当体现民主化、科学化和规范化。

---

❶ 陈慈阳：《环境法总论》，中国政法大学出版社2003年版，第223-224页。

第六章 公众参与原则

第一节 公众参与原则的形成

一、域外公众参与原则的形成

公众参与原则又称为民主参与原则,在国际上已经作为环境法的基本原则得到普遍的肯定与遵守。

美国1969年的《国家环境政策法》对环境保护的基本政策进行规定,公众参与作为与美国长期标榜的现代民主政治观念相适应的一个政策,得到了充分的体现。该法第11条规定"国会兹宣布:联邦政府将与各州、地方政府以及有关公共和私人团体合作采取一切切实可行的手段和措施,包括财政和技术上的援助,发展和促进一般福利……"在该法的框架内,美国联邦和各州的环境立法对公众参与保护环境的实体性权利和程序性权利作了详尽的规定,其判例法也对公众参与权进行了一些阐述和扩展,可操作性非常强。1976年美国通过的《联邦土地政策管理法》进一步规定了实行公众参与的具体政策,"所谓公众参与是指在制定公有土地管理规划、作出关于公有土地的决定及制定公有土地的规划时,给受影响的公民参与其事的机会"。

《21世纪议程》更是用了一整编的篇幅专门论述包括公众参与问题在

内的环境民主参与问题，认为"公众的广泛参与和社会团体的真正介入是实现可持续发展的重要条件之一"。后来，又有许多国家在各自的环境法律中对公众参与原则进行强化。如加拿大1997年颁布的《环境保护法》第2条规定了三项国家保证公众参与的职责：一是鼓励加拿大人民参与对环境有影响的决策过程；二是促进由加拿大人民保护环境；三是向加拿大人民提供加拿大环境状况的信息。在国家保障职责的基础上，专门设立了"公众参与"一章，规定了公众的环境登记权、自愿报告权、犯罪调查申请权和环境保护诉讼、防止或赔偿损失诉讼等内容，既周到又具体充分地保障了公众参与权的实现，体现了公众参与原则。

法国1998年颁布了《环境法典》，明确提出参与原则，使公众参与一直贯穿其中。它规定："人人有权获取有关环境的各种信息，其中主要包括有关可能对环境造成危害的危险物质以及危险行为的信息。"该法还专门设立第二编"信息与民众参与"，分为对治理规划的公众参与、环境影响评价的公众参与、有关对环境造成不利影响项目的公众调查和获取信息的其他渠道四章，具体细致地规定了公众参与环境保护的目的、范围、权利和程序。俄罗斯2002年实施的《俄罗斯联邦环境保护法》也加强了其公众参与的环境基本法规定，把公众参与权规定分为两大类：一是联邦和联邦各主体的保障职责，二是公民的基本权利。[1]

二、我国公众参与原则的形成

在我国，公众参与原则的发展主要得力于国家的群众路线以及发展环境保护事业的迫切需要。为了更好地实现民主与法治，环境公众参与已经成为我国环境法的基本原则，公众参与环境保护的保障也在不断加强。

首先，环境公众参与在我国具有宪法根据。我国《宪法》第2条规

---

[1] 常纪文：《环境法基本原则：国外经验及对我国的启示》，《宁波职业技术学院学报》2006年第1期，第29页。

定："人民依照法律规定，通过各种途径和形式，管理国家事务，管理经济和文化事业，管理社会事务。"

其次，我国《环境保护法》有规定。我国《环境保护法》第57条规定："公民、法人和其他组织发现任何单位和个人有污染环境和破坏生态行为的，有权向环境保护主管部门或者其他负有环境保护监督管理职责的部门举报。公民、法人和其他组织发现地方各级人民政府、县级以上人民政府环境保护主管部门和其他负有环境保护监督管理职责的部门不依法履行职责的，有权向其上级机关或者监察机关举报。"为了鼓励公民参与环境保护，《环境保护法》第11条规定："对保护和改善环境有显著成绩的单位和个人，由人民政府给予奖励。"

此外，1996年《国务院关于环境保护若干问题的决定》第10条规定："建立公众参与机制，发挥社会团体的作用，鼓励公众参与环境保护工作，检举和揭发各种违反环境保护法律法规的行为。"2002年颁布的《中华人民共和国环境影响评价法》(以下简称《环境影响评价法》)对环境影响评价中的公众参与作了进一步的具体规定："国家鼓励有关单位、专家和公众以适当方式参与环境影响评价。"而且该法也对公众的知情权、提出意见权作出了具体的规定。2006年原国家环保总局正式发布了《环境影响评价公众参与暂行办法》，这是我国环境保护领域第一部专门关于公众参与的规范性文件，明确了公众参与的权利和具体程序。虽然这些权利和程序只是有关环境影响评价方面的，但是对于公众参与其他环境保护领域制度将起到极大的示范和推动作用。为了进一步规范环境影响评价公众参与，保障公众环境保护知情权、参与权、表达权和监督权，2018年生态环境部部务会议审议通过《环境影响评价公众参与办法》。公众参与原则就是通过法律规定的方式在我国逐渐确立并发展起来的，它必定能为我国环境保护事业的发展发挥其价值导向作用。

第二节 公众参与原则的概念

一、公众参与原则的含义

在法的意义上,公众特指对决策所涉及的特定利益作出反应的,或与决策的结果有法律上的利害关系的一定数量的人群或团体。它不仅包括不特定的公民(自然人)个人,也包括与特定利益相关的政府机构、企事业单位、社会团体或其他组织。

环境法上的公众参与原则,是指公众有权通过一定的程序或途径参与一切与公众环境权益相关的开发决策等活动,并有权得到相应的法律保护和救济,以防止决策的盲目性,使该项决策符合广大公众的切身利益和需要。在我国,公众参与原则通常也被表述为依靠群众保护环境的原则。

在环境法中确立公众参与的原则,是民主法治理念和提升开发活动效率理念的重要体现,也是公众环境权理论在环境法上的具体体现。广大公众作为人类活动的主体,环境品质与维持自身生存休戚相关,理所当然地享有参与决策的权利,所以在各国环境法基本原则中都确立了公众参与的原则。

在我国,虽然法律都宣示公众权利保护是国家法制的基础,1989年《环境保护法》还专门规定一切单位和个人有权对污染和破坏环境的单位和个人进行检举和控告,以及行政机关应当定期发布环境状况公报的规定等,2002年我国制定的《环境影响评价法》首次规定了公众参与条款。在2003年《中华人民共和国行政许可法》也专门就涉及公众重大影响的行政许可规定了听证制度。2014年《环境保护法》除了第5条明确环境保护的公众参与原则外,更是新设立了"信息公开与公众参与"专章,就公众知情权、政府与重点排污单位信息公开、建设项目环境影响报告书的公开与征求意见,以及公众对违法行为的举报和环境公益诉讼作出了明确规定。

公众参与环境管理不仅是环境保护的需要,也是一个国家重视和保护公众权利的一个重要标志，它与国家的政治民主化进程是紧密联系在一起的。

二、参与决策的公众的范围

对于参与有关环境和开发决策的公众范围的界定，各国一般采取的是"受到直接影响"和"存在利害关系"为其标准。以世界银行投资项目的通常做法为例，在进行环境评价时，要求项目开发者必须判断并确保直接受到影响的群体能够参与项目的决策，包括项目的可能受益者、可能遭受风险者以及利害关系者。判断是否受到直接影响的标准，主要包括受到影响的居民的范围或程度、影响的强度、影响的持久度、影响是否具有可恢复性等，据此确定受到项目影响的公众的范围。

（一）居民

对于不同的项目，当地居民是否参与取决于他们是否受到了直接的影响。只有受到开发活动影响，或与开发活动及其后果存在着利害关系的个人，才能具备参与的资格。开发活动当地的居民由于会受到开发活动造成的环境影响的波及，或者其经济利益受到损害，或者其身心健康受到影响，或者由于其认为居住环境的舒适性、安全性和美观性遭到了开发活动的影响，而成为与开发活动有利害关系的人，从而参与到环境决策过程当中。值得注意的是，应当积极地鼓励居民中的低收入阶层、少数民族人士参与决策。

（二）各类专业人士

各类专业人士具备相关的专业知识，对于政府公布的相关信息也比一般公众理解得透彻。因此，无论是政府，还是公众以及开发者都愿意让他们参与到环境决策中来。更为重要的是，出于对其专业的关注和职业道德的考虑，他们可能对于参与也更有热情，更能积极地参与到决策之中，从而提高整个决策的质量和决策的正确性。

鉴于各类专业人士比政府更易于保持中立的立场，因而容易受到各界的信赖。因此，对于专业人士的参与，各国一般不设任何限制条件。对此，我国《环境保护法》第 14 条规定："国务院有关部门和省、自治区、直辖市人民政府组织制定经济、技术政策，应当充分考虑对环境的影响，听取有关方面和专家的意见。"

（三）社会团体

社会团体可以根据关注点的不同分为环保团体和特殊利益集团，前者一般是以环境保护为目的设立的，后者则是因某些特殊的经济利益而拥有雄厚资本的企业及其集团。社会团体因其设立宗旨的不同和所在地域的不同，其利益需求也是不一致的。例如，对于全国性环保团体而言，尽管他们往往远离环境开发利用地，但他们可能基于某些保护的利益或信念而希望参与地方的环境决策。如美国的环境保护基金、自然资源保护理事会和塞拉俱乐部等。而对于某些以少数环境要素或者地方的某些特殊利益保护为目的的环保团体或者以某种职业联合为目的设立的团体而言，他们的参与则对可能出现的问题更具有针对性。至于特殊利益集团，由于环境政策往往会影响工业，进而影响到他们的利益，因此在环境决策制定过程中他们常常会出于对集团利益而非环境利益的关注而扮演重要的角色，他们的态度很多时候与公众的利益截然相反，因此他们的参与效果更多时候与公众利益是对立的。

由于参与环境决策的科技性较高，所以应当鼓励环保团体参与环境决策。对于环保团体而言，因其成员本身多为各类专业人士，因此他们不会像一般居民那样难以理解复杂的专业术语，他们的参与可以更有效地促进环境决策的正当化。

除了环保团体和特殊利益团体之外，还有其他一些可能并不受项目的影响，但是对项目本身及其产生的影响具有浓厚兴趣的其他团体。这些团体虽然并非直接同项目有利害关系，但是他们可能拥有与项目有关的重要的信息或资源。允许他们参与将有助于评价程序中关键问题的解决。这些团体主要包括全国或国际性的非政府组织、大学、研究机构等。

（四）与拟议行为有关的行政机关

与拟议行为有关的行政机关并不包括负有环保职责的环境主管部门。因为环境主管部门基于其本身的职责要求，可能是环境行政的决策者，或者作为环境影响报告书的审查者的身份出现，其本身在该程序中发挥作用是基于法律赋予它的法定职权。

所谓的与拟议行为有关的行政机关，是排除环境主管部门之外的其他行政机关。由于某个机关基于本身的职权范围，可能对某些开发活动或开发活动的某个方面有直接的关系（例如作为该项目实施的行业主管，或具有与该项目相关行业的管理职权等）从而成为该项目的利害关系人，因此也参与到相关的环境决策之中。这些机关主要包括开发行为所在地的地方政府及其跨行政区域的地方政府。地方政府由于开发活动而可能将成为其成本利益的承受者，或者项目的实施可能对当地的纳税情况以及对当地的基础建设产生影响，从而使其与开发行为有直接利害关系。由于开发行为可能会影响到两个甚至是数个地方政府，也可能涉及不同级别的地方政府及其主管部门，这时也应当采取宽泛的判断标准，适用最广义的参与定义，尽可能将所有相关的地方政府纳入公众参与方案中。

三、公众参与的权利与政府及申请开发建设活动单位的义务

从各国公众参与决策过程的立法与实践看，公众在参与环境与开发决策活动中，享有知情权、建言权、意见得到慎重考虑权以及司法救济权四项权利。法律除了必须明确规定这四项权利外，还必须明确规定就政府、相关决策主管部门以及开发利用人有义务公开有关开发利用环境与资源的全部信息，明确规定开发利用环境资源决策必须征求公众意见，明确规定公众提出的意见和建议必须认真研究，并对意见的采纳或者不采纳作出具体说明，明确规定公众不服最终决定所享有的申诉权与诉权及其实现程序和途径。

第三节　公众参与原则的适用

鉴于公众参与原则的内容具体多样，并且各国对公众参与原则的适用都有具体的实体与程序法律规范加以保障，因此该原则属于具有法律拘束力的原则。

一、在环境影响评价和其他涉及公众利益的许可程序中建立公众参与制度

由于大多数涉及广泛影响的环境决策是针对开发行为的，因此各国目前都制定有专门的环境影响评价制度，以对政策、计划和规划的编制以及拟建项目实行环境影响评价。在环境影响评价的决策程序中，应当建立广泛有效的公众参与机制和明确具体的程序诸如参与的时机和方式等，以便公众得以有效的参与环境决策。

在我国，除了《环境影响评价法》设有公众参与的条款规定外，对于授权性的许可行为，公众还可以根据《行政许可法》的规定参与有关许可的决策。

二、建立决策信息公开与披露制度

对于与公众利益相关的重大决策，公众有知情权。因此，建立决策信息公开与披露制度是十分必要的。《环境保护法》第53条第2款规定："各级人民政府环境保护主管部门和其他负有环境保护监督管理职责的部门，应当依法公开环境信息、完善公众参与程序，为公民、法人和其他组织参与和监督环境保护提供便利。"

我国《环境保护法》第54条对环境主管部门和负有环境监管职责的部门应当公开的信息范围也作出了原则性规定，即环境质量、环境监测、突发环境事件以及环境行政许可、行政处罚、排污费的征收和使用情况等

信息，将企业事业单位和其他生产经营者的环境违法信息记入社会诚信档案，及时向社会公布违法者名单。此外，第55条规定，重点排污单位应当如实向社会公开其主要污染物的名称、排放方式、排放浓度和总量、超标排放情况，以及防治污染设施的建设和运行情况，接受社会监督。第62条规定，对重点排污单位不公开或者不如实公开环境信息的，由县级以上地方政府环境主管部门责令公开，处以罚款，并予以公告。

良好的信息公开与披露制度主要应当体现如下四方面的内容：一是尽早公开，即让公众尽早了解相关信息、尽早决定参与决策，这样可以保障参与的有效性。例如，《环境保护法》第56条第1款规定："对依法应当编制环境影响报告书的建设项目，建设单位应当在编制时向可能受影响的公众说明情况，充分征求意见。"二是有效公开，即公开的场所或载体应当对地域、区域和行业具有较大的影响与代表性，特别是对于可能受到影响的一定范围的居民而言，应当让他们家喻户晓、众所周知，以确保信息能为更多可能受到影响的公众所获取。三是全面公开，即公开所有与决策有关的信息。例如《环境保护法》第56条第2款规定："负责审批建设项目环境影响评价文件的部门在收到建设项目环境影响报告书后，除涉及国家秘密和商业秘密的事项外，应当全文公开；发现建设项目未充分征求公众意见的，应当责成建设单位征求公众意见。"四是易于理解，即减少使用专业性和技术性的术语。

三、鼓励各类非政府的环境组织代表公众参与环境决策

随着环境问题的日益严重，越来越多的环保非政府组织（NGO）出于对公共利益的追求，加入到环境保护的队伍，为公众开展环境保护宣传、环境知识咨询等宣传教育活动，为公众参与环境保护提供多种途径，从而提高公众参与环境决策的效率。

四、建立公众参与的行政和司法保障制度

公众参与原则既包含公众参与的权利，也包含公众参与的程序内容，所有这些还应当受到行政、司法的保障才能使该原则落到实处。

在行政保障方面，《环境保护法》第 57 条规定，公民、法人和其他组织发现任何单位和个人有污染环境和破坏生态行为的，有权向环境主管部门或其他负有环境监管职责的部门举报。公民、法人和其他组织发现地方各级政府、县级以上政府环境主管部门和其他负有环境监管职责的部门不依法履行职责的，有权向其上级机关或者监察机关举报。

从法律保障的角度出发，公众参与的权利还应当包括请求权。当环境决策机关剥夺了公众参与的权利或公众的意见没有得到慎重考虑而对决策产生异议，或公众对于环境决策机关最终的决议表示反对时，公众可以基于请求权要求法院对决策机关的行为进行审查、请求法院予以救济。

此外，建立环境公益诉讼制度也是公众参与的重要组成部分。我国《环境保护法》第 58 条规定，对污染环境、破坏生态，损害社会公共利益的行为，依法在设区的市级以上人民政府民政部门登记、专门从事环境保护公益活动连续五年以上且无违法记录的社会组织可以向人民法院提起诉讼。为了防止人民法院不受理环境公益诉讼，《环境保护法》第 58 条第 2 款还特别规定"符合前款规定的社会组织向人民法院提起诉讼，人民法院应当依法受理"。

第七章　损害担责原则

损害担责原则作为环境法的基本原则，也被称为谁污染谁治理原则、污染者付费原则、污染者负担原则、环境责任原则、受益者负担原则、原因者负担原则等，是环境法基本理念在环境法上的具体表现，又是环境法本质的具体反映。

第一节　损害担责原则的形成

损害担责原则是由污染者负担原则演变而来的。我国环境保护立法工作中没有出现过"污染者负担"这样的表述，但是在2014年《环境保护法》颁布以前，不同时期的环境法律法规和政府部门出台的有关环境保护的政策性文件中，都体现出了污染者负担原则的精神，其内涵也在不断丰富和深化，最终在2014年《环境保护法》中被归纳为损害担责原则。

一、谁污染谁治理

"谁污染谁治理"原则，是在我国环保初期，从国外引进的环境监管的一般性原则，作为环境立法、规划、政策制定的指导性原则。污染者除了要负责治理已经对环境造成的污染之外，《环境保护法（试行）》第32条还规定："对违反本法和其他环境保护的条例、规定，污染和破坏环境，危害人民健康的单位，各级环境保护机构要分别情况，报经同级人民政府批准，予以批评、警告、罚款，或者责令赔偿损失、停产治理。对严重污染和破坏环境，引起人员伤亡或者造成农、林、牧、副、渔业重大损失的单位的领导人员、直接责任人员或者其他公民，要追究行政责任、经济责任，直至依法追究刑事责任。"根据当时的环境立法，根据"谁污染谁治理"原则，污染者需要在自身行为对环境产生负面结果后，采取措施消除自身行为对环境产生的不利影响。这种治理主要面向末端控制，即不考虑污染者进行生产活动本身对环境产生的不利结果，不注重发展经济而付出的环境代价，仅仅要求污染主体在造成污染之后承担补救义务。除了治理污染的责任之外，《环境保护法（试行）》还规定了排污主体在有些情况下还需要承担批评、警告、罚款或停产治理的行政责任。对于领导人员和直接责任人员，在造成严重的污染事件时，还应当承担刑事责任。可以看出，当时的环境法对污染主体承担责任的形式除了原则上的治理污染之外，还对污染者承担行政责任和刑事责任作了一定的规定。而对于污染行为对公民的人身和财产带来损害，《环境保护法（试行）》没有给予关注，没有在法条中规定污染者的民事赔偿义务。

《环境保护法（试行）》的制定与颁布过程，集中体现为计划经济体制下国家强制力对于市场主体的规制与约束。在当时中国片面追求发展速度的大背景下，环境保护工作被迫让位于经济高速发展。这一指导思想在环境保护相关法律法规体现为法条规定相对简单粗放，法条数量较少且多为原则性、概括性规定，污染者只需要承担治理自身行为产生的污染的责任，国家对环境的管控集中体现为对污染主体的行政和刑事强制作用。由于环境法律仅仅关注到环境污染行为，担责主体的范围明显过于狭窄。与此同时，污染者承担排污行为的责任形式相对单一。在这样的理念指引下，我国经济发展虽然取得了举世瞩目的成就，但伴随而来的却是愈发严重的环境问题。

二、污染者付费

随着时间的推移，我国的环境立法实践开始对"谁污染谁治理"原则的内涵进行突破。1984年的《中华人民共和国水污染防治法》和1986年的《中华人民共和国大气污染防治法》均规定了企事业单位在排放污染物时需要交纳排污费，并且在造成污染危害的情况下还需要赔偿受害者的损失。在总结了这一时期的环境立法实践之后，在较长的一段时间内作为环境保护领域基本法的1989年《环境保护法》第13条、第24条、第28条和第41条分别规定了环境影响评价制度、生产者防止污染的义务、缴纳排污费义务和产生损害时的赔偿义务。学界一般将这些统一归纳为"污染者付费"原则。可以看出，1989年《环境保护法》相比较《环境保护法（试行）》而言，在单纯的"谁污染谁治理"原则基础上，扩展了污染者的责任范围。污染者付费，作为政府监管的市场手段，在实践中对推动工业园区污染物的集中治理、降低治理成本，争取治污效果与效率的最佳化等方面，在当时具有重要意义。

"污染者付费"原则相对"谁污染谁治理"原则的进步之处，主要表现为责任范围的扩展。"谁污染谁治理"原则主要强调末端治理，在污染情况已经发生之后，污染者需要承担行政责任和刑事责任，工厂企业及其主管部门需要对污染进行治理，以实现对已受损害环境的恢复。"谁污染谁治理"原则将污染者的责任限定在已产生污染的治理，是一种消极的事后补救原则，无法涵盖环境保护的各个方面，不能满足其作为环境法基本原则应有相对完善的功能体系。此外，"谁污染谁治理"原则将污染者的责任限定为行政责任与刑事责任，没有包括因环境污染对他人人身和财产损失承担民事责任的情形，对环境私益的赔偿存在缺失。而1989年《环境保护法》中确定下来的"污染者付费"原则及相应的制度设计，将对污染的控制提前到了污染行为发生之前，即引起环境污染和危害的主体不仅要治理现有的污染，排除危害，并且要对将来可能产生的污染的治理负责。1989年《环境保护法》通过设立环境影响评价制度，让潜在的污染制造者负担制定环境影响报告书（表）的费用，通过设立环境税费制度，加重污染者对环境公益的补偿义务。这两项制度都是"污染者付费"责任的拓展。"污染者付费"原则的一大进步在于其所拥有的预防功能，它鼓励污染者通过减少排放，而不是采用末端治理的形式来避免污染带来的危害。此外，在"谁污染谁治理"原则之下，污染者只需要承担行政责任和刑事责任，不需要对造成他人的人身或财产损失负责，这使得污染者的责任范围大大减小，不利于环境私益的保护。而"污染者付费"原则将污染者的责任范围扩大到环境污染民事损害赔偿领域，通过规定污染者有责任向直接遭受损害的单位和个人赔偿损失。"污染者付费"原则实现了对污染受害者的事后救济的法律倾斜，体现了我国环境法治的长足进步。

虽然"污染者付费"原则较之"谁污染谁治理"原则而言有一定的进步之处，但是这两项原则存在一些共同的缺陷。首先，从这两项原则的出发点来看，它们的关注点都是点源控制，着重强调污染者的个体责任。这种个体责任更多的是强调一种经济责任，潜在的是对为了振兴工业，提高经济发展水平所持有的"先污染，后治理"的发展战略的肯定。随着时代的发展变化和人们对于环境保护认识的不断深入，"先污染，后治理"的发展方式已经被普遍认为是不可持续的发展方针，环境保护应当重视预防为主，防治结合，综合治理的策略。因此，"污染者付费"原则和"谁污染谁治理"原则背后所蕴含的理念，与当今的环境保护工作存在一定偏差，不能很好地指引环境保护工作的进行。

其次，从法律要素的限定来看，虽然"污染者付费"原则将污染者的责任范围扩展到了预防性费用（诸如环境影响评价相关费用）、国家征收的税费、治理污染费用以及赔偿费用等，但是污染者对治理责任的承担主要限于单一的经济上的责任。这种单一的经济责任容易给人一种误解，即只要支付了一定的费用，就可以实施污染环境的行为。而且法律并没有明确界定"污染者"与"治理者"的主体范围，只是进行了笼统的概括，这为原则的适用留下了局限性和不确定性。

最后，从治理污染的效果来看，这两项原则只要求污染者做出治理的行为，对于污染者是否有能力承担已经发生的污染的治理责任，以及污染的治理效果关注不够，这使得已经发生的环境污染损害并不一定能得到完善的处理。而且，这两项原则对污染者是否有意愿主动避免可能发生的污染损害也没有进行考虑，带来的影响是对于将来可能发生的环境污染损害也不能得到有效避免。在很多情况下，国家和社会往往就会成为污染治理责任的被动的替代者，有违污染者负担治理责任的原则初衷。

三、谁开发谁保护，谁破坏谁恢复，谁利用谁补偿

在1989年《环境保护法》颁布生效之后，一些环境政策的出台不断丰富了"污染者付费"原则的内涵。1990年《国务院关于进一步加强环境保护工作的决定》中除了规定应当积极防治工业污染之外，还提出应当在资源开发的过程中体现环境保护的要求，并提出了"谁开发谁保护，谁破坏谁恢复，谁利用谁补偿"的方针，这表明人们逐渐意识到污染行为并不是引起环境问题的唯一原因，生态破坏与资源浪费同样是环境问题的表现，从而将"污染者付费"的内涵扩展到自然资源开发利用领域。1996年《国务院关于环境保护若干问题的决定》提出了"污染者付费、利用者补偿、开发者保护、破坏者恢复"的原则，拓展了我国环境立法中"污染者"的概念范围。2005年《国务院关于落实科学发展观加强环境保护的决定》针对我国环境保护领域中的突出问题，要求在生产环节大力发展循环经济，实行清洁生产，在与之相对应的消费环节倡导环境友好型的消费方式，充分运用市场机制来推进污染治理，这使得"污染者付费"原则的内涵得到进一步扩展。"污染者付费"原则由此发展为"谁开发谁保护，谁破坏谁恢复，谁利用谁补偿"。

如果说"污染者付费"原则对于"谁污染，谁治理"原则的突破在于扩展了污染主体的责任范围，那么这一时期的环境政策对于1989年《环境保护法》中"污染者付费"原则的主要发展在于将自然资源的利用行为和生态破坏行为纳入了对环境产生负面影响的范围，从而加重了对环境产

生负面影响主体的责任。自然资源的使用者需要付出一定的代价，生态破坏者需要承担恢复生态环境的义务。这大大拓展了"污染者"的范围，采用"污染者付费"的称谓已经不能很好地概括这一时期环境政策所体现出来的制度成果。1989年《环境保护法》针对环境污染行为，突破了《环境保护法（试行）》中体现出的末端治理的思路，通过环境影响评价和生产者的污染防治义务等规定，将污染者治理污染的责任提前到污染发生之前。而这一时期的环境政策通过对生态破坏和资源使用行为的关注，表明国家开始意识到自然资源的利用行为是对环境资源的消耗，生态破坏行为和污染行为一样，会对环境质量产生重大不利影响，需要国家强制力对生态破坏行为进行规制。"污染者付费"走向自然资源开发利用领域的直接结果就是"污染者"这一概念范围的扩张。担责主体不仅包括污染环境者，还包括资源利用者、生态破坏者，乃至一切享受环境利益的主体。

从本质上分析，这一时期的环境政策是政府调整不同地区、不用利益群体在环境保护与经济发展方面利益冲突的经济手段，以此保护社会弱势群体利益，解决环境污染与生态破坏导致的公平失衡问题。从理论意义上来看，这样的环境政策扩展了"污染者付费"原则的主体范围，体现了污染者负担原则在我国环境法治进程中内涵的不断丰富。之所以会发生这样的转变，是国家政策回应社会实践的需要而做出的与时俱进的转变，体现了理论与实践的互动。

四、损害担责原则的提出

2014年《环境保护法》第5条规定了损害担责原则。一般认为损害担责原则是"污染者负担"原则的另一种表述，弥补了"污染者付费"原则的缺陷。为了更好地实现损害担责原则，2014年《环境保护法》本身也通过一系列条文对损害担责原则进行了较为详细的规定，为损害担责原则的制度支撑提供了一定的指引，其中一些新的制度措施是1989年《环境保护法》所不具备的，如2014年《环境保护法》第20条规定："国家建立跨行政区域的重点区域、流域环境污染和生态破坏联合防治协调机制，实行统一规划、统一标准、统一监测、统一的防治措施。"第31条规定："国家建立、健全生态保护补偿制度。"第44条规定："国家实行重点污染物排放总量控制制度。重点污染物排放总量控制指标由国务院下达，省、自治区、直辖市人民政府分解落实。企业事业单位在执行国家和地方污染物排放标准的同时，应当遵守分解落实到本单位的重点污染物排放总量控制指标。"第65条规定："环境影响评价机构、环境监测机构以及从事环境监测设备和防治污染设施维护、运营的机构，在有关环境服务活动中弄虚作假，对造成的环境污染和生态破坏负有责任的，除依照有关法律法规规定予以处罚外，还应当与造成环境污染和生态破坏的其他责任者承担连带责任。"2014年《环境保护法》出台之后，其规定的损害担责原则对于我国的后续环境立法产生了指导性的重要影响。在2014年《环境保护法》的引领下，其后制定的一些单行环境法律法规也开始采用了损害担责原则的相关表述，也更加贴近损害担责原则的制度要求。如2015年修订的《大气污染防治法》第7条规定："企业事业单位和其他生产经营者应当采取有效措施，防止、减少大气污染，对所造成的损害依法承担责任。"2017年的《中华人民共和国土壤污染防治法（草案）》第7条规定："一切单位和个人都有防止土壤污染的义务，应当对可能污染土壤的行为采取有效预防措施，防止或者减少对土壤的污染，并对所造成的土壤污染依法承担责任。"

环境损害担责，是我国环境法制建设与国际接轨的重要举措，从立法、执法和司法层面，全面追究环境违法行为的行政、刑事、民事责任，补齐我国环境法制建设的最大短板。损害担责原则为接下来的环境实体和程序立法起到了规范和引导作用，为法律制度和措施的创设提供法律依据。❶

---

❶ 柯坚：《论污染者负担原则的嬗变》，《法学研究》2010年第6期，第85页。

第二节 损害担责原则的内涵

一、损害的概念

在界定损害担责之前,需要界定损害。而界定损害需要先考察环境侵害。一般来说,"侵害"指的是可能会引起某种负面结果的行为,侵害所造成的负面结果被称为"损害"。2017年《生态环境损害赔偿制度改革方案》给"生态环境损害"所下的定义是"因污染环境、破坏生态造成大气、地表水、地下水、土壤、森林等环境要素和植物、动物、微生物等生物要素的不利改变,以及上述要素构成的生态系统功能退化"。这与2014年《环境保护法》的有关规定相同。该方案采取了2014年《环境保护法》对于环境侵害的判断,即环境污染与生态破坏都属于侵害的表现形式。而环境污染和生态破坏会带来两方面后果,一是以环境为媒介导致的个人或特定的部分人的人身和财产损害。二是对环境本身的损害。这种对环境本身的损害不是传统意义上的对个人人身财产利益的损害,而是对人类整体的公共利益的损害。这种损害包括但不限于自然的生态价值损害、资源价值损害、精神价值损害以及生物多样性的减少,[1]除了表现为现有法律和政策中较为常见的有关主体的行为造成的环境污染和生态破坏结果之外,还体现为人类活动超出环境承载能力导致环境退化的情形。[2]

因此,损害担责原则中所称的"损害",应当既包括经由人类活动对环境产生负面影响,继而对不特定多数人的生命健康和财产带来的危害与损失,也应当包括公民环境权益的受损事实。[3]即损害的概念一方面是指

---

[1] 徐祥民、巩固:《环境损害中的损害及其防治研究——兼论环境法的特征》,《社会科学战线》2007年第5期,第203页。

[2] 竺效:《论中国环境法基本原则的立法发展与再发展》,《华东政法大学学报》2014年第3期,第15页。

[3] 吕忠梅等:《侵害与救济:环境友好型社会中的法治基础》,法律出版社2012年版,第10–18页。

对环境本身的损害，又称为生态环境损害，另一方面是经由环境对公民人身和财产的损害，即环境侵权损害。损害担责原则对于环境损害的含义与内容的把握，突破了传统的环境侵权语境下因行为人的侵权行为给个人带来的利益损失，将生态环境本身的价值提升到了更高的层次，体现了对公民应当享有的环境权的尊重。

二、损害担责的内容

损害担责的内容包括预防性责任和结果性责任两个方面。

（一）预防性责任

1989年《环境保护法》对于"污染者付费"原则的阐释表明，末端治理和事后补救的做法开始被逐渐抛弃，环境问题的事前规制逐渐得到重视。生态环境有其自身的特点，这使得环境质量的不断恶化并不是简单出现的。许多环境损害是经由一系列中间环节的作用才得以产生的，在环境损害尚未发生或者发生之初，往往不易为人类所察觉，但是一旦损害达到一定规模，就会产生较为严重的后果，如果想要排除损害就需要付出巨大的时间和金钱成本，有些损害结果甚至是无法挽回的。虽然1989年《环境保护法》中确立了污染者付费原则并为之设计了一些配套制度，但是长期以来我国的环境保护工作在开展的过程中，仍然没有摒弃末端治理的思维模式。在这种末端治理的思维模式指导下，环境问题也变得愈发突出。新环保法确立下来的损害担责原则更加重视环境损害的预防工作，要求可能对环境带来负面结果的主体为了防止负面结果的发生，需要履行一定的义务，即承担预防性责任。

对国家和政府机关而言，损害担责原则要求其承担的预防性责任，主要是做好环境保护规划，在制定大政方针时应当对环境因素进行考量，避免走"先污染后治理"的老路。此外，政府机关还应当科学制定环境质量标准并且严格执行。在做出大型建设项目、改造自然项目以及对外来物种的有意引进等决策之前，应当将可能造成的长久不良环境影响放在首位考虑。在对具有环境影响的重大开发决策过程中，开发政策和政治利益应当让位于公众利益，此方面的决策更应当体现民主化、科学化和规范化。对于一般的生产经营者，在进行环境开发和项目建设之前，要进行环境影响评价，切实贯彻建设项目中防治污染的设施应当与主体工程同时设计、同时施工、同时投产使用的"三同时"制度，在生产经营活动的过程中，要采用清洁的生产技术和清洁原料，淘汰落后的生产设施和技术手段。由于环境资源作为公共利益，即使采取充足的事前防范措施，仍然不可能完全消除生产经营和生态开发活动对自然环境的不利影响，环境公益仍处于被持续侵害的状态。因此排污主体应当按照国家规定缴纳排污费和环境税，开采矿产资源必须缴纳资源税和资源补偿费。国家通过环境保护税费的征收，预防可能发生的环境损害，开展区域生态环境的治理。

（二）结果性责任

如果预防性责任的担责主体很好地实现了预防性责任的要求，履行了自己应当履行的相关环境义务，没有对环境产生不利影响，那自然是实践中最理想的状态。但是一方面，预防性责任的担责主体可能因为疏忽大意或者是出于节约成本等方面的考量，没有履行预防性责任，从而真正对环境产生了不利影响；另一方面，预防性责任的担责主体已经充分地履行了自己的预防性责任，但是仍然造成了环境损害的结果。这两方面情形都体现为对环境确已造成负面结果，在这样的情况下，环境损害主体应当承担一定的治理、修复、惩戒和赔偿责任。

环境损害主体的治理责任主要指针对环境污染行为，污染者对造成的环境污染应当承担的恢复和治理责任。2014年《环境保护法》和一系列环境保护单行法都规定了污染者应当积极主动地承担环境治理责任。污染者在日常的生产经营活动中不可避免地会对环境产生不利影响，此时其应当采取缴纳环保税的预防性责任形式体现损害担责原则。当污染者的污染行为产生较为严重的后果时，污染者应当承担治理污染的结果性责任。污染者既可以通过自身的力量治理污染，也可以委托专业的污染治理机构进行。当污染者不履行治理污染责任时，行政机关也可以代为履行污染治理责任。这表明环境污染治理责任主体和行为主体可以分离，但是造成环境损害必须有主体出面承担责任的要求必须得到贯彻。

环境损害主体的修复责任主要指针对生态破坏行为，造成生态破坏的相关主体必须承担将受到破坏的生态环境予以恢复的责任。我国的《草原法》中关于恢复植被的规定、《矿产资源法》中关于土地复垦的规定、《水土保持法》中关于水土流失治理的规定等，都是要求对破坏生态的主体承担修复责任的体现。和污染者的预防性责任与结果性责任相对应，相关主体在进行资源开发的过程中，一方面要采取措施保护环境，节约使用资源，尽量减少资源开发对生态环境的影响；另一方面，当出现了生态破坏的后果时也负有补救受损生态环境，使其功能恢复的结果性责任。

环境损害主体的惩戒责任指当环境损害发生后，担责主体根据法律规定应当受到责难。目前我国的行政、刑事、民事法律中均有对于污染环境和破坏生态的主体承担惩戒责任的规定。在行政责任上，2014年《环境保护法》规定政府机关直接负责的主管人员和其他直接责任人员的引咎辞职制度，对市场主体采取按日计罚、限制生产、停产整治、责令关闭等措施，对其直接责任人员处以行政拘留。在刑事责任上，1997年《中华人民共和国刑法》分则第六章第六节设置了破坏环境资源保护罪，对环境犯罪的处罚范围和处罚力度作了比较详细的规定。在民事责任上，《民法典》侵权责任篇第七章环境污染和生态破坏责任专章规定了环境责任。

基于环境损害概念的两方面内容，环境损害主体的赔偿责任也可以分为两个层面。第一个层面是指因为违反环境法律法规，而对生态环境带来负面影响的单位或个人，在生态环境损害根本不能修复或者修复难度大、时间长、效果差的情况下，通过实施货币赔偿的方式来替代修复责任，且这种赔偿责任不因赔偿义务人因为需要承担行政或刑事责任而得到免除。但是这里的赔偿责任不包括对人身伤害以及个人和集体的财产损失。[1]第

---

[1] 中共中央办公厅、国务院办公厅印发的《生态环境损害赔偿制度改革试点方案》，http://www.gov.cn/gongbao/content/2015/content_2978251.htm，最后访问时间2020年6月29日。

二个层面是指赔偿义务主体对于由于环境侵权造成的人身和财产损害承担民事赔偿责任。在污染者需要同时承担民事、行政和刑事财产性责任的情况下，如果该侵权人的财力不足以同时满足此三项责任的赔付要求，应当以民事责任为优先，侵权人的财产应当首先支付侵权损害赔偿金。❶ 之所以作这样的制度设计，是因为在一般的环境侵权案件中，被侵权一方大多属于应对环境损害的能力较为薄弱，受到损害的影响相对显著，从损害中恢复过来的能力偏低的主体。这类主体在受到侵权之后，需要及时、充分的救济来挽回因为环境损害带来的损失。与之相对应的是，环境损害带来的后果往往十分严重，侵权人不仅要面临高额的民事赔偿，还需要支付大笔的行政罚款，情节严重的可能还应当支付刑事罚金。这使得侵权人的财产往往不足以同时满足三项责任的赔付，在这样的局面下要求侵权人优先进行民事赔偿，有助于被侵权人尽可能地得到充分的救济，体现国家权力对于公民个人权利的尊重与保障。

三、损害担责的范围

损害担责的范围是指损害担责的主体在何种情况下需要承担责任。明确损害担责的范围，有助于厘清行为人担责的边界，从而为其进一步承担责任提供指引。损害既包括经由生态环境导致的个人或特定的部分人的人身和财产损害，即传统意义上的环境侵权，又包括对环境本身所带来的负面影响，这种负面影响一般被概括为环境污染和生态破坏，毋庸置疑的是，侵权者实施的环境侵权行为对受害者的身体健康、精神、财产乃至生命造成不利影响时，侵权方即损害担责的主体需要对受害者进行及时且充分的经济赔偿。经过评估与鉴定，确定行为人对环境本身产生负面结果，行为人作为损害担责的责任主体应当及时消除对环境要素的不利影响，对

---

❶ 张新宝、庄超：《扩张与强化：环境侵权损害责任的综合适用》，《中国社会科学》2014年第3期，第140页。

已污染或破坏的环境进行修复。如果责任主体无法由自身实现修复行为的，应当通过支付货币的形式来承担替代修复责任。❶

当责任主体的行为已经造成"损害"之后，需要对其行为承担责任不存在疑问，这是损害担责范围的应有之义。然而损害担责原则同样应当继承"污染者付费"原则中将对污染的控制提前到了污染行为发生之前的制度设计理念。之所以把可能造成的损害纳入损害担责的范围中，就是为了进一步摆脱对受害者"事后救济"的被动局面，配合"预防为主"原则的贯彻落实。

损害担责范围的这一层面所涵盖的内容，远大于已经造成损害的内容。在损害担责原则的语境下，这一层面所对应的主体主要是指对生态环境负有保护义务的主体，而且因为其违反了环境保护义务，可能会对环境本身和社会公共利益产生重大的不利影响。之所以加上"重大的"这一限定语，是因为在实践中，一些主体的行为可能会对环境产生不利影响，但是这种不利影响可能非常小，或者因为执法成本等原因没有必要对其进行惩戒。这样的情形不应当被纳入损害担责的范围。比如每个自然人个体都有保护环境的义务，在个人生活方面其对环境可能造成或已经造成的不利影响不应该被纳入损害担责的范围中。但是在其进行生产经营行为或作有关决策时，其行为就需要接受损害担责原则的约束。之所以作这样的区分，是为了防止损害担责原则范围的无限扩大。虽然我国的立法实践体现出损害担责范围逐渐扩大化的趋势，但是这种趋势不应当是无限的，一味地扩大损害担责的范围，不仅不会强化损害担责原则的作用，反而会稀释其效力，与原则设立的初衷背道而驰。

四、损害担责的方式

损害担责的方式与其原则的内容紧密相连。损害担责的内容分为预防

---

❶ 丁存凡：《论损害担责原则》，武汉大学硕士学位论文，2018年，第32页。

性责任和结果性责任两大类，那么对于损害担责的方式也应当从这两个方面来进行理解。

（一）履行预防性责任的方式

预防性责任要求可能对环境带来负面影响的主体，为了防止负面影响的发生，需要主动履行一定的义务。可能对环境产生不利影响的主体需要履行预防性责任，构成了损害担责方式的第一个方面。

在履行预防性责任的层面上，政府机关贯彻损害担责原则的方式主要有科学决策，统筹规划，增强公众参与度，在制定大政方针之前需要考虑其对于环境可能造成的不利后果并贯彻预防为主的理念。

对于可能对环境产生不利影响的自然人、法人和其他组织，贯彻损害担责原则的方式主要有落实环境影响评价制度、"三同时"制度、及时淘汰落后的工艺设备、实行清洁生产以及交纳环境税费等。这一系列损害担责的方式主要是为了将人类活动对于生态环境的损害尽可能地消灭在萌芽阶段。

（二）履行结果性责任的方式

在理想状态下，如果人类活动对生态环境完全没有损害，或者对生态环境产生损害的程度低于环境本身的自净速度，那么便不存在损害结果。但在实践中这种情况在我国是不可能实现的。相反，随着我国经济的迅猛发展，对生态环境本身的损害和环境侵权现象愈发普遍，环境损害呈现出严重化的趋势。因此，需要依靠结果性责任进行规制。造成损害的主体承担不利后果构成了损害担责方式的第二个方面。

担责主体对生态环境造成损害，担责的首要形式是对受损环境进行修复，包括停止侵害行为、排除妨碍、治理污染、恢复生态等。在对受损生态环境进行修复存在一定困难，或者修复工作难以达成各个环境要素之间的整体性协调的情况下，就需要采取损害赔偿的方式用以替代修复责任。损害赔偿作为生态修复的替代品，其根本目的在于敦促赔偿义务人对受到不利影响环境进行恢复，从而尽可能地减轻损害对生态环境本身所带来的负面影响。相继出台的《生态环境损害赔偿制度改革试点方案》和《生态环境损害赔偿制度改革方案》对生态环境损害赔偿的范围进行了初步的规定。其次，担责主体会受到法律的惩戒，这里主要体现为担责主体承担行政法律责任和刑事法律责任。污染企业可能会被课以行政处罚，如果行为人的行为超出了行政法律法规规定的限度，符合刑法规定的相关要件，行为人还应当被课以刑罚处罚。

担责主体实行了民事侵权行为，则属于民事法律调整的范围，因而其担责方式与民事侵权责任传统的责任承担方式相同，具体包括停止侵害、排除妨碍、消除危险、赔礼道歉和赔偿损失等。在这些担责方式之中，有一部分与对生态环境本身造成损害时的担责方式相同，其中较为普遍适用的是赔偿损失，而且侵权损害赔偿金的优先级要高于行政和刑事的经济性责任。因为环境侵权导致他人人身受到损害的，侵权人应当赔偿范围包括医药费、护理费、交通费、误工费、残疾赔偿金以及丧葬费和死亡赔偿金。对于造成他人严重精神损害的情形，侵权人还应当赔偿被侵权人遭受的精神损害。

由于环境侵权的累积性、复杂性和滞后性，环境侵权的后果往往不是由单个行为人实施的损害行为引发的，而是多种因素混合作用的结果。在这种情况下，确定每个侵权人的担责范围，就成了能否较好地实现赔偿效果的关键。为了保障被侵权人获得及时、充足的救济，环境侵权的担责方式中，合理设置连带责任具有一定的必要性与可行性。《民法典》第1231条规定：两个以上侵权人污染环境、破坏生态的，承担责任的大小，根据污染物的种类、浓度、排放量，破坏生态的方式、范围、程度，以及行为对损害后果所起的作用等因素确定。在司法实践中，可以推定每个侵权人实施的环境侵权行为都能够引起损害的发生，如果侵权人不能证明自己的侵权行为对损害发生所起的作用的大小，则需要承担连带的赔偿责任。[1]

---

[1] 张新宝、庄超：《扩张与强化：环境侵权损害责任的综合适用》，《中国社会科学》2014年第3期，第133页。

第三节　损害担责原则的适用

一、实行间接责任主体制度

间接责任主体，就是指在环境损害发生后，除直接责任人外，其他与损害事故有联系的潜在主体。间接责任主体表面上并没有导致环境损害事故的发生，但是他们与损害者之间存在密切关系。

首先，在担责主体上，损害担责原则将政府和政府机关工作人员纳入了担责主体，这突破了原先仅有"污染者"需要担责的限制。基于公共信托原则，政府对于良好生态环境这一普通民众所共同享有的公共利益负有保护义务。因此，政府需要承担日常的预防性责任，贯彻"预防为主"的原则，制定科学合理的环境规划和环境标准。除此之外，在发生环境污染和生态破坏等环境突发事件之后，在履职过程中出现违法行为且造成重大后果的责任人员可能被课以撤职或开除处分。将政府切实纳入损害担责的主体，是损害担责原则的一项主要突破，这一突破意味着国家对于环保工作的重视，体现了国家勇于承担义务的决心。例如，在环境损害尚未发生时，2014年《环境保护法》第54条规定了各级政府环境保护主管部门发布重大环境信息和公开与环保工作有关情况的信息公开义务；第27条规定了县级以上人民政府的报告义务；第29条规定了生态保护红线制度和各级人民政府的环境保护义务。在环境损害发生之后，2014年《环境保护法》第28条规定了地方人民政府应当采取措施限期达标；第68条规定了主要负责人的引咎辞职制度等。

其次，损害担责的主体是已经或可能给环境带来负面结果的自然人、法人和其他组织。这类主体与传统意义上的"污染者"有一定类似之处的地方在于，两者都是实施了给环境带来负面结果的行为，并且具有责任能力的主体。但是在损害担责原则的语境下，这类主体同样存在着扩大化的趋势。随着我国对于环境保护工作的重视程度不断提高，对于污染环境、破坏生态违法行为的惩治强度逐渐提升，环境立法和司法对于法律责任的承担主体也呈现出适度扩张的趋势。除了直接实施对环境产生不利影响行为的主体之外，与损害环境行为有一定程度上的间接联系的相关自然人、法人或其他社会组织也应当成为损害担责的主体。例如，在土壤污染的修复责任中，污染行为人自然应当承担第一性的修复责任，但是在无法确定行为人或行为人拒绝对污染土地进行修复的情况下，污染土地的使用权人就要承担起对污染土地的修复义务，尽管土地使用权人可能根本没有实施污染行为。❶这种责任主体的扩张趋势对于惩处违法行为，保护生态环境，救济环境侵权的受害者而言具有重要意义。但是在实践中，往往是由政府通过国家财政支出来组织实施生态修复工作，导致政府成为生态修复的实际义务人。政府进行修复之后，往往不再向实际污染企业追偿。这种"政府买单"的现象难以彻底解决环境污染问题。需要指出的是，这种情况下责任主体的扩展，并不意味着对真正实施损害环境行为的主体的纵容，而是从另一个侧面强调对于受损害生态环境的治理与恢复。

最后，提供环境服务工作的机构也是损害担责的主体。2014年《环境保护法》第65条规定提供环境服务工作的机构（如环境影响评价机构、环境监测机构等）在工作过程中因为有过错而给环境带来负面结果的，应当承担连带责任。这些机构本身的重要职责就是对可能发生的环境污染和生态破坏行为进行预警和评估，是贯彻我国环境法"预防为主"原则的重要抓手，在保护环境方面起着关键的作用。如果这些提供环境服务的机构出现了问题，势必会进一步助长环境损害实行行为。在实践中"环评关口"频频失守。一方面，环评机构在项目上马之时缺少话语权；另一方面，环评市场乱象丛生，诸如"环评变乱评"等现象层出不穷。❷2014年《环境保护法》将此类环境服务机构纳入损害担责的主体范围内，符合新时期环境保护工作的要求。

---

❶ 易崇燕：《我国污染场地生态修复法律责任主体研究》，《学习论坛》2014年第7期，第78页。
❷ 杜希萌：《环评市场乱象丛生 环保部重拳整治"红顶中介"》，环球网 http://world.huanqiu.com/hot/2015-03/5847255.html，2015年3月7日访问。

二、建立环境损害责任终身制

一直以来，我国在环境保护方面存在着违法成本与守法成本相互博弈的局面。许多企业比起花钱去治理环境损害，更愿意选择缴纳排污费等。其中的原因不言而喻，企业作为一种盈利的经济组织，在治理环境损害与接受行政罚款上，由于罚款远比治理成本低，故而他们更倾向于损害环境，承担罚款责任。因此实行环境损害责任终身制对损害担责原则的贯彻具有重要作用。

环境损害责任终身制，是指环境损害者对于自身的环境损害行为，只有在履行责任达到生态损害状况的基本恢复，才能终止责任的履行，环境不恢复，责任终身不终止。例如，日本影响巨大的水俣病事件，从20世纪50年代开始赔偿到现在，依然还在履行赔偿责任，长期以来政府不让相关企业破产，除开企业自身发展的相关成本，剩下的收入必须用来承担与该次事件相关的各种赔偿，即企业对该次环境事故承担绝对的终身责任。环境损害责任终身制，对于提高污染者的违法成本，慎重选择环境损害行为，从而间接抑制环境污染与生态破坏具有积极的作用。

三、完善生态修复制度

生态修复是为适应新时期环境保护工作，进行生态文明建设的需要，力图维护生态系统作为一个统一整体的平衡，由国家动用国家权力和行政力量，进行规划和开展的治理环境污染，恢复遭到破坏的生态环境的系统性工程，以及在此基础上进行的推动修复地的经济转型与社会进步，化挑战为机遇，逐步缩小不同地区的经济发展差异，从而实现整个国家的经济均衡发展的一系列政治、经济和文化等社会综合治理措施。而生态修复制度是指规范并保障国家统一组织实施的一系列自然修复与社会修复工程的

制度的总称。❶

关于生态修复制度,我国2014年《环境保护法》有三个条文体现了生态修复制度的内涵。2014年《环境保护法》第30条第1款规定:"开发利用自然资源,应当合理开发,保护生物多样性,保障生态安全,依法制定有关生态保护和恢复治理方案并予以实施。"第32条规定:"国家加强对大气、水、土壤等的保护,建立和完善相应的调查、监测、评估和修复制度。"第61条规定:"建设单位未依法提交建设项目环境影响评价文件或者环境影响评价文件未经批准,擅自开工建设的,由负有环境保护监督管理职责的部门责令停止建设,处以罚款,并可以责令恢复原状。"在环境保护基本法对生态修复制度关注度不足的情况下,2014年出台的《最高人民法院关于审理环境民事公益诉讼案件适用法律若干问题的解释》为生态修复制度的司法化提供了一定的思路。《最高人民法院关于审理环境民事公益诉讼案件适用法律若干问题的解释》第20条规定:"原告请求恢复原状的,人民法院可以依法判决被告将生态环境修复到损害发生之前的状态和功能。无法完全修复的,可以准许采用替代性修复方式。人民法院可以在判决被告修复生态环境的同时,确定被告不履行修复义务时应承担的生态环境修复费用;也可以直接判决被告承担生态环境修复费用。生态环境修复费用包括制定、实施修复方案的费用和监测、监管等费用。"在《最高人民法院关于审理环境民事公益诉讼案件适用法律若干问题的解释》中,生态修复被视为私法语境中的"恢复原状"。然而将已经受损的环境恢复到最初的状态过于理想主义,因为所谓的"恢复原状"可能会受到现有环境要素不断变化的影响。而且,生态修复往往需要投入巨大的金钱、人力和社会成本,远非一般的民事主体所能承受。因此,将生态修复界定为一种民事责任实在不妥。❷

---

❶ 吴鹏:《生态修复法律责任之偏见与新识》,《中国政法大学学报》2017年第1期,第110页。

❷ 吴鹏:《最高法院司解释对生态修复制度的误解与矫正》,《中国地质大学学报(社会科学版)》2015年第4期,第48页。

实际上，生态修复是由国家担负起来的对自然环境的修复和对社会的治理的双重过程，是国家履行环境现状保持义务的体现。例如，对采煤塌陷区的生态修复工程，不单是国家统一安排下对因矿区塌陷导致的生态破坏进行的环境修复，也包括对由此引发的失业现象、民众不安、社会稳定、经济转型升级及城镇化等社会问题的解决。❶一方面，通过退耕还林还草、水土保持等技术手段，生物多样性保护，小流域治理等政策措施对受到损害的生态环境进行修复，从而排除环境污染和生态破坏危害、消除环境中的不良影响，控制环境风险，恢复环境质量状况；另一方面，通过对生态环境进行修复，淘汰落后产能，发展新兴产业，带动环境受损地区就业，运用宏观调控手段助力发展程度较好的地区对欠发达地区的帮助义务，实现不同发展程度区域之间的共同富裕。生态修复作为一项政府责任，应当建立针对政府机关工作人员的引咎辞职机制，将生态退化问责制度推向常态化，完善自然资源离任审计制度，从而督促政府充分、积极地履行自身职责。同时还应建立以生态环境状况为基础的政府官员考核评价机制，将生态政绩作为政府官员升职和降职考核的重要依据，从而保证政府机关不只着力于本行政区域内经济发展，也要注意环境质量的改善。❷

生态修复是在生态环境已经受到损害的情况下，由政府承担修复生态环境，完善社会治理的结果性责任形式。损害担责原则的贯彻落实需要生态修复制度的完善。

---

❶ 吴鹏:《生态修复法律责任之偏见与新识》,《中国政法大学学报》2017年第1期,第110页。
❷ 吴鹏:《生态修复法律责任之偏见与新识》,《中国政法大学学报》2017年第1期,第113页。

第三编

环境法的基本制度

第八章 环境影响评价制度

第一节 环境影响评价制度概述

一、环境影响评价制度的概念

环境影响评价（Environment Impact Assessment，EIA），是指对规划和建设项目实施后可能造成的环境影响进行分析、预测和评估，提出预防或者减轻不良环境影响的对策和措施、进行跟踪监测的方法与制度。这一概念有三个方面的含义：首先，环境影响评价的对象是规划和建设项目；其次，环境影响评价的内容是对环境规划和建设项目实施后可能产生的环境影响进行分析、预测和评估，提出预防或者减轻不良影响的对策和措施，是一种预测性的评价；最后，环境影响评价是一种法定的评价制度，由法律专门进行规定。

环境影响评价制度是有关环境影响评价的适用范围、评价内容、审批程序、法律后果等一系列法律规定的总称，它是环境影响评价活动在法律上的表现，是一项强制性的法律制度。其宗旨是为了实施可持续发展战略，预防因规划和建设项目实施后对环境造成的不良影响，促进经济、社会和环境的协调发展。它是贯彻预防为主原则，防止产生新的环境污染或生态破坏的一项重要环境资源法律制度。

二、环境影响评价制度的发展

（一）国外环境影响评价制度的产生和发展

环境影响评价的概念最早出现于1964年加拿大召开的一次学术会议，作为一项环境法律基本制度，则是在美国1969年颁布的《国家环境政策法》中最早得到确立的。[1] 自美国《国家环境政策法》规定实施环境影响评价法律制度以来，环境影响评价制度经历了一个从单个项目的环境影响评价（EIA）—规划计划层次的环境影响评价—政策法律层次的环境影响评价—战略环境影响评价（SEA）的发展过程。目前世界上大多数国家和有关国际组织已通过立法或国际条约采纳和实施环境影响评价，评价对象和范围已经涉及具体的建设项目以及立法、规划计划、重大经济技术政策的制定和开发区的建设等活动。

到20世纪90年代后期，有许多国家的环境法律对环境影响评价作了原则性的规定，除工业发达国家外，有70多个发展中国家和处于经济转型的国家通过环境立法采用了环境影响评价方法，有30多个国家制定了专门的环境影响评价法规，具有法律约束力的环境影响评价程序已得到广泛应用，环境影响评价已构成环境与发展之间关系的重要纽带。例如，瑞典《自然资源管理法》（1987年第12号法律）第5章对环境影响评价作了明确规定，要求"开发设施或措施的许可申请应当包括环境影响评价"（第1条）、开发活动必须依法"进行环境影响评价"（第2条）、"环境影响评价应当做到对开发计划的整体评价"（第3条）。根据瑞典环境法的规定，一切开发建设项目的行为人，均要申请许可，并在申请许可时，提交环境影响报告（自1991年起）。政府部门在审查许可证时，不但要考虑到资源的利用，更重要的是资源与环境的保护。当一般的开发建设项目与敏感的生态环境保护或珍稀物种保护矛盾时，保护敏感的生态环境和珍稀物种处于优先地位。加拿大《环境保护法》（1988年）、日本《环境基本法》

---

[1] 马骧聪：《环境资源法》，北京大学出版社1999年版，第100页。

（1993年）、荷兰《环境保护法总则》（1993年）都规定了环境影响评价法律制度。德国于1990年颁布的《环境影响评价法》，对环境影响评价的内容、程序作了详细规定，统一了过去各单行法中的有关规定。该法明确规定环境影响评价的目的是调查、描述、评估工程对环境的影响，以便政府决定是否许可该工程的进行。日本《环境影响评价法》（1997年6月）共有8章61条，对环境影响评价的适用范围和对象，环境影响评价准备书制作前的程序（包括建设项目的确定、方法书的制作和环境影响评价的实施），环境影响评价准备书的制作、内容和提交，环境影响评价书的制作与修改，修改建设项目内容时的环境影响评价及其他程序，环境影响评价书的公布及审查，环境影响评价及其他程序的特例（包括城市规划中规定的对象项目，港湾规划的环境影响评价及其他程序），以及细则等作了详细的规定。

（二）中国的环境影响评价制度的发展

中国的环境影响评价法律制度主要是在建设项目环境管理实践中不断发展起来的，它经历了一个逐步形成、完善的过程，大体上可以分为三个阶段。

从《环境保护法（试行）》（1979年9月）颁布至《建设项目环境保护管理办法》（1986年3月）颁布，是环境影响评价法律制度的试验、探索阶段。《环境保护法（试行）》第6条明确规定："一切企业、事业单位的选址、设计、建设和生产，都必须防止对环境的污染和破坏。在进行新建、改建和扩建工程时，必须提出对环境影响的报告书，经环境保护部门和其他有关部门审查批准后才能进行设计……"从此，我国从立法上确立了环境影响的评价制度。之后，包括《关于基建项目、技措项目要严格执行"三同时"的通知》（1980年11月国家计委、国家建委、国家经委、国务院环境保护领导小组）在内的许多法规性、政策性文件都强调环境影响评价问题。

从《建设项目环境保护管理办法》颁布至《建设项目环境保护管理条例》（1998年11月）颁布，是环境影响评价法律制度逐步建立健全的阶段。《建设项目环境保护管理办法》的颁布实行，标志着我国环境影响评价法律制度的初步建立。该《办法》对环境影响评价的范围、内容、程序、审批权限、执行主体的权利义务和保障措施等作了全面规定。之后一系列环境保护法律、法规和行政规章大都规定了有关环境影响评价的措施和要求。例如，1989年《环境保护法》第13条规定："建设项目的环境影响报告书，必须对建设项目产生的污染和对环境的影响做出评价。"《国家环境保护局职能配置、内设机构和人员编制方案》（1994年2月）提到，国家环境保护局"组织对重大经济政策的环境影响评价"。《国务院关于环境保护若干问题的决定》规定，"在制订区域和资源开发、城市发展和行业发展规划，调整产业结构和生产力布局等经济建设和社会发展重大决策时，必须综合考虑经济、社会和环境效益，进行环境影响论证""对没有执行环境影响评价法律制度，擅自建设或投产使用的新建项目，由县级以上环境保护行政主管部门提出处理意见，报县级以上人民政府责令其停止建设或停止投产使用"。《环境噪声污染防治法》第13条规定："环境影响报告书中，应当有该建设项目所在地单位和居民的意见。"这已成为我国公众参与环境影响评价的法律根据。《建设项目环境保护管理程序》（1990年6月）、《建设项目环境保护设施竣工验收管理规定》（1994年12月）等行政规章，对环境影响评价的适用范围、内容、程序和保障措施等问题作了具体规定。《建设项目环境保护管理条例》（1998年11月）的颁布实施，标志着我国环境影响评价法律制度的基本建立。

从《建设项目环境保护管理条例》颁布至《环境影响评价法》颁布，是环境影响评价法律制度的完善、提高阶段。1999年3月，依据《建设项目环境保护管理条例》，国家环境保护总局颁布第2号令，公布《建设项目环境影响评价资格证书管理办法》，对评价单位的资质进行规定。同年4月，国家环境保护总局《关于公布建设项目环境保护分类管理名录（试行）的通知》公布了分类管理名录。2002年10月28日《环境影响评价法》由第九届全国人大常委第三十次会议通过并公布，自2003年9月1日起开始施行。《环境影响评价法》对环境影响评价制度作出综合规定，并专章规定了规划环境影响评价。环境影响评价从建设项目扩展到规划项目。2004年2月，国家人事部和环保总局在全国建立环境影响评价工程师职业资格制度，对从事环境影响评价工作人员进行了规范化管理。

2009年8月12日国务院第76次常务会议通过《规划环境影响评价条例》："国务院有关部门、设区的市级以上地方人民政府及其有关部门，对其组织编制的土地利用的有关规划和区域、流域、海域的建设、开发利用规划（以下称综合性规划），以及工业、农业、畜牧业、林业、能源、水利、交通、城市建设、旅游、自然资源开发的有关专项规划（以下称专项规划），应当进行环境影响评价。"这一立法加强对规划的环境影响评价工作，提高规划的科学性，从源头预防环境污染和生态破坏，促进经济、社会和环境的全面协调可持续发展。

2015年4月2日由环境保护部部务会议修订通过的《建设项目环境影响评价资质管理办法》，自2015年11月1日起施行。该管理办法加强建设项目环境影响评价管理，提高环境影响评价工作质量，维护环境影响评价行业秩序。2016年4月15日，环境保护部印发《关于积极发挥环境保护作用促进供给侧结构性改革的指导意见》。该指导意见要求加强规划环评与建设项目环评联动，全面开展产业园区、公路铁路及轨道交通、港口航道、矿产资源开发、水利水电开发等重点领域规划环评。对于重点领域相关规划未依法开展环评的，不得受理建设项目环评文件。对于已依法开展规划环评的，要将规划环评结论及审查意见作为项目环评审批的重要依据。

三、环境影响评价制度的特征

（一）强制性

强制性作为法律的基本特征，自然也不例外于环境影响评价法律制度，这种强制性严格约束着所有人，人们在从事与环境相关的事项时都必须掌握好绝对的"度"。"当一国一旦通过立法对环境影响评价进行确认，即具有了法的强制性，纳入环境影响评价立法范围的所有行为都必须予以评价，不以行为主体的意志为转移，否则会承担不利法律后果。"❶ 因此，这就要求只要囊括在环境影响评价法律范围之内的全部行为都必须经过环境影响评价制度的审视，同时自然而然地那些违反《环境影响评价法》的人或单位或者根本没有进行环境影响评价的个人和组织都要承担相应的法律责任。同样地，针对业已开展却不符合环境影响评价结果报告的项目强制性予以整改，直至符合法律规定的要求才得以施行。

（二）预测性

环境影响评价是事先对人类所从事的社会活动可能给环境带来不良效应而进行评估的方法和手段。所以，环境影响评价法律制度关键在事前就对规划等宏观决策行为和微观的建设项目对环境可能产生的影响进行科学客观综合调查描述、预测、分析及评估，并在此基础上提出环境保护对策措施。可见，该制度的这一特性使其有助于促进生态环境的可持续发展，也是平衡社会、经济与环境之间的关系并实现既定环境保护目标的积极措施。从调查研究和分析开发行为、经济发展对周围环境的影响着手，系统了解预测区域规划、具体项目给环境造成的损害程度和情况，找出行之有效的预防对策和措施，最大限度地减少可能带来的生态影响和破坏。所以，既要重视我们当代人的生存发展问题，还要充分考虑到我们子孙后代的长足发展。

（三）客观性

从哲学方面来看，客观事物是不以人的意志为转移的。同样地，对人类社会活动事先进行环境影响评价也不能是人的主观臆断，而是通过此前积累的经验来对相同事物进行提前分析，不能为了人类自身的主观利益来改变客观结果，如若环境影响评价用此方法来满足人们的利益需求，这会给人类和生存环境造成严重的伤害和破坏。我们要建立在尊重客观事物发

---

❶ 尹文辉：《我国环境影响评价法律制度的不足及完善》，《辽宁公安司法管理干部学院学报》2010年第3期，第68页。

展规律的基础上，用实事求是的科学态度对待实地考察，并采集诸多客观数据进行综合分析，归纳出有益于保护生态环境的结论和对策，为人类开发活动的有效执行提供科学民主的理论依据。所以，客观性具有指导意义，突出体现了环境影响评价是预防人类活动破坏生态环境的重要保证。

（四）专业性

总体上来说，环境影响评价是一种科学的方法或手段。它是人类在总结环境保护工作中对逐渐涉及的交叉学科领域进行汇总，以及中央层面颁布制定的环境影响评价技术规范和标准等，还涉及开发活动应当严格遵守的具体技术要求。因此，需要采取多种专业技术与多类学科的综合配合，再由拥有专门资质的机构和工作人员根据法律规定，严格按照程序进行环境影响评价，才能避免政府机关影响、干涉环境影响评价活动的开展，使之得出具有说服力、可操作性强的结论。同时，这也是要求环境影响评价报告书必须由各专门科研机构组成的环境影响评价单位进行编制的原因。

第二节 我国环境影响评价制度的主要内容

一、环境影响评价制度的适用范围

环境影响评价制度主要包括规划环境影响评价和建设项目环境影响评价两个方面。

（一）规划环境影响评价的适用范围

规划环境影响评价适用范围包括：国务院有关部门、设区的市级以上地方人民政府及其有关部门组织编制的土地利用的有关规划，区域、流域、海域的建设、开发利用规划（简称综合性规划）；国务院有关部门、设区的市级以上地方人民政府及其有关部门组织编制的工业、农业、畜牧业、林业、能源、水利、交通、城市建设、旅游、自然资源开发的有关专项规划（简称专项规划）；放射性固体废物处置场所选址规划等。

（二）建设项目环境影响评价的适用范围

建设项目环境影响评价适用于对环境有影响的项目，包括：工业、交通、水利、农林、商业、卫生、文教、科研、旅游、市政等对环境有影响的一切基本建设项目、技术改造项目；领域开发、开发区建设、城市新区建设和旧城改造等区域性开发活动；中外合资、中外合作、外商独资等引进项目；建设储存、处置固体废物等污染集中治理项目；核设施选址、建造、运行、退役等活动，开发利用或者关闭铀矿等核工业和核技术项目。建设项目的环境影响评价，应当避免与规划的环境影响评价相重复。作为一项整体建设项目的规划，如果已按照建设项目进行环境影响评价，就不进行规划的环境影响评价。已经进行环境影响评价的规划所包含的具体建设项目，建设单位可以简化其环境影响评价内容。

二、环境影响评价的分类管理

由于不同性质、类型和规模的规划和建设项目可能造成不同的环境影响，因而有必要对环境影响评价进行分类管理。

进行环境影响评价的规划之具体范围，由国务院环境保护行政主管部门会同国务院有关部门规定，报国务院批准。综合性规划在规划编制过程中组织进行环境影响评价，编写环境影响的篇章或者说明；专项规划在该专项规划草案上报审批前，组织进行环境影响评价，提出环境影响报告书；专项规划中的指导性规划，按照综合性规划环境影响评价的规定进行环境影响评价。

建设项目的环境影响评价分类管理名录，由国务院环境保护行政主管部门制定公布。建设单位应当按照下列规定编制环境影响报告书、环境影响报告表或者填报环境影响登记表。

（1）可能造成重大环境影响的，应当编制环境影响报告书，对产生的环境影响进行全面评价。

（2）可能造成轻度环境影响的，应当编制环境影响报告表，对产生的环境影响进行分析或者专项评价。

（3）对环境影响较小，不需要进行环境影响评价的，应当填报环境影响登记表。

2002年10月，国家环境保护总局公布了《建设项目环境保护分类管理名录》，并规定国家法律、法规及产业政策明令禁止建设或投资的建设项目，如列入《淘汰落后生产能力、工艺和产品的目录》和《工商领域禁止重复建设目录》的建设项目不适用该名录。各级环保行政主管部门不得批准此类建设项目环境影响报告书、环境影响报告表或者环境影响登记表。

三、环境影响评价的文件

（一）综合性规划的有关环境影响的篇章或者说明

综合性规划的有关环境影响的篇章或者说明，是由组织编制综合性规划的行政机关依法向规划审批机关提交的对规划进行环境影响评价的书面文件。主要内容包括：对规划实施后可能造成的环境影响作出分析、预测和评估，提出预防或者减轻不良环境影响的对策和措施。综合性规划有关环境影响的篇章或者说明应该作为规划草案的组成部分一并报送规划审批机关。

（二）专项规划的环境影响报告书

专项规划的环境影响报告书，是由组织编制专项规划的行政机关依法向规划审批机关提交的对规划进行环境影响评价的书面文件。专项规划的环境影响报告书内容包括：①实施该规划对环境可能造成影响的分析、预测和评估；②预防或者减轻不良环境影响的对策和措施；③环境影响评价的结论。

（三）建设项目的环境影响报告书

建设项目的环境影响报告书，是由建设单位依法向环境保护行政主管部门提交的对建设项目产生的污染和对环境的影响进行全面、详细的评价的书面文件。建设项目的环境影响报告书内容包括：①建设项目的基本情况，包括项目地点、建设规模、产品方案和工艺方法、主要原料、燃料、用水量和来源、各种废物的排放量及排放方式、废弃物回收利用方案等；②建设项目周围环境状况的调查，包括水文地质状况、气象情况、自然资源情况和人文环境状况等；③建设项目对环境可能造成影响的分析、预测和评估；④建设项目环境保护措施及其技术、经济论证；⑤建设项目对环境影响的经济损益分析；⑥对建设项目实施环境监测的建议；⑦环境影响评价的结论。涉及水土保持的建设项目，还必须有经过水行政主管部门审查同意的水土保持方案。

（四）建设项目环境影响报告表

建设项目环境影响报告表，是由建设单位依法向环境保护行政主管部门提交的对建设项目产生的环境影响进行分析或者专项评价的书面文件。建设项目环境影响登记表，是由对不需要进行环境影响评价的建设项目之建设单位依法向环境保护行政主管部门填报的规定格式的表格。

四、环境影响评价的程序

（一）评价形式筛选程序

环境影响评价形式筛选程序的主要工作是确定一个开发建设项目是编制环境影响报告书还是填写环境影响报告表。对于建设项目环境评价形式，在具体筛选中可分为三类，并且实行不同程度的管理措施。

1. 可能造成重大环境影响的建设项目

对可能造成重大环境影响的建设项目，应当编制环境影响报告书，对可能产生的环境影响进行全面评价。属于该类项目的有：所有流域开发、开发区建设、城市新区建设和旧区改建及区域开发性项目；可能对环境敏感区造成影响的大中型建设项目；污染因素复杂，产生污染物种类多，产生量大，产生的污染物毒性大且难降解的建设项目；造成生态系统结构的重大变化或生态环境功能重大损失的项目；影响到重要生态系统、脆弱生态系统、有可能造成或加剧自然灾害的建设项目；易引起跨行政区污染纠纷的建设项目。

根据环境评价法的规定，这类建设项目必须编制环境影响报告书，对产生的环境影响进行全面的评价，并规定：除国家规定需要保密的项目外，对环境可能造成重大影响、应当编制环境影响报告书的建设项目，建设单位应当在报批建设项目环境影响报告书前，举行论证会、听证会，或者采取其他形式，征求有关单位、专家和公众的意见；且建设单位报批的环境影响报告书应当出具对有关单位、专家和公众的意见采纳或者不采纳的说明，即要求在环境评价中必须有公众的参与。

2. 可能造成轻度环境影响的建设项目

对可能造成轻度环境影响的建设项目，应当编制环境影响报告表，对产生的环境影响进行分析或者专项评价。属于该类型的项目有：不对环境敏感区造成影响的中等规模的建设项目；污染因素简单，污染物种类少和产生量小且毒性较低的中等规模的建设项目；对地形、地貌、水文、植被、野生珍稀动植物等生态条件有一定影响，但不改变生态系统结构和功能的中等规模以下的建设项目；污染因素少，基本上不产生污染的大型建设项目；在新、老污染源均达标排放的前提下，排污量全面减少的技术改造项目。

3. 对环境影响很小的建设项目

对环境影响很小、不需要进行环境影响评价的建设项目，应当填报环境影响登记表。属于该类项目的有：基本不产生废水、废气、废渣、粉尘、恶臭、噪声、振动、放射性、电磁波等不利影响的建设项目；基本不改变地形、地貌、水文、植被、野生珍稀动植物等生态条件和不改变生态环境功能的建设项目；不对环境敏感区造成影响的小规模的建设项目；无特别环境影响的第三产业项目。

（二）评价文件的编制和审批程序

1. 规划环境影响评价文件的编制、审批程序

综合性规划的编制机关，在规划编制过程中组织进行环境影响评价，

编写该规划有关环境影响的篇章或者说明，作为规划草案的组成部分一并报送规划审批机关。对未编写有关环境影响的篇章或者说明的规划草案，审批机关不予审批。

专项规划的编制机关，在该专项规划草案上报审批之前，组织进行环境影响评价，并向审批该专项规划的机关提出环境影响报告书。专项规划的编制机关在报批规划草案时，应当将环境影响报告书一并附送审批机关审查；未附送环境影响报告书的，审批机关不予审批。

设区的市级以上人民政府在审批专项规划草案，作出决策前，应当先由人民政府指定的环境保护行政主管部门或者其他部门召集有关部门代表和专家组成审查小组，对环境影响报告书进行审查，审查小组应当提出书面审查意见。由省级以上人民政府有关部门负责审批的专项规划，其环境影响报告的审查办法，由国务院环境保护行政主管部门会同国务院有关部门制定。

设区的市级以上人民政府或者省级以上人民政府有关部门在审批专项规划草案时，应当将环境影响报告书结论以及审查意见作为决策的重要依据。在审批中未采纳环境影响报告书结论以及审查意见的，应当作出说明，并存档备查。

2. 建设项目环境影响评价文件的编制、审批程序

在可行性研究阶段，建设单位应结合选址，对建设项目建设和投产使用后可能造成的环境影响，进行简要说明或初步分析。环境影响评价文件中的环境影响报告书或者环境影响报告表，应当由具有相应环境影响评价资质的机构编制。建设项目环境影响评价文件的审批程序分为报批、预审、审核和审批。

审批部门应当自收到环境影响报告书之日起60日内，收到环境影响报告表之日起30日内，收到环境影响登记表之日起15日内，分别作出审批决定并书面通知建设单位。

（三）公众参与程序

《环境影响评价法》第5条规定，国家鼓励有关单位、专家和公众以

适当方式参与环境影响评价。该法第11条规定，专项规划的编制机关对可能造成不良环境影响并直接涉及公众环境权益的规划，除国家规定需要保密的情形外，应当在该规划草案报送审批前，举行论证会、听证会，或者采取其他形式，征求有关单位、专家和公众对环境影响报告书草案的意见。编制机关应当认真考虑有关单位、专家和公众对环境影响报告书草案的意见，并应当在报送审查的环境影响报告书中附具对意见采纳或者不采纳的说明。该法第21条规定，除国家规定需要保密的情形外，对环境可能造成重大影响、应当编制环境影响报告书的建设项目，建设单位应当在报批建设项目环境影响报告书前，举行论证会、听证会，或者采取其他形式，征求有关单位、专家和公众的意见。建设单位报批的环境影响报告书应当附具对有关单位、专家和公众的意见采纳或者不采纳的说明。

（四）跟踪评价程序

《环境影响评价法》明确规定不仅在规划和项目建设之前进行环境影响评价，而且要进行规划实施后的跟踪评价和建设项目的环境影响的后评价与跟踪检查。对环境有重大影响的规划实施后，编制机关应当及时组织环境影响的跟踪评价，发现有明显不良环境影响的，应该及时提出改进措施。如果在项目建设、运行过程中产生不符合经审批的环境影响评价文件的情形的，建设单位应当组织环境影响的后评价，采取改进措施，并报原环境影响评价文件审批部门和建设项目审批部门备案；原环境影响评价文件审批部门也可以责成建设单位进行环境影响的后评价，采取改进措施。

五、不依法进行环境影响评价的法律后果

《环境影响评价法》第29条至第34条对不依法进行环境影响评价的法律后果作出了明确规定。包括不依法进行环境影响评价的规划及建设项目的法律责任，环评机构违法环评的法律责任，生态环境主管部门或者其他部门的工作人员的违法责任。

（一）未依法进行环评的规划，追究有关人员责任

规划编制机关未组织环境影响评价，或者组织环境影响评价时弄虚作假或者有失职行为，造成环境影响评价严重失实的，对直接负责的主管人员和其他直接责任人员，由上级机关或者监察机关依法给予行政处分。

规划审批机关对依法应当编写有关环境影响的篇章或者说明而未编写的规划草案，依法应当附送环境影响报告书而未附送的专项规划草案，违法予以批准的，对直接负责的主管人员和其他直接责任人员，由上级机关或者监察机关依法给予行政处分。

（二）未依法进行环评的建设项目，追究有关人员责任

建设单位未依法报批建设项目环境影响报告书、报告表，或者建设项目的环境影响评价文件经批准后，建设项目的性质、规模、地点、采用的生产工艺或者防治污染、防止生态破坏的措施发生重大变动的，建设单位没有重新报批建设项目的环境影响评价文件，或者建设项目的环境影响评价文件自批准之日起超过五年，方决定该项目开工建设的，建设单位没有报请重新审核环境影响报告书、报告表，而擅自开工建设的，由县级以上生态环境主管部门责令停止建设，根据违法情节和危害后果，处建设项目总投资额百分之一以上百分之五以下的罚款，并可以责令恢复原状；对建设单位直接负责的主管人员和其他直接责任人员，依法给予行政处分。

建设单位未依法备案建设项目环境影响登记表的，由县级以上生态环境主管部门责令备案，处五万元以下的罚款。

建设项目环境影响报告书、环境影响报告表存在基础资料明显不实，内容存在重大缺陷、遗漏或者虚假，环境影响评价结论不正确或者不合理等严重质量问题的，由设区的市级以上人民政府生态环境主管部门对建设单位处五十万元以上二百万元以下的罚款，并对建设单位的法定代表人、主要负责人、直接负责的主管人员和其他直接责任人员，处五万元以上二十万元以下的罚款。

（三）对环评机构责任的追究

接受委托编制建设项目环境影响报告书、环境影响报告表的技术单位

违反国家有关环境影响评价标准和技术规范等规定，致使其编制的建设项目环境影响报告书、环境影响报告表存在基础资料明显不实，内容存在重大缺陷、遗漏或者虚假，环境影响评价结论不正确或者不合理等严重质量问题的，由设区的市级以上人民政府生态环境主管部门对技术单位处所收费用三倍以上五倍以下的罚款；情节严重的，禁止从事环境影响报告书、环境影响报告表编制工作；有违法所得的，没收违法所得。

编制单位有违法行为的，编制主持人和主要编制人员五年内禁止从事环境影响报告书、环境影响报告表编制工作；构成犯罪的，依法追究刑事责任，并终身禁止从事环境影响报告书、环境影响报告表编制工作。

（四）对不依法进行环评的责任人的追究

负责审核、审批、备案建设项目环境影响评价文件的部门在审批、备案中收取费用的，由其上级机关或者监察机关责令退还；情节严重的，对直接负责的主管人员和其他直接责任人员依法给予行政处分。

生态环境主管部门或者其他部门的工作人员徇私舞弊，滥用职权，玩忽职守，违法批准建设项目环境影响评价文件的，依法给予行政处分；构成犯罪的，依法追究刑事责任。

第九章　环境行政许可制度

第一节　环境行政许可制度概述

环境行政许可制度是防范环境风险必不可少的法律制度，它是我国环境保护监督管理的重要手段，同时也是环境行政管理相对人获得相关权利和确认相关义务的法定途径。

一、环境行政许可制度的概念

《中华人民共和国行政许可法》（以下简称《行政许可法》）第2条规定："本法所称行政许可，是指行政机关根据公民、法人或者其他组织的申请，经依法审查，准予其从事特定活动的行为。"《行政许可法》对行政许可的分类主要有普通许可、特许、认可、核准、登记五类。普通许可是确认相对人是否具备从事某种活动的条件的许可，是最常见的一类许可。这类许可通常无数量限制，其目的是保障安全、防止危险。如环评审批、施工许可等。特许是由行政机关代表国家向相对人授予某种权利，主要适用于自然资源的开发利用、有限公共资源的配置、垄断性企业的市场准入等。这类许可的目的是分配有限的资源，一般有数量限制，如海域使用许可、排污许可等。认可是行政机关对相对人是否具备特定技能的认定，表现为资格、资质许可。这类许可往往需要通过考试、考核等方法实施，其主要目的是提高从业水平、技能，如环评机构资质、核设施操纵员执照、地质勘查单位资质等。核准是行政机关按照技术规范或技术标准，通过检验、检疫、检测等方式，对重要设备、设施、产品、物品进行审定。行政机关实施这类许可一般无自由裁量权，凡是符合技术标准、技术规范的，都要予以核准。这类许可的主要目的是防止危险、保障安全。这类许可通常无数量限制，如生猪屠宰检疫、建设项目环保验收等。登记是指对于企业或者其他组织的设立，由行政机关通过登记的方式，确立特定主体的资格。这类许可通常无数量限制，凡是符合法定条件、标准的，都要准予登记。这类许可的主要目的是向公众提供证明或信息，降低市场风险。

《行政许可法》第13条规定，对上述五类事项，通过下列方式能够予以规范的，可以不设行政许可：公民、法人或者其他组织能够自主决定的；市场竞争机制能够有效调节的；行业组织或者中介机构能够自律管理的；行政机关采用事后监督等其他行政管理方式能够解决的。

公民、法人或其他组织从事特定活动的申请一旦获得批准，行政机关就会为其颁发许可证。许可证，也称执照、特许证、批准书等，在环境管理中使用的许可证种类繁多。有适用于发展规划、选址等的规划许可证，有适用于自然资源开发的许可证，如土地、森林、矿藏等的开发许可证，有适用于对环境有影响的各种工程建设的建设许可证，有适用于危险、有毒物品或严重危害环境的产品的生产销售许可证，有适用于向环境排放各种污染物的排污许可证。在环境管理中使用最广泛的是排污许可证。

环境行政许可是行政许可的一种特定方式，环境行政许可的目的在于保护生态环境。行政主体基于生态环境保护目的实施行政许可，是环境行政许可最本质的内涵，至于该许可由何种行政机关来实施，则是行政组织内部的分工问题。行政主体基于生态环境保护之目的实施行政许可有两种情形：一是该行政许可的唯一目的即是生态环境保护，如环评审批、排污许可；二是该行政许可有多重目的，环境保护是其中的目的之一，如危险化学品管理方面的行政许可，既有保障公共安全之目的，又有环境保护之目的。如今环境问题已渗透到社会经济的各个层面，环境管制措施与其他管制措施出现交叉融合，这就造成环境法律关系的对象很复杂。故"环境行政许可是指有关行政机关根据公民、法人或者其他组织的申请，基于环境保护之目的进行依法审查后，通过颁发许可证、执照等形式，赋予或者确认该申请方从事该种活动的法律资格或法律权利的法律制度"。❶

环境行政许可制度就是国家通过法定程序，以法律规范性文件的形式确立的对环境行政许可活动进行规范的制度。环境行政许可制度是国家为加强环境管理而采用的一种卓有成效的行政管理制度。它有利于对开发利用环境的各种活动进行事先审查，也有利于对这类活动的事中控制和事后救济。因此，在许多国家环境行政许可制度都被视为环境法的支柱性法律制度。

二、环境行政许可制度的特点

环境行政许可制度作为环境行政相对人获得从事某项活动权利的法定方式，是环境保护的重要制度，具有独立的特点。

（一）公益性

环境行政许可设立的目的是保护生态环境，维护公众环境公益。生态环境一旦被污染或破坏，其恢复治理难度相当大，甚至无法恢复。因而，环境问题的解决方法以预防为主，这是许可证制度在环境法上得到广泛运用的根本原因。涉及环境行政许可的事项包括自然资源的开发、为公众提供服务、国家安全、公共安全、人身健康、垄断市场准入等特定活动、特定资格。环境行政许可实质上是授予公民、法人或其他组织在一定条件下从事对环境有影响活动的权利。因此，国家机关必须对被许可人的活动实施监督管理，从而避免了这类行为的任意性，使环境风险处于政府可控制的范围内。一旦发现其行为背离了环境行政许可设立的目的，有权对其许可进行撤销、废止、中止、吊销、注销。环境行政许可制度具有广泛的公

---

❶ 姜敏：《我国环境行政许可制度研究》，西南政法大学博士学位论文，2013年，第23页。

益性，充分体现了保护公众环境利益的特性。

（二）科技性

科学技术是一把双刃剑，一方面，环境问题的产生是科技发展的产物，另一方面，环境问题的解决又有赖于科技的进一步发展。作为以解决环境问题为目的的环境行政许可制度，其实施要以大量的环境标准、相关技术规范、操作规程和控制污染的工艺技术等为支撑。环境行政许可通常要以科学标准、技术规范作为审批标准。因而一些环境行政许可的申请材料往往需要借助专业力量，由专业机构进行编制。由于科学技术性，一些开发活动与环境损害之间的因果关系往往认定困难，这就造成环境行政许可通常决策于科技未知之中，所作的行政许可决定若干年后有可能被证明是错误的或有偏差。因为许多环境上的损害行为在日后通过科技进步才被发现，因而环境行政许可更具决策风险。

（三）有限性

自然资源不是取之不尽、用之不竭的，而是具有有限性的。生态环境的容量同样具有有限性。环境污染导致环境容量减少，会直接影响他人对环境的利用率。环境资源的有限性直接决定了环境行政许可制度的有限性。国家借助环境行政许可制度对环境资源进行保护，在涉及环境容量、资源数量的时候，其许可数量应当具有有限性，这种有限性的体现通常为预先设立限制条件。

许可的获得必须由申请人预先申请并获准，即许可的授予必须经申请人事先申请，严格审查，审批发证机关不得主动授予。只有依预设的特定目的、条件、程序申请并经特定机关审核批准，才能获得许可。它有利于对开发利用资源环境的各种活动进行事先审查和控制，将影响环境资源的各种活动进行严格控制，对不符合环境保护要求的活动不予批准。未经许可，不得从事许可的特定事项。

三、环境行政许可制度的种类

我国在下列环境与资源保护管理的法律中，规定了许可证制度。《中华人民共和国城市规划法》第31条、第32条规定，关于在城市规划区域内进行各项建设征用国家或集体所有的土地，需要向城市规划主管部门提出建设用地申请，经审查批准，发给建设用地许可证后，方可使用土地；在城市规划区域内，需要新建、改建、扩建任何建筑物、构筑物、敷设道路和管线者，也须申请建设许可证。《海洋环境保护法》第二章中，关于向海洋倾废，须向主管部门提出申请，经批准发给许可证后，方可按许可证规定的期限、条件和指定的区域进行倾倒。《农药登记规定》中，关于农药的生产、销售和在大田进行药效示范或在特殊情况下使用，以及外国厂商向我国进口销售农药，都须经过登记申请和许可。《放射性同位素与射线装置放射防护条例》及《民用核设施安全监督管理条例》中关于放射性同位素设施的建造、运行及放射性物质的使用、运输和保管。《猎枪、弹药管理办法》中关于猎枪、弹药的制造、销售和持有，《渔业法》和《渔业法实施细则》中关于从事渔业活动等，都要经过申请、登记和批准。《文物保护法》中，关于文物出口或个人携带文物出境，必须向海关申请并经有关部门鉴定，签发许可证后才能出境。此外，在《森林法》《矿产资源法》中，对于森林采伐，矿产资源的勘探、开发也都实行了许可证制度。《固体废物污染环境防治法》中，关于从事危险废物的收集、贮存、处置等经营活动的单位，要经批准领取许可证，方能经营，省级间转移废物、用作原料需要进口的废物也要经审查许可。特别是2004年7月1日开始施行的《行政许可法》，也是规范我国环境许可制度的重要法律依据。

根据所颁发许可证和执照的内容，我国环境行政许可制度大致可分为三类：第一类是防止环境污染的行政许可，包括污染物许可和放射性物质许可，这是我国最重要的环境行政许可。比如颁发排污许可证，海洋倾废许可证，国家限制进口的可用作原料的废物进口审查，固体废物跨省转移许可，危险废物经营许可证核发，消耗臭氧层物质生产和进出口许可证核发，危险化学品进口环境管理登记。以及民用核设施厂址选择审批，放射源、进口装有放射性同位素仪表登记备案，放射性固体废物贮存、处置许可证核发，民用核设施建造、装料、运行、退役审批，放射性污染监测机构和防治专业人员资格证书核发，核技术利用单位辐射安全许可证核发，民用核设施操纵人员执照核发，民用核材料许可证核发，在水体进行放射性实验的批准等。

第二类是防止环境破坏的行政许可，如颁发林木采伐许可证、采矿许可证、渔业捕捞许可证、取水许可证、野生动物特许猎捕证、狩猎证、驯养繁殖许可证等。

第三类是针对整体环境保护的行政许可，如建设项目环境影响评价许可、环保设施许可、自然保护区许可。包括：建设项目环境影响报告书（表）、环境影响登记表的审批，建设项目重大变化环境影响报告书（表）、登记表重新审核，建设项目环境影响评价单位资格审查；建设项目环境保护设施验收，含核设施、核技术应用、铀钍矿和伴生矿的放射性污染防治设施验收及防治污染设施的拆除或闲置批准；因教学科研进入自然保护区缓冲区的审批，进入自然保护区实验区开展参观、旅游的审批等。

第二节 环境行政许可的设定和实施

一、环境行政许可的设定

（一）环境行政许可的设定原则

《行政许可法》第11条规定："设定行政许可，应当遵循经济和社会发展规律，有利于发挥公民、法人或者其他组织的积极性、主动性，维护公共利益和社会秩序，促进经济、社会和生态环境协调发展。"可见，经济、社会和生态环境协调发展是行政许可设定应遵循的原则之一，因此也是设定环境行政许可的重要原则。

（二）环境行政许可的设定权分配

环境行政许可的设定权分配是指各种法律渊源形式在设定环境行政许可上的权力配置。根据《立法法》和《行政许可法》，法律可以设定环境行政许可；对于尚未制定法律的，行政法规可以设定环境行政许可。国务院决定、地方性法规以及地方政府规章则不能在《行政许可法》第12条规定的五类事项范围以外设定任何环境行政许可。地方性法规和省、自治区、直辖市人民政府规章，不得设定应当由国家统一确定的公民、法人或者其他组织的资格、资质的行政许可；不得设定企业或者其他组织的设立登记及其前置性行政许可；其设定的行政许可，不得限制其他地区的个人或者企业到本地区从事生产经营和提供服务，不得限制其他地区的商品进入本地区市场。行政法规可以在法律设定的行政许可事项范围内，对实施该行政许可作出具体规定。地方性法规可以在法律、行政法规设定的行政许可事项范围内，对实施该行政许可作出具体规定。规章可以在上位法设定的行政许可事项范围内，对实施该行政许可作出具体规定；法规、规章对实施上位法设定的行政许可作出的具体规定，不得增设行政许可；对行政许可条件作出的具体规定，不得增设违反上位法的其他条件。除法定特殊情况，其他规范性文件一律不得设定行政许可。

二、环境行政许可的实施

（一）环境行政许可的实施主体

环境行政许可的实施主体，即环境行政许可的实施机关，是指行使环境行政许可权并承担责任的环境行政机关和法律、法规授权的组织。根据《行政许可法》和我国环境法律、行政法规的规定，我国环境行政许可的实施机关有以下三种。

1. 环境行政许可的职权实施主体

环境行政许可的职权实施主体为具有环境行政许可权的行政机关。由于我国环境保护实行的是统一监督管理与分工负责相结合的行政管理体制，地方各级政府对本辖区的环境质量负责，国家和地方各级环境保护行政主管部门对全国和辖区的环保工作实施统一监督管理；海洋行政主管部门、港务监督、渔政渔港监督、军队环保部门和各级公安、交通、铁路、民航管理部门，依法对相关环境污染防治实施监督管理；县级以上人民政府的土地、矿产、林业、农业、水利行政管理部门，依法对资源保护实施监督管理。因此具有环境行政许可权的行政机关大体可分为四种，即各级环保部门、依法对相关方面环境污染防治实施监督管理的部门、对资源保护实施监督管理的部门和地方各级人民政府。

2. 环境行政许可的授权实施主体

环境行政许可的授权实施主体为法律、法规授权的具有环境管理职能的组织，如中国环境保护产业协会、全国石油和化学工业协会、全国煤炭工业协会，这些全国性行业协会被国家授权具有部分或协助政府管理本行业的职能，行使诸如建设项目环境影响评价的预审职能，这些组织也构成建设项目环境影响评价行政许可的实施机关。❶

3. 环境行政许可的委托实施主体

环境行政许可的委托实施主体为受具有环境行政许可权的行政机关委托的其他机关。

根据《国务院对确需保留的行政审批项目设定行政许可的决定》，国务院予以保留并设定为环境行政许可的项目，共计 7 项。环境保护设施专门运营单位资质认定，加工利用国家限制进口、可用作原料的废电器定点企业认定，民用核承压设备设计制造安装许可证核发，新化学物质环境管理登记证核发，危险废物越境转移核准，民用核承压设备焊接和无损检验

---

❶ 张国祥、毛显强：《环境保护行政许可实施指南与应用实例》，化学工业出版社 2004 年版，第 12 页。

人员资格证书核发，危险化学品出口环境管理登记证核发。

（二）环境行政许可的实施程序

1. 申请与受理

申请即由申请人向有关主管机关提出书面申请，并附有为审查所必需的各种材料。行政机关在受理环境行政许可申请时应该做到履行公示义务、做好有关解释说明工作、不得要求提供无关材料、应规范受理申请。

2. 审查与决定

环境主管机关可在报刊上公布受理的申请，并征求各方面的意见，根据有关规定对申请进行审查。主管机关经审查后作出颁布或拒发许可证的决定，同意发证的，应告知持证人的义务和限制条件；拒发证时，应说明拒发的理由。

3. 听证

听证制度有利于规范环境保护行政许可活动，保障和监督环境保护行政主管部门依法行政，提高环境保护行政许可的科学性、公正性、合理性和民主性，保护公民、法人和其他组织的合法权益，因此听证是环境行政许可的重要程序。《行政许可法》《环境影响评价法》等有关法律、法规对此都有规定，2004年7月1日开始实施的《环境保护行政许可听证暂行办法》进一步对听证的适用原则、适用范围、听证主持人和听证参加人、听证程序、罚则等作了专门而详细的规定，不仅使环境保护行政许可听证有法可依，而且极大地提高了实践中的可操作性。

4. 监督检查与处理

环境行政许可的监督主要包括行政机关内部的层级监督和行政机关对被许可人的监督两种。《行政许可法》第60条规定："上级行政机关应当加强对下级行政机关实施行政许可的监督检查，及时纠正行政许可实施中的违法行为。"环境行政机关对被许可人的监督检查原则上应采用书面检查方式，可要求持证人提供有关资料，现场检查设备，监测排污情况，发布行政命令等。在情况发生变化或持证人的活动影响周围公众利益时，可以修改许可证中原来规定的条件。如果被许可人违反许可证规定的义务或限制条件时，主管机关可以中止、吊销许可证，并对违法者追究法律责任。

三、环境行政许可的法律责任

《行政许可法》第 4 条规定："设定和实施环境许可应当依照法定的权限、范围、条件和程序。"行政机关违法行使环境许可权，应当承担相应的行政法律责任，构成犯罪的，应当依据《刑法》承担法律责任。2005 年的《环境保护违法违纪行为处分暂行规定》对国家行政机关及其工作人员、企业中由国家行政机关任命的人员有环境保护违法违纪行为应当给予处分的作出了规定。

对环境许可的申请人及其被许可人的法律责任，《行政许可法》规定了两个幅度，程度轻者予以行政处罚或者限制申请资格，较重者追究其刑事责任。2014 年《环境保护法》第 45 条专门规定了排污许可管理制度："国家依照法律规定实行排污许可管理制度。实行排污许可管理的企业事业单位和其他生产经营者应当按照排污许可证的要求排放污染物；未取得排污许可证的，不得排放污染物。"

第十章　清洁生产制度

第一节　清洁生产制度概述

党的十五大将可持续发展战略确定为我国现代化建设的重要发展战略。清洁生产制度体现了可持续发展的要求，是实现节能减排、循环利用、可持续发展的有效途径和必经之路。该项制度发展至今已成为世界各国实施可持续发展战略的重要举措。

一、清洁生产制度的概念

清洁生产（cleaner production）是我国污染预防的一项重要制度。新常态下，我国作出了推动绿色、循环、低碳发展，建设生态文明和美丽中国的重大战略部署，对清洁生产工作提出了新的挑战。

目前国际公认的清洁生产定义是，"清洁生产是一种新的、创造性的思维方式，这种思维方式将整体预防的环境战略持续运用于生产过程、产品和服务中，以增加生态效益和减少人类及环境的风险。对生产过程，要求节约原材料和能源，淘汰有毒原材料，减降所有废物的数量和毒性；对产品，要求减少从原材料提炼到产品最终处置的全生命周期的不利影响；

对服务，要求将环境因素纳入设计和所提供的服务中"。❶

《中华人民共和国清洁生产促进法》(以下简称《清洁生产促进法》)第2条规定："本法所称清洁生产，是指不断采取改进设计、使用清洁的能源和原料、采用先进的工艺技术与设备、改善管理、综合利用等措施，从源头削减污染，提高资源利用效率，减少或者避免生产、服务和产品使用过程中污染物的产生和排放，以减轻或者消除对人类健康和环境的危害。"

清洁生产是20世纪80年代后期发展起来的一种新的保护环境的战略措施。其将预防为主的环境策略持续地应用于生产过程和产品中，以减少对人类和环境的危害。清洁生产要求把污染物消除在其产生之前，将污染预防上溯到源头、扩展到生产过程及消费环节，彻底改变过去被动、滞后的污染控制策略。清洁生产已成为世界各国实施可持续发展战略的重要措施。

清洁生产作为一种全新的生产模式，在技术层面上不仅是运用了相关的理论体系，在生产的整个流程中更是在每一个部分均运用适当并且合理的"预防"的方式，充分联系生产技能、生产流程、销售运营和产品经营、物流、能量以及信息等几个重要的因素，使生产的整个流程更加科学高效。这样一来就能够实现最小化地影响环境、最少限度地使用能源、资源。

清洁生产的理念着重强调三个方面的内容，即清洁的能源、清洁的生产过程以及清洁的产品。清洁的能源是指采用各种方法对常规的能源采取清洁利用的方法，利用再生能源，开发新能源等。清洁的生产过程是指将清洁生产的理念贯穿于从原材料投入到产出成品的全过程，包括节约原材料和能源，替代有毒原材料，改进工艺技术和设备，并将排放物和废物的数量与毒性削减在离开生产过程之前；清洁的产品是指产品从设计、生产、包装、运输、流通、消费到报废等，都应考虑节约原材料和能源，少

---

❶ [美]K.哈密尔顿等：《里约后五年：环境政策的创新》，张庆丰等译，中国环境科学出版社1998年版。

用稀有原料，产品从制造到使用都应不危害人体健康和生态环境，易于回收利用，减少不必要的功能，强调使用寿命等。清洁生产起初适用于生产过程和产品，以后又扩大至服务。

二、清洁生产的特点

清洁生产具有预防性、综合性、统一性、持续性四个特点。

一是预防性。传统的末端治理与生产过程相脱节，即"先污染，后治理"；清洁生产从源头抓起，实行生产全过程控制，尽最大可能减少乃至消除污染物的产生，其实质是预防污染。

二是综合性。实施清洁生产的措施其实是综合性的预防措施，包括结构调整、技术进步和完善管理。

三是统一性。传统的末端治理投入多，治理难度大，运行成本高，而且经济效益与环境效益不能有机结合；清洁生产能最大限度地利用资源，将污染物消除在生产过程中，不仅从根本上改善环境状况，而且能源、原材料和生产成本降低，经济效益提高，竞争力增强，能够实现经济效益与环境效益的统一。

四是持续性。清洁生产是个相对的概念，是个持续不断的过程，没有终极目标。随着技术和管理水平的不断创新，清洁生产应该有更高的目标。

第二节 清洁生产制度的形成与发展

一、国外清洁生产制度的形成

自清洁生产概念于1989年由联合国环境规划署巴黎产业与环境办公

室提出以来，清洁生产逐步成为世界上大多数国家预防工业污染的环境战略。1992年里约联合国环境与发展大会将清洁生产列为实现可持续发展的关键因素之一。自此清洁生产在全球范围内得到推广。

美国"清洁生产"又被称为"废物最小量化"或"污染预防"。1984年美国国会通过的《资源保护与回收法——固体及有害废物修正案》中提出"废物最小量化"，要求通过源头消减和再循环两个途径实现。

荷兰和丹麦吸收了美国的污染预防法经验，采用美国出版的手册和培训教材，邀请美国的清洁生产专家指导本国的清洁生产工作。在政策法规的制定方面，吸取了美国污染预防的思想，同时结合本国实际，走出了一条与自己国家的文化传统、经济社会和政治运行手段相适应的道路。

德国和日本的环境立法将清洁生产建立在更为广泛的社会经济基础之上。德国《物质循环和废物处置法》是发展循环经济促进清洁生产的最具代表性的法律，德国关于发展实施清洁生产的主要的法律法规包括：《关于提高建筑物隔热性能的法令》（1974年）、《建筑物节约能源法》（1976年）、《包装物废弃物处理法》（1991年）、《可再生能源法》（2000年）、《能源节约法》（2002年）等。

二、我国清洁生产制度的形成、发展

（一）我国清洁生产专项立法历程

20世纪80年代，中国政府确定环境保护是一项基本国策，并提出"预防为主，防治结合"等一系列环境保护原则，制定和修改《环境保护法》，确定"新建工业企业和现有工业企业的技术改造，应当采用资源利用率高、污染物排放量少的设备和工艺，采用经济合理的废弃物综合利用技术和污染物处理技术"。这个规定已经体现了清洁生产的思想。在第一次全国工业污染防治会议，第二次全国环境保护会议，也明确了经济、社会、环境"三统一"方针，工业污染防治中的一些预防思路也体现了清洁生产的思想。但是，由于缺乏完整的法律、制度和操作等细则，清洁生产没有成为解决环境与发展的对策。

1992年联合国环境发展会议正式提出清洁生产，中国积极响应，在之后的环境与发展纲领性文件《环境与发展十大对策》中，明确提出"新建、扩建、改建项目，技术起点要高，尽量采用能耗物耗小、污染物排放量少的清洁工艺"。❶ 将清洁生产理念融入其中。1992年，北京市环保局先后在世界银行中国环境技术援助项目及中国、挪威清洁生产等合作项目中，组织对北京26个企业30个车间实施清洁生产的推广示范工作。1994年结合国情发布的《中国21世纪议程》明确提出转变大量消耗资源能源、粗放经营的传统生产发展模式，调整单纯末端治理的环境污染体系，推行清洁生产的要求。

1995年10月全国人大常委会通过的《中华人民共和国固体废物污染环境防治法》、1996年全国人大常委会修订的《中华人民共和国水污染防治法》、1997年制定的《中华人民共和国节约能源法》、1999年5月修订的《海洋环境保护法》、2000年修订的《大气污染防治法》等均对清洁生产作出了规定。在此期间，1997年原国家环保总局制定了《关于推行清洁生产的若干意见》，为清洁生产深入开展起到了积极的推动作用。

1999年11月30日山西省颁布《太原市清洁生产条例》，是中国第一个清洁生产法规，该条例以立法形式代表了中国将清洁生产政策研究转化为政策行动的实质性进展。之后，我国上海、武汉等也都制定了各自的清洁生产实施方案。这些方案的制定，为其城市清洁生产的推行、环境的改善提供了有力的保障。

2000年国家经贸委组织编制了《国家重点行业清洁生产技术导向目录》（第一批），涉及冶金、石化、化工、轻工和纺织5个重点行业，共57项清洁生产技术。

2002年6月，中国第一部清洁生产专门立法《清洁生产促进法》通

---

❶ 陈德全：《浙江省清洁生产现状及发展对策》，《环境污染与防治》2003年第2期，第1—5页。

过，为推动清洁生产提供了法律保障。2003年原国家环保总局发布了关于贯彻落实《清洁生产促进法》的若干意见，提出实施清洁生产是预防污染、保护环境的有效途径，是实施可持续发展战略的必然选择。之后原国家环保总局、国家发改委等先后颁布《关于贯彻落实清洁生产促进法的若干意见》《关于加快推行清洁生产的意见》《清洁生产审核暂行办法》《重点企业清洁生产审核程序的规定》等配套规章及规范性文件，有效规范与指导中国清洁生产工作，对中国的清洁生产起到极大的促进作用，但在实践过程中也凸显出一些亟待解决的问题。2003年至2009年底，在重点行业中开展了第一轮清洁生产审核工作。据有关部门统计，其间开展清洁生产审核的工业企业仅占全国总量的0.15%。即使在清洁生产工作开展较好的地区，企业完成自愿性清洁生产审核的数量也仅占规模以上企业的10%左右。一方面，政府推行清洁生产工作力度不够，另一方面企业领导者过于强调生产和效益，不愿对清洁生产耗费时间和财力，并不重视清洁生产审核。一些企业认为审核主要是咨询服务机构的事务，不主动配合，使清洁生产效果不明显。还有一些企业担心清洁生产审核会暴露企业的问题，不愿积极配合。这些原因导致我国清洁生产发展缓慢、水平较低。

  2010年，全国人大常委会开展了清洁生产促进法执法检查，改变《清洁生产促进法》中对清洁生产"鼓励和促进"的定位，把清洁生产作为实现污染预防和节能减排的主要手段和途径。执法检查推动法律修改，2012年2月，第十一届全国人大常委会第二十五次会议通过了关于修改《清洁生产促进法》的决定，颁布10年，《清洁生产促进法》迎来首次修改，毫无疑问，修改后的法律将在今后的经济生活，转变经济发展方式中发挥更大的作用。为配合清洁生产的深入实施，国家先后颁布了50余个行业的清洁生产标准和近10个行业的清洁生产评价指标体系，系统、规范的清洁生产技术支撑文件体系基本建立。后续颁布或者修订的环境保护法律如《固体废物污染环境防治法》等均提出了清洁生产的要求，为实施污染预防战略和开展清洁生产提供了坚实的法律基础。其中，尤为重要的是2014年修订的《环境保护法》，确立了清洁生产的国家战略。

（二）我国环境污染防治法中的清洁生产制度内容

在《清洁生产促进法》颁布之前，我国在环境污染防治法中有关于清洁生产制度的内容。我国的环境污染防治法中所规定的清洁生产制度，包括推广少污染的煤炭开采技术和清洁煤技术，采用清洁生产工艺和对落后工艺和落后设备实行淘汰制度，发布落后生产工艺和落后设备名录制度等方面的内容。

1982年制定，1999年修订的《海洋环境保护法》第13条规定："国家加强防治海洋环境污染损害的科学技术的研究和开发，对严重污染海洋环境的落后生产工艺和落后设备，实行淘汰制度。企业应当优先使用清洁能源，采用资源利用率高、污染物排放量少的清洁生产工艺，防止对海洋环境的污染。"

1984年制定，1996年修正的《水污染防治法》第22条规定："企业应当采用原材料利用效率高、污染物排放量少的清洁生产工艺，并加强管理，减少水污染物的产生。国家对严重污染水环境的落后生产工艺和严重污染水环境的落后设备实行淘汰制度。国务院经济综合主管部门会同国务院有关部门公布限期禁止采用的严重污染水环境的工艺名录和限期禁止生产、禁止销售、禁止进口、禁止使用的严重污染水环境的设备名录。生产者、销售者、进口者或者使用者必须在国务院经济综合主管部门会同国务院有关部门规定的期限内分别停止生产、销售、进口或者使用列入前款规定名录中的设备。生产工艺的采用者必须在国务院经济综合主管部门会同国务院有关部门规定的期限内停止采用列入前款规定的名录中的工艺。"第23条规定："国家禁止新建无水污染防治措施的小型化学制纸浆、印染、染料、制革、电镀、炼油、农药以及其他严重污染水环境的企业。"

1987年制定，2000年修订的《大气污染防治法》第25条规定："国务院有关部门和地方各级人民政府应当采取措施，调整能源结构，推广清洁能源的生产和使用。"第24条规定："国家推行煤炭洗选加工，降低煤的硫份和灰份，限制高硫份、高灰份煤炭的开采。新建的所采煤炭属于高硫份、高灰份的煤矿，必须建设配套的煤炭洗选设施，使煤炭中的含硫份、含灰份达到规定的标准。对已建成的所采煤炭属于高硫份、高灰份的煤矿，应当按照国务院批准的规划，限期建成配套的煤炭洗选设施。禁止开采含放射性和砷等有毒有害物质超过规定标准的煤炭。"第26条规定："国家采取有利于煤炭清洁利用的经济、技术政策和措施，鼓励和支持使用低硫份、低灰份的优质煤炭，鼓励和支持洁净煤技术的开发和推广。"

1995年制定的《固体废物污染环境防治法》第4条规定："国家鼓励、支持开展清洁生产，减少固体废物的产生量。国家鼓励、支持综合利用资源，对固体废物实行充分回收和合理利用，并采取有利于固体废物综合利用活动的经济、技术政策和措施。"第27条规定："国务院经济综合主管部门应当会同国务院有关部门组织研究、开发和推广减少工业固体废物产生量的生产工艺和设备，公布限期淘汰产生严重污染环境的工业固体废物的落后生产工艺、落后设备的名录。"第30条规定："企业事业单位应当合理选择和利用原材料、能源和其他资源，采用先进的生产工艺和设备，减少工业固体废物产生量。"

1996年制定，1997年起施行的《中华人民共和国环境噪声污染防治法》第18条规定："国家对环境噪声污染严重的落后设备实行淘汰制度。国务院经济综合主管部门应当会同国务院有关部门公布限期禁止生产、禁止销售、禁止进口的环境噪声污染严重的设备名录。"

此外，1997年制定的《中华人民共和国节约能源法》中也有关于清洁生产制度的内容。该法第4条规定："节能是国家发展经济的一项长远战略方针。国务院和省、自治区、直辖市人民政府应当加强节能工作，合理调整产业结构、企业结构、产品结构和能源消费结构，推进节能技术进步，降低单位产值能耗和单位产品能耗，改善能源的开发、加工转换、输送和供应，逐步提高能源利用效率，促进国民经济向节能型发展。国家鼓励开发、利用新能源和可再生能源。"第17条规定："国家对落后的耗能过高的用能产品、设备实行淘汰制度。"第33条规定："国家组织实施重大节能科研项目、节能示范工程，提出节能推广项目，引导企业事业单位和个人采用先进的节能工艺、技术、设备和材料。"第40条规定："各行业应当制定行业节能技术政策，发展、推广节能新技术、新工艺、新设备和新材料，限制或者淘汰能耗高的老旧技术、工艺、设备和材料。"

第三节 我国清洁生产法的主要内容

一、清洁生产的推行

为推行清洁生产，《清洁生产促进法》规定了一系列的政策、办法和措施。

1. 清洁生产推行政策

推行清洁生产的政策包括财政税收政策、产业政策、技术开发政策和推广政策。《清洁生产促进法》第7条规定："国务院应当制定有利于实施清洁生产的财政税收政策。国务院及其有关部门和省、自治区、直辖市人民政府，应当制定有利于实施清洁生产的产业政策、技术开发和推广政策。"

2. 清洁生产推行规划

国家应编制清洁生产推行规划，各行业应制定专项清洁生产推行规划，县级以上地方人民政府应制定本地区的推行清洁生产实施规划。《清洁生产促进法》第8条规定："国务院清洁生产综合协调部门会同国务院环境保护、工业、科学技术部门和其他有关部门，根据国民经济和社会发展规划及国家节约资源、降低能源消耗、减少重点污染物排放的要求，编制国家清洁生产推行规划，报经国务院批准后及时公布。国家清洁生产推行规划应当包括：推行清洁生产的目标、主要任务和保障措施，按照资源能源消耗、污染物排放水平确定开展清洁生产的重点领域、重点行业和重点工程。国务院有关行业主管部门根据国家清洁生产推行规划确定本行业清洁生产的重点项目，制定行业专项清洁生产推行规划并组织实施。县级以上地方人民政府根据国家清洁生产推行规划、有关行业专项清洁生产推行规划，按照本地区节约资源、降低能源消耗、减少重点污染物排放的要求，确定本地区清洁生产的重点项目，制定推行清洁生产的实施规划并组织落实。"

3. 提供清洁生产的信息和服务

政府应向社会提供有关清洁生产的信息和服务，定期发布清洁生产技术、工艺、设备和产品导向目录和编制重点行业或者地区的清洁生产指南，对落后的生产技术、工艺、设备和产品实行限期淘汰制度，制定并发布其名录。《清洁生产促进法》第10条规定："国务院和省、自治区、直辖市人民政府的有关部门，应当组织和支持建立促进清洁生产信息系统和技术咨询服务体系，向社会提供有关清洁生产方法和技术、可再生利用的废物供求以及清洁生产政策等方面的信息和服务。"《清洁生产促进法》第11条规定："国务院清洁生产综合协调部门会同国务院环境保护、工业、科学技术、建设、农业等有关部门定期发布清洁生产技术、工艺、设备和产品导向目录。国务院清洁生产综合协调部门、环境保护部门和省、自治区、直辖市人民政府负责清洁生产综合协调的部门、环境保护部门会同同级有关部门，组织编制重点行业或者地区的清洁生产指南，指导实施清洁生产。"《清洁生产促进法》第12条规定："国家对浪费资源和严重污染环境的落后生产技术、工艺、设备和产品实行限期淘汰制度。国务院有关部门按照职责分工，制定并发布限期淘汰的生产技术、工艺、设备以及产品的名录。"

4. 设立环保产品标志

设立环境与资源保护方面的产品标志，指导和支持清洁生产技术和有利于环境与资源保护的产品的研究、开发以及清洁生产技术的示范和推广工作。《清洁生产促进法》第13条规定："国务院有关部门可以根据需要批准设立节能、节水、废物再生利用等环境与资源保护方面的产品标志，并按照国家规定制定相应标准。"《清洁生产促进法》第14条规定："县级以上人民政府科学技术部门和其他有关部门，应当指导和支持清洁生产技术和有利于环境与资源保护的产品的研究、开发以及清洁生产技术的示范和推广工作。"

5. 开展宣传和培训

组织开展清洁生产的宣传和培训。政府优先采购有利于环境与资源保护的产品，鼓励公众购买和使用有利于环境与资源保护的产品。在本地区主要媒体上公布未达到能源消耗控制指标、重点污染物排放控制指标的企业的名单，接受公众监督。《清洁生产促进法》第15条规定："国务院教育部门，应当将清洁生产技术和管理课程纳入有关高等教育、职业教育和技术培训体系。县级以上人民政府有关部门组织开展清洁生产的宣传和培训，提高国家工作人员、企业经营管理者和公众的清洁生产意识，培养清洁生产管理和技术人员。新闻出版、广播影视、文化等单位和有关社会团体，应当发挥各自优势做好清洁生产宣传工作。"《清洁生产促进法》第16条规定："各级人民政府应当优先采购节能、节水、废物再生利用等有利于环境与资源保护的产品。各级人民政府应当通过宣传、教育等措施，鼓励公众购买和使用节能、节水、废物再生利用等有利于环境与资源保护的产品。"《清洁生产促进法》第17条规定："省、自治区、直辖市人民政府负责清洁生产综合协调的部门、环境保护部门，根据促进清洁生产工作的需要，在本地区主要媒体上公布未达到能源消耗控制指标、重点污染物排放控制指标的企业的名单，为公众监督企业实施清洁生产提供依据。列入前款规定名单的企业，应当按照国务院清洁生产综合协调部门、环境保护部门的规定公布能源消耗或者重点污染物产生、排放情况，接受公众监督。"

6. 鼓励措施

为推行清洁生产，《清洁生产促进法》规定了一系列的鼓励措施，如表彰奖励、资金支持、税收优惠、审核和培训费用，可以列入企业经营成本等。《清洁生产促进法》第30条规定："国家建立清洁生产表彰奖励制度。对在清洁生产工作中做出显著成绩的单位和个人，由人民政府给予表彰和奖励。"第31条规定："对从事清洁生产研究、示范和培训，实施国家清洁生产重点技术改造项目和本法第二十八条规定的自愿节约资源、削减污染物排放量协议中载明的技术改造项目，由县级以上人民政府给予资金支持。"第 32 条规定："在依照国家规定设立的中小企业发展基金中，应当根据需要安排适当数额用于支持中小企业实施清洁生产。"第 33 条规定："依法利用废物和从废物中回收原料生产产品的，按照国家规定享受税收优惠。"同时第 34 条规定："企业用于清洁生产审核和培训的费用，可以列入企业经营成本。"

二、清洁生产的实施

清洁生产的实施不仅涉及各行各业，而且涉及建设项目的原料使用、资源消耗和综合利用以及污染物的处置等各个方面，相关生产单位应该按照《清洁生产促进法》第三章第 18—29 条的规定实施清洁生产。

1. 进行环境影响评价

第 18 条规定："新建、改建和扩建项目应当进行环境影响评价，对原料使用、资源消耗、资源综合利用以及污染物产生与处置等进行分析论证，优先采用资源利用率高以及污染物产生量少的清洁生产技术、工艺和设备。"

2. 采取清洁生产措施

第 19 条规定："企业在进行技术改造过程中，应当采取以下清洁生产措施：（一）采用无毒、无害或者低毒、低害的原料，替代毒性大、危害严重的原料；（二）采用资源利用率高、污染物产生量少的工艺和设备，替代资源利用率低、污染物产生量多的工艺和设备；（三）对生产过程中产生的废物、废水和余热等进行综合利用或者循环使用；（四）采用能够达到国家或者地方规定的污染物排放标准和污染物排放总量控制指标的污染防治技术。"

3. 使用合理的产品包装等

第 20 条规定："产品和包装物的设计，应当考虑其在生命周期中对人类健康和环境的影响，优先选择无毒、无害、易于降解或者便于回收利用的方案。企业对产品的包装应当合理，包装的材质、结构和成本应当与内装产品的质量、规格和成本相适应，减少包装性废物的产生，不得进行过度包装。"

第21条规定："生产大型机电设备、机动运输工具以及国务院工业部门指定的其他产品的企业，应当按照国务院标准化部门或者其授权机构制定的技术规范，在产品的主体构件上注明材料成分的标准牌号。"

第22条规定："农业生产者应当科学地使用化肥、农药、农用薄膜和饲料添加剂，改进种植和养殖技术，实现农产品的优质、无害和农业生产废物的资源化，防止农业环境污染。禁止将有毒、有害废物用作肥料或者用于造田。"

第23条规定："餐饮、娱乐、宾馆等服务性企业，应当采用节能、节水和其他有利于环境保护的技术和设备，减少使用或者不使用浪费资源、污染环境的消费品。"

第24条规定："建筑工程应当采用节能、节水等有利于环境与资源保护的建筑设计方案、建筑和装修材料、建筑构配件及设备。建筑和装修材料必须符合国家标准。禁止生产、销售和使用有毒、有害物质超过国家标准的建筑和装修材料。"

第25条规定："矿产资源的勘查、开采，应当采用有利于合理利用资源、保护环境和防止污染的勘查、开采方法和工艺技术，提高资源利用水平。"

第26条规定："企业应当在经济技术可行的条件下对生产和服务过程中产生的废物、余热等自行回收利用或者转让给有条件的其他企业和个人利用。"

4.对生产和服务进行监测、审核

为有效预防污染，根据《清洁生产促进法》第27条规定："企业应当对生产和服务过程中的资源消耗以及废物的产生情况进行监测，并根据需要对生产和服务实施清洁生产审核。有下列情形之一的企业，应当实施强制性清洁生产审核：（一）污染物排放超过国家或者地方规定的排放标准，或者虽未超过国家或者地方规定的排放标准，但超过重点污染物排放总量控制指标的；（二）超过单位产品能源消耗限额标准构成高耗能的；（三）使用有毒、有害原料进行生产或者在生产中排放有毒、有害物质的。污染物排放超过国家或者地方规定的排放标准的企业，应当按照环境保护相关法律的规定治理。实施强制性清洁生产审核的企业，应当将审核结果向所在地县级以上地方人民政府负责清洁生产综合协调的部门、环境保护部门报告，并在本地区主要媒体上公布，接受公众监督，但涉及商业秘密的除外。县级以上地方人民政府有关部门应当对企业实施强制性清洁生产审核的情况进行监督，必要时可以组织对企业实施清洁生产的效果进行评估验收，所需费用纳入同级政府预算。承担评估验收工作的部门或者单位不得向被评估验收企业收取费用。"

第28条规定，除污染物排放超过国家或者地方规定的排放标准，或者虽未超过国家或者地方规定的排放标准，但超过重点污染物排放总量控制指标的企业和超过单位能源消耗限额标准构成高能耗的企业以及使用有毒、有害原料进行生产或者在生产中排放有毒、有害物质的企业外，其企业可以自愿与清洁生产综合协调部门和环境保护部门签订进一步节约资源、削减污染物排放量的协议。该清洁生产综合协调部门和环境保护部门应当在本地区主要媒体上公布该企业的名称以及节约资源、防治污染的成果。

第29条规定："企业可以根据自愿原则，按照国家有关环境管理体系等认证的规定，委托经国务院认证认可监督管理部门认可的认证机构进行认证，提高清洁生产水平。"

三、违反清洁生产制度的法律责任

《清洁生产促进法》第五章第35—39条规定了违反清洁生产制度的法律责任。

1.未依法履行职责的责任

第 35 条规定:"清洁生产综合协调部门或者其他有关部门未依照本法规定履行职责的,对直接负责的主管人员和其他直接责任人员依法给予处分。"

2.企业的违法责任

第 36 条规定:"违反本法第十七条第二款规定未达到能源消耗控制指标、重点污染物排放控制指标的企业,未按照规定公布能源消耗或者重点污染物产生、排放情况的,由县级以上地方人民政府负责清洁生产综合协调的部门、环境保护部门按照职责分工责令公布,可以处十万元以下的罚款。"

第 37 条规定:"违反本法第二十一条规定,生产大型机电设备、机动运输工具以及国务院工业部门指定的其他产品的企业,在产品的主体构件上"未标注产品材料的成分或者不如实标注的,由县级以上地方人民政府质量技术监督部门责令限期改正;拒不改正的,处以五万元以下的罚款。"

第 38 条规定:"违反本法第二十四条第二款规定,生产、销售有毒、有害物质超过国家标准的建筑和装修材料的,依照产品质量法和有关民事、刑事法律的规定,追究行政、民事、刑事法律责任。"

第 39 条第 1 款规定:"违反本法第二十七条第二款、第四款规定,不实施强制性清洁生产审核或者在清洁生产审核中弄虚作假的,或者实施强制性清洁生产审核的企业不报告或者不如实报告审核结果的,由县级以上地方人民政府负责清洁生产综合协调的部门、环境保护部门按照职责分工责令限期改正;拒不改正的,处以五万元以上五十万元以下的罚款。"

3.违法评估验收的责任

第 39 条第 2 款规定:"违反本法第二十七条第五款规定,承担评估验收工作的部门或者单位及其工作人员向被评估验收企业收取费用的,不如实评估验收或者在评估验收中弄虚作假的,或者利用职务上的便利谋取利益的,对直接负责的主管人员和其他直接责任人员依法给予处分;构成犯罪的,依法追究刑事责任。"

第十一章 "三同时"制度

第一节 "三同时"制度概述

一、"三同时"制度的含义

"三同时"制度,是指建设项目的环境保护设施必须与主体工程同时设计、同时施工、同时投产使用的制度。《深圳经济特区建设项目环境保护条例》第19条对环境保护设施作了规定,包括:(一)废水、废气、固体废物、粉尘、烟尘、恶臭气体、放射性物质、噪声、振动、电磁辐射等污染的防治设施;(二)污染物排放计量仪器和监测采样装置;(三)污染源在线监测装置和污染防治设施运行监控装置;(四)各类环境保护标识;(五)环境风险防范和应急设施;(六)法律、法规和规章规定的其他环境保护装置、设备和设施。"三同时"制度是我国独创的一项环境法律制度,是控制新污染源的产生,实现预防为主原则的一条重要途径。"三同时"制度是我国环境管理的基本制度之一。

(一)同时设计

是指建设单位在委托设计单位进行项目设计时,应该将环境保护设施一并委托设计;承担设计任务的单位必须依照设计规范的规定,把环境保护设施与主体工程同时进行设计,并在设计过程中充分考虑建设项目对周围环境的保护，对未同时委托设计环境保护设施的建设项目，设计单位应该拒绝。

（二）同时施工

指建设单位在委托施工任务时，应委托环保设施的施工任务；施工单位在接受建设项目的施工任务时，应该同时接受环境保护设施的施工任务，否则不得承担施工任务。在施工阶段，建设单位和施工单位应该做到必须将环保工程的施工纳入项目的施工计划，保证其建设进度和资金落实；做好环保工程设施的施工建设、资金使用等资料、文件的整理建档工作以备查，并以季报的形式将环保工程进度情况报告环保部门。环保部门在该阶段，应该核查建设项目环保报批手续是否完备，环保工程是否纳入施工计划以及建设进度和资金的落实情况，提出意见。

（三）同时投产使用

是指建设单位必须把环境保护设施与主体工程同时竣工验收并同时投入运转。建设项目在正式投产使用前，建设单位要向环保部门提交环保设施竣工验收报告，说明环保设施运行情况、治理效果，经过验收合格后颁发《环保设施竣工验收合格证》。需要试生产的建设项目，经过环保部门同意后，建设项目方可进行试生产，试生产期间在3个月内完成，试生产期间主体工程应当与环保设施同时投入使用。在试生产期间，建设项目配套的环保设施未与主体工程投入试运行的或者投入试生产超过3个月，建设单位未申请环保设施竣工验收或者环保设施未建成、未经过验收或验收不合格，主体工程正式投入生产或者使用的，都要责令停止生产或使用，并处罚款。未经环保部门的同意，排污单位不得擅自闲置或者拆除环保设施或者不正常使用环保设施。

二、"三同时"制度的形成

我国"三同时"制度自1972年提出，经历了初步建立、逐步发展、最终成熟三个阶段。

（一）初步建立阶段（1972—1985年）

1972年国务院批转的《国家计委、国家建委关于官厅水库污染情况和解决情况和解决意见的报告》中，首次提出环境保护"三同时"的要求。该报告指出"工厂建设和'三废'综合利用工程要同时设计、同时施工、同时投产"，这是"三同时"制度的雏形。1973年国务院在《关于保护和改善环境的若干规定》中首次正式提出"三同时"制度。一切新建、扩建、改建的企业必须执行"三同时"，正在建设的企业没有采取污染防治措施的，必须补上，各级环保部门要参与审查设计和竣工验收。1979年《环境保护法（试行）》中以法律形式对"三同时"制度作了明确规定，这一规定为以后的有关"三同时"的法规和条例提供了法律保证，使这项制度迈出了关键性的一步。但由于当时有关的法律法规只是对"三同时"制度作了原则性规定，缺乏一套具体、明确的法律规定，包括管理体制、机构职责和权限、审批程序，尤其是法律责任等。1981年5月国家计委、国家建委、国家经委、原国务院环境保护领导小组联合颁布《基本建设项目环境保护管理办法》，对"三同时"制度的内容、管理程序，违反"三同时"的处罚作了较全面、较具体的规定，为"三同时"制度更好贯彻执行打下了坚实的基础。

（二）逐步发展阶段（1986—1993年）

在全面总结实践经验和教训的基础上，1986年国务院环境保护委员会、国家计委、国家经委联合颁布了《建设项目环境保护管理办法》，具体规定了"三同时"内容。《建设项目环境保护管理办法》第4条规定：凡从事对环境有影响的建设项目都必须执行环境影响报告书的审批制度；执行防治污染及其他公害的设施与主体工程同时设计、同时施工、同时投产使用的"三同时"制度。1989年《环境保护法》在总结实行"三同时"制度以来经验的基础上，第26条中规定了"三同时"制度，并在第36条中规定了违反"三同时"的法律责任。1991年以后原国家环境保护总局陆续颁发了部门规章和行业行政规章等，基本形成国家、地方和行业相配套的多层次法规体系。[1]

随着我国经济的不断发展和社会的不断进步，人们的环境意识逐步提高，环境保护法律法规也逐步得到完善，"三同时"制度在《海洋环境保护法》《固体废物污染环境防治法》等专门性法律法规及一些地方政府规章中都进行了规定。

1993年原国家环保总局下发《关于进一步作好建设项目环境保护管理工作的几点建议》，重申了建设项目环境保护管理必须要严格执法，加强环保设施竣工验收，防止污染向我国转移，并提出按污染程度对建设项目实行分类管理和简化审批程序。此阶段国家的建设项目环境保护设施竣工验收管理，是以参加项目的主体工程验收为主，在竣工验收会上以国家验收委员的身份签字作为同意验收的一种形式来管理，是一种被动式的管理方式，大部分建设项目尚未正式开展环境保护竣工验收，在建设项目环境保护管理中体现为"重头轻尾"，在法规建设方面还缺少一些可操作的指导性文件。

（三）最终成熟阶段（1994—2014年）

随着我国改革开放及经济体制改革的深入，环境保护管理面临着一系列新问题。建设项目的多渠道立项、外资企业的增多、乡镇企业的迅猛发展、第三产业崛起、开发区建设等，给我国的环境管理带来了新的冲击和挑战。1994年原国家环保总局颁布《建设项目环境保护设施竣工验收管理规定》（14号令），使建设项目环境保护管理工作重点落在环保设施竣工验收的监督检查上，各省也制定了相应的规定，环保设施竣工验收逐步规范化。1994年开始，建设项目环境保护验收由环境保护行政主管部门以参加工程整体验收转向由各级环境保护行政主管部门组织单项验收。为加强"三同时"管理，全国普遍加大执法力度，由环境保护部门组织定期检查和重点执法检查相配合，实施分片、分部门的检查，对严重违反"三同

---

[1] 程舒：《我国环境保护法"三同时"制度探析》，广西师范大学硕士学位论文，2013年，第9页。

时"制度的企业,给予限期整改直至停产的严厉处罚,在社会上产生了广泛的影响,推动了"三同时"制度的执行。全国"三同时"执行率从1994年的84%逐步上升到1996年的90%,并保持稳中有升的趋势,基本扭转了建设项目竣工环境保护验收的被动局面。❶1996年原国家环境保护总局逐步推行建设项目环境保护台帐管理和统计工作,目前已在全国推行,使建设项目环境保护的管理逐步纳入规范化管理的程序。国务院1998年底又颁布《建设项目环境保护管理条例》,对1986年《建设项目环境保护管理办法》作了较大修改、调整,并在建设项目竣工环境保护验收管理上提出更高的要求,进一步完善了"三同时"制度,推动了"三同时"制度的执行。标志着建设项目环境保护管理上了一个新的台阶,在建设项目竣工环境保护验收管理上又提出更高的要求。

经过多年的不断发展与完善,"三同时"制度逐步形成了以浓度控制为基础,重点控制污染物排放总量、污染防治与生态保护并重的良性运转局面,对实现环境质量目标起着重要的作用。❷

2014年《环境保护法》对"三同时"制度进行了修改,使"三同时"制度得到了升华。2014年《环境保护法》第41条规定:"建设项目中防治污染的设施,应当与主体工程同时设计、同时施工、同时投产使用。防治污染的设施应当符合经批准的环境影响评价文件的要求,不得擅自拆除或者闲置。"这是我国有关"三同时"制度的最新规定。与1989年《环境保护法》第26条相比,2014年《环境保护法》第41条缺乏"防治污染的设施必须经原审批环境影响报告书的环境保护行政主管部门验收合格后,该建设项目方可投入生产或者使用""防治污染的设施不得擅自拆除或者闲置,确有必要拆除或者闲置的,必须征得所在地的环境保护行政主管部门同意"。

---

❶ 陈庆伟、梁鹏:《建设项目环评与"三同时"制度评析》,《环境保护》2006年第12A期,第43页。
❷ 陈庆伟、梁鹏:《建设项目环评与"三同时"制度评析》,《环境保护》2006年第12A期,第42–43页。

一些专门性法律法规在不与2014年《环境保护法》对"三同时"规定相冲突的情况下，对"三同时"的规定仍然适用。❶《大气污染防治法》第11条、第30条，《固体废物污染环境防治法》第14条，《环境噪声污染防治法》第48条、第50条，《海洋环境保护法》第44条、第81条，《放射性污染防治法》第21条、第30条、第35条，其对"三同时"制度在各自具体领域作出了具体规定，共同构成了我国"三同时"制度法律体系。❷

第二节 "三同时"制度的内容

"三同时"制度设立之初只适用于新、改、扩建的项目，随着"三同时"制度不断发展，1998年国务院颁布《建设项目环境保护管理条例》，"三同时"的适用范围有了进一步完善，扩大到了对生态破坏的防治上。"三同时"制度贯穿于建设项目设计、施工、验收等阶段，是环境管理与基本建设项目在设计、施工和竣工验收阶段的紧密结合，并对不同阶段提出了不同的管理要求。

一、"三同时"制度在不同阶段的要求

"三同时"制度与建设活动同始终，在建设活动的各个阶段，"三同时"制度有不同的要求。

1.项目建议书阶段

建设单位对建设项目组成投产后可能造成的环境影响，结合选址进行简要说明（或环境影响初步分析）；环保部门现场踏勘；省级环境保护部

---

❶ 周利海：《对我国环境法"三同时"制度的分析与反思》，吉林大学硕士学位论文，2014年，第7-8页。

❷ 周利海：《对我国环境法"三同时"制度的分析与反思》，吉林大学硕士学位论文，2014年，第8-9页。

门签署意见，纳入建议书作为项目立项依据。

2. 项目设计阶段

建设单位委托建设项目设计时，必须将环境保护设施与主体工程同时委托设计，建设单位或可行性研究承担单位在进行可行性研究时必须向环境保护行政主管部门提交初步设计中的环境保护篇章，在环境保护篇章中落实防治环境污染和生态破坏的措施以及环境保护设施投资概算并明确环境保护设计的依据，排放主要污染物，环境保护设施处理工艺、处理流程及处理效果等，施工设计图必须按批准的设计文件及其环境保护环节所确定的各种措施的要求设计，对未同时委托设计环境保护设施的建设项目，设计单位应拒绝。初步设计的环境保护篇章未经环境行政主管部门审查，擅自施工的应责令其停止施工，补办手续。

3. 项目实施阶段

项目施工阶段，重点核查建设项目环保设施是否同时施工，施工阶段环保措施是否落实。施工单位必须将环境保护设施与主体工程同时进行施工，建设单位应当保护施工现场周围的环境，防止对自然环境的破坏，防止或减轻粉尘、噪声、震动等对周围生活居住区的污染和危害。

4. 建设项目正式投产或使用前

建设单位必须向负责审批的环境保护部门提交《环境保护设施竣工验收报告》，说明环境保护设施运行的情况、治理的效果和达到的标准。需要试生产的应自试生产之日起3个月内提出竣工验收，经批准后，环保设施与主体工程同时投入运行。不需要试生产的，应在竣工后即提出验收申请；建设项目为分期建设，分期投入生产、使用的，其环保设施也应分期验收；环保部门应当自收到验收申请之日起30日内验收完毕。❶

---

❶ 程舒：《我国环境保护法"三同时"制度探析》，广西师范大学硕士学位论文，2013年，第9页。

二、违反"三同时"制度的法律后果

建设单位必须严格按照"三同时"制度的要求,在建设活动的各个阶段,履行相应的环境保护义务。如果违反了"三同时"制度的要求,就要承担相应的法律责任。

需要配套建设的环境保护设施未建成、未经验收或者验收不合格,建设项目即投入生产或者使用,或者在环境保护设施验收中弄虚作假的,由县级以上环境保护行政主管部门责令限期改正,处 20 万元以上 100 万元以下的罚款;逾期不改正的,处 100 万元以上 200 万元以下的罚款;对直接负责的主管人员和其他责任人员,处 5 万元以上 20 万元以下的罚款;造成重大环境污染或者生态破坏的,责令停止生产或者使用,或者报经有批准权的人民政府批准,责令关闭。建设单位未依法向社会公开环境保护设施验收报告的,由县级以上环境保护行政主管部门责令公开,处 5 万元以上 20 万元以下的罚款,并予以公告。

第十二章 突发环境事件应急制度

随着我国经济建设的高速发展,生态环境恶化与环境污染问题难以得到有效控制,环境安全领域的隐患逐渐增加。突发性环境事件的发生,严重危害人民群众的生命财产安全,影响社会稳定。有效防控突发环境事件,完善应急制度,对于公众身体健康、经济社会的可持续发展和社会稳定和长治久安,具有十分重要的意义。

第一节 突发环境事件应急制度概述

一、突发环境事件应急制度的含义

事件,一般指历史上发生的大事。法律事件与法律行为相对,属于法律事实的一种,指与当事人意志无关的能够引起法律关系产生、变更与消灭的客观事实,包括自然事件和社会事件。

突发事件,是指突然发生,造成或者可能造成重大人员伤亡、财产损失、生态环境破坏和严重社会危害,危及公共安全的紧急事件。根据突发公共事件的发生过程、性质和机理,突发公共事件主要分为以下四类:(1)自然灾害。主要包括水旱灾害、气象灾害、地震灾害、地质灾害、海洋灾害、生物灾害和森林草原火灾等。(2)事故灾难。主要包括工矿商贸等企业的各类安全事故、交通运输事故、公共设施和设备事故、环境污染和生态破坏事件等。(3)公共卫生事件。主要包括传染病疫情、群体性不明原因疾病、食品安全和职业危害、动物疫情以及其他严重影响公众健康和生命安全的事件。(4)社会安全事件。主要包括恐怖袭击事件、经济安全事件和涉外突发事件等。

突发环境事件是指由于污染物排放或自然灾害、生产安全事故等因素,导致污染物或放射性物质等有毒有害物质进入大气、水体、土壤等环境介质,突然造成或可能造成环境质量下降,危及公众身体健康和财产安全,或造成生态环境破坏,或造成重大社会影响,需要采取紧急措施予以应对的事件,主要包括大气污染、水体污染、土壤污染等突发性环境污染事件和辐射污染事件以及生态破坏事件。突发环境事件的构成要件有三:一是突发,即该事件必须是突然发生的。通常很难确切知道突发环境事件发生的时间、地点及破坏程度,它往往突然发生,来势凶猛。二是环境,即该事件必须是和环境相关的,结果造成或者可能造成"环境污染或生态破坏"。三是事件,即影响较大,"造成或者可能造成严重社会危害,危及公众身体健康和财产安全,需要采取应急处置措施予以应对"。只有三个要件同时满足,才能称为突发环境事件。正因为突发环境事件发生的突发性,才使得其应急制度的设立成为必要。应急制度就是为了应对突如其来的环境危机,在最短时间内、最有效地集中人力、物力、财力,采取各种相应措施,将环境危机造成或可能造成的危害降到最小。

在我国,突发环境事件应急制度的确立有一个发展的过程。1982年颁布的《海洋环境保护法》规定了因船舶海损事故而采取的强制应急措施。《水污染防治法》《大气污染防治法》规定了对水污染事件、大气污染事件的应急制度。2007年,国家制定了《中华人民共和国突发事件应对法》。2014年《环境保护法》第47条规定了各级人民政府及其有关部门和企业事业单位,应当做好突发环境事件的应急处理工作。2014年12月,国务院发布了修订的《国家突发环境事件应急预案》(废止了2005年国务院发布的《国家突发环境事件应急预案》),全面规定了突发环境事件应急制度。

二、突发环境事件应急制度的内容

（一）突发环境事件应急制度的适用范围

对突发环境事件采取应急措施的责任主体是各级人民政府及其有关部门和企业事业单位。突发环境事件包括环境污染和生态破坏事件。作为一项行政措施，应急措施只有在法定的"紧急状态"发生时才能使用。突发环境事件应急制度的适用范围为：（1）超出事件发生地省（区、市）人民政府突发环境事件；（2）跨省（区、市）突发环境事件；（3）国务院或者全国环境保护部际联席会议需要协调、指导的突发环境事件或者其他突发事件次生、衍生的环境事件。

对污染责任者而言，只要"因发生事故或者其他突然性事件，造成或可能造成污染事故"，负有责任的企业事业单位就应当采取应急措施。❶

（二）突发环境事件的分级

突发环境事件依据事件严重程度，分为特别重大突发环境事件（Ⅰ级）、重大突发环境事件（Ⅱ级）、较大突发环境事件（Ⅲ级）和一般突发环境事件（Ⅳ级）四级。

1.特别重大突发环境事件

凡符合下列情形之一的，为特别重大突发环境事件：

（1）因环境污染直接导致30人以上死亡或100人以上中毒或重伤的；

（2）因环境污染疏散、转移人员5万人以上的；

（3）因环境污染造成直接经济损失1亿元以上的；

（4）因环境污染造成区域生态功能丧失或该区域国家重点保护物种灭绝的；

（5）因环境污染造成设区的市级以上城市集中式饮用水水源地取水中断的；

（6）Ⅰ、Ⅱ类放射源丢失、被盗、失控并造成大范围严重辐射污染后

---

❶ 吕忠梅：《环境法原理（第二版）》，复旦大学出版社2018年版，第303页。

果的；放射性同位素和射线装置失控导致3人以上急性死亡的；放射性物质泄漏，造成大范围辐射污染后果的；

（7）造成重大跨国境影响的境内突发环境事件。

2. 重大突发环境事件

凡符合下列情形之一的，为重大突发环境事件：

（1）因环境污染直接导致10人以上30人以下死亡或50人以上100人以下中毒或重伤的；

（2）因环境污染疏散、转移人员1万人以上5万人以下的；

（3）因环境污染造成直接经济损失2000万元以上1亿元以下的；

（4）因环境污染造成区域生态功能部分丧失或该区域国家重点保护野生动植物种群大批死亡的；

（5）因环境污染造成县级城市集中式饮用水水源地取水中断的；

（6）Ⅰ、Ⅱ类放射源丢失、被盗的；放射性同位素和射线装置失控导致3人以下急性死亡或者10人以上急性重度放射病、局部器官残疾的；放射性物质泄漏，造成较大范围辐射污染后果的；

（7）造成跨省级行政区域影响的突发环境事件。

3. 较大突发环境事件

凡符合下列情形之一的，为较大突发环境事件：

（1）因环境污染直接导致3人以上10人以下死亡或10人以上50人以下中毒或重伤的；

（2）因环境污染疏散、转移人员5000人以上1万人以下的；

（3）因环境污染造成直接经济损失500万元以上2000万元以下的；

（4）因环境污染造成国家重点保护的动植物物种受到破坏的；

（5）因环境污染造成乡镇集中式饮用水水源地取水中断的；

（6）Ⅲ类放射源丢失、被盗的；放射性同位素和射线装置失控导致10人以下急性重度放射病、局部器官残疾的；放射性物质泄漏，造成小范围辐射污染后果的；

（7）造成跨设区的市级行政区域影响的突发环境事件。

4.一般突发环境事件

凡符合下列情形之一的,为一般突发环境事件:

(1)因环境污染直接导致 3 人以下死亡或 10 人以下中毒或重伤的;

(2)因环境污染疏散、转移人员 5000 人以下的;

(3)因环境污染造成直接经济损失 500 万元以下的;

(4)因环境污染造成跨县级行政区域纠纷,引起一般性群体影响的;

(5)Ⅳ、Ⅴ类放射源丢失、被盗的;放射性同位素和射线装置失控导致人员受到超过年剂量限值的照射的;放射性物质泄漏,造成厂区内或设施内局部辐射污染后果的;铀矿冶、伴生矿超标排放,造成环境辐射污染后果的;

(6)对环境造成一定影响,尚未达到较大突发环境事件级别的。

上述分级标准有关数量的表述中,"以上"含本数,"以下"不含本数。

(三)突发环境事件的应急组织

国家突发环境事件应急组织体系由应急领导机构、综合协调机构、有关类别环境事件专业指挥机构、应急支持保障部门、专家咨询机构、地方各级人民政府突发环境事件应急领导机构和应急救援队伍组成。

全国环境保护部际联席会议负责协调国家突发环境事件应对工作。全国环境保护部际联席会议有关成员单位成立环境事件专业指挥机构,并建立应急联系工作机制,必要时,国务院组织协调特别重大突发环境事件应急工作。地方各级人民政府成立突发环境事件应急领导机构。全国环境保护部际联席会议聘请科研单位和军队的有关专家设立突发环境事件专家组。❶

---

❶ 吕忠梅:《环境法原理(第二版)》,复旦大学出版社 2018 年版,第 303 页。

第二节　突发环境事件应急制度的预警和实施

一、突发环境事件应急制度的监测预警和信息报告

（一）监测和风险分析

各级环境保护主管部门及其他有关部门要加强日常环境监测，并对可能导致突发环境事件的风险信息加强收集、分析和研判。安全监管、交通运输、公安、住房城乡建设、水利、农业、卫生计生、气象等有关部门按照职责分工，应当及时将可能导致突发环境事件的信息通报同级环境保护主管部门。

企业事业单位和其他生产经营者应当落实环境安全主体责任，定期排查环境安全隐患，开展环境风险评估，健全风险防控措施。当出现可能导致突发环境事件的情况时，要立即报告当地环境保护主管部门。

（二）预警

1. 预警分级

对可以预警的突发环境事件，按照事件发生的可能性大小、紧急程度和可能造成的危害程度，将预警分为四级，由低到高依次用蓝色、黄色、橙色和红色表示。

2. 预警信息发布

地方环境保护主管部门研判可能发生突发环境事件时，应当及时向本级人民政府提出预警信息发布建议，同时通报同级相关部门和单位。地方人民政府或其授权的相关部门，及时通过电视、广播、报纸、互联网、手机短信、当面告知等渠道或方式向本行政区域公众发布预警信息，并通报可能影响到的相关地区。

上级环境保护主管部门要将监测到的可能导致突发环境事件的有关信息，及时通报可能受影响地区的下一级环境保护主管部门。

3. 预警行动

预警信息发布后,当地人民政府及其有关部门视情采取以下措施:

(1) 分析研判。组织有关部门和机构、专业技术人员及专家,及时对预警信息进行分析研判,预估可能的影响范围和危害程度。

(2) 防范处置。迅速采取有效处置措施,控制事件苗头。在涉险区域设置注意事项提示或事件危害警告标志,利用各种渠道增加宣传频次,告知公众避险和减轻危害的常识、需采取的必要的健康防护措施。

(3) 应急准备。提前疏散、转移可能受到危害的人员,并进行妥善安置。责令应急救援队伍、负有特定职责的人员进入待命状态,动员后备人员做好参加应急救援和处置工作的准备,并调集应急所需物资和设备,做好应急保障工作。对可能导致突发环境事件发生的相关企业事业单位和其他生产经营者加强环境监管。

(4) 舆论引导。及时准确发布事态最新情况,公布咨询电话,组织专家解读。加强相关舆情监测,做好舆论引导工作。

4. 预警级别调整和解除

发布突发环境事件预警信息的地方人民政府或有关部门,应当根据事态发展情况和采取措施的效果适时调整预警级别;当判断不可能发生突发环境事件或者危险已经消除时,宣布解除预警,适时终止相关措施。

(三) 信息报告与通报

突发环境事件发生后,涉事企业事业单位或其他生产经营者必须采取应对措施,并立即向当地环境保护主管部门和相关部门报告,同时通报可能受到污染危害的单位和居民。因生产安全事故导致突发环境事件的,安全监管等有关部门应当及时通报同级环境保护主管部门。环境保护主管部门通过互联网信息监测、环境污染举报热线等多种渠道,加强对突发环境事件的信息收集,及时掌握突发环境事件发生情况。

事发地环境保护主管部门接到突发环境事件信息报告或监测到相关信息后,应当立即进行核实,对突发环境事件的性质和类别作出初步认定,按照国家规定的时限、程序和要求向上级环境保护主管部门和同级人民政府报告，并通报同级其他相关部门。突发环境事件已经或者可能涉及相邻行政区域的，事发地人民政府或环境保护主管部门应当及时通报相邻行政区域同级人民政府或环境保护主管部门。地方各级人民政府及其环境保护主管部门应当按照有关规定逐级上报，必要时可越级上报。

接到已经发生或者可能发生跨省级行政区域突发环境事件信息时，环境保护部要及时通报相关省级环境保护主管部门。

对以下突发环境事件信息，省级人民政府和环境保护部应当立即向国务院报告：

（1）初判为特别重大或重大突发环境事件；
（2）可能或已引发大规模群体性事件的突发环境事件；
（3）可能造成国际影响的境内突发环境事件；
（4）境外因素导致或可能导致我境内突发环境事件；
（5）省级人民政府和环境保护部认为有必要报告的其他突发环境事件。

二、突发环境事件应急制度的应急响应

突发环境事件应对工作坚持统一领导、分级负责，属地为主、协调联动，快速反应、科学处置，资源共享、保障有力的原则。突发环境事件发生后，地方人民政府和有关部门立即自动按照职责分工和相关预案开展应急处置工作。

（一）应急响应分级

根据突发环境事件的严重程度和发展态势，将应急响应设定为Ⅰ级、Ⅱ级、Ⅲ级和Ⅳ级四个等级。初判发生特别重大、重大突发环境事件，分别启动Ⅰ级、Ⅱ级应急响应，由事发地省级人民政府负责应对工作；初判发生较大突发环境事件，启动Ⅲ级应急响应，由事发地设区的市级人民政府负责应对工作；初判发生一般突发环境事件，启动Ⅳ级应急响应，由事发地县级人民政府负责应对工作。

突发环境事件发生在易造成重大影响的地区或重要时段时，可适当提高响应级别。应急响应启动后，可视事件损失情况及其发展趋势调整响应级别，避免响应不足或响应过度。

（二）应急响应措施

突发环境事件发生后，各有关地方、部门和单位根据工作需要，组织采取以下措施。

1. 现场污染处置

涉事企业事业单位或其他生产经营者要立即采取关闭、停产、封堵、围挡、喷淋、转移等措施，切断和控制污染源，防止污染蔓延扩散。做好有毒有害物质和消防废水、废液等的收集、清理和安全处置工作。当涉事企业事业单位或其他生产经营者不明时，由当地环境保护主管部门组织对污染来源开展调查，查明涉事单位，确定污染物种类和污染范围，切断污染源。

事发地人民政府应组织制订综合治污方案，采用监测和模拟等手段追踪污染气体扩散途径和范围；采取拦截、导流、疏浚等形式防止水体污染扩大；采取隔离、吸附、打捞、氧化还原、中和、沉淀、消毒、去污洗消、临时收贮、微生物消解、调水稀释、转移异地处置、临时改造污染处置工艺或临时建设污染处置工程等方法处置污染物。必要时，要求其他排污单位停产、限产、限排，减轻环境污染负荷。

2. 转移安置人员

根据突发环境事件影响及事发当地的气象、地理环境、人员密集度等，建立现场警戒区、交通管制区域和重点防护区域，确定受威胁人员疏散的方式和途径，有组织、有秩序地及时疏散转移受威胁人员和可能受影响地区居民，确保生命安全。妥善做好转移人员安置工作，确保有饭吃、有水喝、有衣穿、有住处和必要医疗条件。

3. 医学救援

迅速组织当地医疗资源和力量，对伤病员进行诊断治疗，根据需要及时、安全地将重症伤病员转运到有条件的医疗机构加强救治。指导和协助开展受污染人员的去污洗消工作，提出保护公众健康的措施建议。视情况增派医疗卫生专家和卫生应急队伍、调配急需医药物资，支持事发地医学救援工作。做好受影响人员的心理援助。

4.应急监测

加强大气、水体、土壤等应急监测工作，根据突发环境事件的污染物种类、性质以及当地自然、社会环境状况等，明确相应的应急监测方案及监测方法，确定监测的布点和频次，调配应急监测设备、车辆，及时准确监测，为突发环境事件应急决策提供依据。

5.市场监管和调控

密切关注受事件影响地区市场供应情况及公众反应，加强对重要生活必需品等商品的市场监管和调控。禁止或限制受污染食品和饮用水的生产、加工、流通和食用，防范因突发环境事件造成的集体中毒等。

6.信息发布和舆论引导

通过政府授权发布、发新闻稿、接受记者采访、举行新闻发布会、组织专家解读等方式，借助电视、广播、报纸、互联网等多种途径，主动、及时、准确、客观向社会发布突发环境事件和应对工作信息，回应社会关切，澄清不实信息，正确引导社会舆论。信息发布内容包括事件原因、污染程度、影响范围、应对措施、需要公众配合采取的措施、公众防范常识和事件调查处理进展情况等。

7.维护社会稳定

加强受影响地区社会治安管理，严厉打击借机传播谣言制造社会恐慌、哄抢救灾物资等违法犯罪行为；加强转移人员安置点、救灾物资存放点等重点地区治安管控；做好受影响人员与涉事单位、地方人民政府及有关部门矛盾纠纷化解和法律服务工作，防止出现群体性事件，维护社会稳定。

8.国际通报和援助

如需向国际社会通报或请求国际援助时，环境保护部商外交部、商务部提出需要通报或请求援助的国家（地区）和国际组织、事项内容、时机等，按照有关规定由指定机构向国际社会发出通报或呼吁信息。

（三）国家层面应对工作

1. 部门工作组应对

初判发生重大以上突发环境事件或事件情况特殊时，环境保护部立即派出工作组赴现场指导督促当地开展应急处置、应急监测、原因调查等工作，并根据需要协调有关方面提供队伍、物资、技术等支持。

2. 国务院工作组应对

当需要国务院协调处置时，成立国务院工作组。主要开展以下工作：

（1）了解事件情况、影响、应急处置进展及当地需求等；

（2）指导地方制订应急处置方案；

（3）根据地方请求，组织协调相关应急队伍、物资、装备等，为应急处置提供支援和技术支持；

（4）对跨省级行政区域突发环境事件应对工作进行协调；

（5）指导开展事件原因调查及损害评估工作。

3. 国家环境应急指挥部应对

根据事件应对工作需要和国务院决策部署，成立国家环境应急指挥部。主要开展以下工作：

（1）组织指挥部成员单位、专家组进行会商，研究分析事态，部署应急处置工作；

（2）根据需要赴事发现场或派出前方工作组赴事发现场协调开展应对工作；

（3）研究决定地方人民政府和有关部门提出的请求事项；

（4）统一组织信息发布和舆论引导；

（5）视情况向国际通报，必要时与相关国家和地区、国际组织领导人通电话；

（6）组织开展事件调查。

（四）应急响应终止

当事件条件已经排除、污染物质已降至规定限值以内、所造成的危害基本消除时，由启动响应的人民政府终止应急响应。

三、突发环境事件应急制度的应急保障

应急保障包括应急队伍保障，应急物资与资金保障，应急通信、交通与运输保障，应急技术保障等方面构成。

（一）应急队伍保障

国家环境应急监测队伍、公安消防部队、大型国有骨干企业应急救援队伍及其他相关方面应急救援队伍等力量，要积极参加突发环境事件应急监测、应急处置与救援、调查处理等工作任务。发挥国家环境应急专家组作用，为重特大突发环境事件应急处置方案制定、污染损害评估和调查处理工作提供决策建议。县级以上地方人民政府要强化环境应急救援队伍能力建设，加强环境应急专家队伍管理，提高突发环境事件快速响应及应急处置能力。

（二）应急物资与资金保障

国务院有关部门按照职责分工，组织做好环境应急救援物资紧急生产、储备调拨和紧急配送工作，保障支援突发环境事件应急处置和环境恢复治理工作的需要。县级以上地方人民政府及其有关部门要加强应急物资储备，鼓励支持社会化应急物资储备，保障应急物资、生活必需品的生产和供给。环境保护主管部门要加强对当地环境应急物资储备信息的动态管理。

突发环境事件应急处置所需经费首先由事件责任单位承担。县级以上地方人民政府对突发环境事件应急处置工作提供资金保障。

（三）应急通信、交通与运输保障

地方各级人民政府及其通信主管部门要建立健全突发环境事件应急通信保障体系，确保应急期间通信联络和信息传递需要。交通运输部门要健全公路、铁路、航空、水运紧急运输保障体系，保障应急响应所需人员、物资、装备、器材等的运输。公安部门要加强应急交通管理，保障运送伤

病员、应急救援人员、物资、装备、器材车辆的优先通行。

（四）应急技术保障

国家支持突发环境事件应急处置和监测先进技术、装备的研发。依托环境应急指挥技术平台，实现信息综合集成、分析处理、污染损害评估的智能化和数字化。

第四编

环境法律责任

法律责任是第一性权利义务得以实现的保障，是由特定法律事实所引起的对损害予以补偿，强制履行或接受惩罚的特殊义务，亦由于违反第一性义务而引起的第二性义务。其实质是国家对违反法定义务、超越法定权利界限或滥用权利的违法行为等所做的法律上的否定性评价，是国家强制违法者作出一定行为或禁止其作出一定行为，从而补救受到侵害的合法权益，恢复被破坏的法律关系和法律秩序的手段。从这种意义上来说，法律责任的承担也是一种惩恶或纠错的机制，实践中，根据法律责任的类型不同，一般将其分为民事法律责任、行政法律责任和刑事法律责任三种。

环境法律责任是法律责任的一种。关于环境法律责任的概念，目前学界无统一认识。蔡守秋教授认为，环境法律责任是指违反环境保护法律、法规的单位和个人所应承担的责任。[1]张梓太教授认为，环境法律责任是指行为人之行为违法、违约或基于法律特别规定，并造成环境损害或可能造成环境损害时，行为人应承担的不利的法律后果。[2]本书认为环境法律责任是指环境法律关系的主体因环境违法行为，造成环境侵害或可能造成环境侵害，而应承担的不利法律后果。

环境法律责任是法律责任的一种，但它有着不同于传统法律责任的独特个性，具体表现为：第一，环境法律责任的综合性。环境法律责任是法律责任的一种，具有法律责任的共性。与法律责任分为民事法律责任、行

---

[1] 蔡守秋：《环境资源法论》，武汉大学出版社1996年版，第283页。
[2] 张梓太：《环境法律责任研究》，商务印书馆2004年版，第36页。

政法律责任和刑事法律责任三种类型相对应，环境法律责任也相应分为环境民事法律责任、环境行政法律责任和环境刑事法律责任。这是由于环境法律责任不可能像行政法、民法、刑法的法律责任那样成为一种特定的法律责任，而是由多种特定的法律责任组合在一起的一种综合性的法律责任。对行为人追究什么样的法律责任要视其所违反的环境保护法律规范的性质及社会危害后果而定。第二，环境法律责任所涉责任的多样性。因为环境侵害既包括对人的利益的损害，也包括对整个环境的利益的损害。此外，"可持续发展"已成为共识，其中蕴含的"代内公平"和"代际公平"的思想使得环境保护不仅仅涉及当代人的利益，还涉及后代人及整个社会的利益。由此可见，环境法律责任诚然既包括人对人、人对社会和国家的法律责任，还包括人对环境的法律责任。第三，环境法律责任构成要件的特殊性。由于在许多环境污染和生态破坏的案件中，损害结果的发生往往具有潜伏性和滞后性，使得违法行为和损害结果间的因果关系极不容易确定，因此，在环境法律责任的构成要件上要有所突破。本书将在后文中分别从环境民事法律责任、环境行政法律责任、环境刑事法律责任各自的构成要件上逐一阐述其特殊性。

第十三章　环境民事法律责任

第一节　环境民事法律责任概述

环境侵害是人类的环境行为所造成的对环境的消极影响和由受影响的环境引起的包括人的利益损害在内的各种损害。从行为的角度来说，环境侵害就是造成这些损害的行为。相对环境行政法律责任和环境刑事法律责任而言，难以用环境民事法律责任来恢复对环境的消极影响，其更多关注的是对人的利益的损害。

一、环境民事法律责任的概念和特征

民事法律责任是指公民或法人因违反法律、违约或因法定其他事由而依法承担的不利后果。它是民事权利有效的法律保障，是一种以恢复被侵害的权利为目的的国家强制措施。❶其主要包含两大类：违约责任和侵权责任。与行政法律责任、刑事法律责任相比，民事法律责任的承担更多地体现在经济方面。

环境民事法律责任是民事法律责任的一种，是民事法律责任在环境及资源保护领域的具体体现，它所赖以存在的权利基础是环境权。即，环境

---

❶ 陈德敏：《环境法原理专论》，法律出版社2008年版，第251-254页。

民事法律责任是以保护人们的环境权、恢复人们被侵害的环境权为目的的。《民法典》第9条规定："民事主体从事民事活动，应当有利于节约资源、保护生态环境。"《民法典》第1229条规定："因污染环境、破坏生态造成他人损害的，侵权人应当承担侵权责任。"环境侵害不仅包括直接对人的利益的损害，同时也包括对整个环境的利益的损害，而对环境的利益的损害又可能间接地导致对人的利益的损害。因此，环境民事法律责任在认定时就不仅仅局限于对人的利益的损害的直接因果关系，还应当考虑其中的间接因果关系。因此，环境民事法律责任是指自然人、法人及其他组织因污染或破坏生态环境的行为，直接或间接地侵害他人环境民事权益，依法所应承担的民事方面的法律后果。

环境民事法律责任是民事法律责任的一种，具有民事法律责任的共性。同时，与传统的民事法律责任相比，环境民事法律责任又有自身的特殊性。

1. 环境民事法律责任主要是侵权民事责任

民事法律责任分为违约责任和侵权责任两大类，实践中，环境民事法律责任主要是侵权责任，少有违约责任。相对环境行政法律责任和环境刑事法律责任而言，环境民事法律责任更多关注的是对人的利益的损害。它主要是因为自然人、法人及其他组织实施了污染或破坏生态环境的行为而直接或间接地造成了他人身体、生命及财产的损害，由此依法应当承担的民事责任。至于这种损害是现实的还是将来可能的，都不影响其是侵权民事责任的本质。

2. 环境民事法律责任在构成要件、举证责任、归责原则等方面有其特殊性

环境民事法律责任是以环境侵权行为为前提的，而环境侵权行为是一种特殊的侵权行为，区别于一般的侵权行为。一般侵权行为是指行为人因过错实施某种行为致人损害时，适用民法上的一般责任条款，主要是过错责任原则；而在责任构成要件上，一般适用行为、损害事实、过错、因果关系四要件；在举证责任上，通常采用"谁主张，谁举证"的方式。然而

日益发展起来的有关环境民事责任的案件，无法依靠这种传统的一般责任条款得以解决，环境民事责任理论与实践也就不囿于此，不断突破和发展，同时推动了民法上的特别责任条款逐步趋于成熟和完善。环境侵权行为这种特殊的侵权行为就适用民法上特别的责任条款或特别法的规定，其主要表现为过失行为，适用无过错责任和公平责任原则；在举证责任上，采取"举证责任倒置"方式；适用因果关系推定、共同危险责任等制度，在免除责任方面，有着严格的限制；在责任形式及救济程序上均不同于一般的侵权行为。

3.环境民事法律责任的形式既有传统责任，也有新型责任

由于环境侵权行为大都给他人的财产和身心健康造成了一定的损害，行为人需要以自己的财产来对其不法行为所造成的损害后果负责。因此，环境民事责任的形式有传统型财产责任。但是，由于环境法还需要保护公民、法人的非财产性环境权益，而这些权益的侵害在许多情况下并非仅靠承担财产责任就能消除侵害后果。所以，环境法除规定了赔偿损失等财产责任以外，还规定了停止侵害、排除妨碍、消除危险等非财产内容的责任形式。《民法典》规定了侵权人的生态修复责任。环境法还规定了广泛的损害赔偿责任承担者，以使受害人的环境权益及时得到保护。

二、环境民事法律责任与环境行政法律责任、环境刑事法律责任的区别

环境民事法律责任、环境行政法律责任和环境刑事法律责任三者共同构成了环境法律责任体系。环境民事法律责任是指自然人、法人及其他组织因污染或破坏生态环境的行为，直接或间接地侵害他人环境民事权益，依法所应承担的民事方面的法律后果；环境行政法律责任是以环境行政违法行为为前提的，是指环境行政法律关系的主体违反行政法律规范，侵害法律所保护的环境行政关系，对社会造成一定程度的危害但尚未构成犯罪，由此依法应当承担的法律后果；环境刑事法律责任是指行为人因违反

环境法律法规造成或可能造成环境严重污染或破坏，依法应当承担刑事处罚的后果。由此可以看出，三者在很多方面都存在差别，其差别主要有三个方面。

1. 承担责任的前提不同

行为人不同的行为将会导致不同的法律责任，构成环境民事法律责任的前提是行为人的行为直接或间接地侵害他人的环境民事权益，且这种行为尚未构成犯罪，否则将会构成环境刑事法律责任。构成环境行政法律责任的前提是行为人的环境行政违法行为，且同样尚未构成犯罪。其中，环境行政违法有两大类：一种是环境违约行为，即企业的建设者或经营者在无法定免责事由的情况下，违反其与生态环境部门所签订的环境保护合同，不按合同约定履行义务的行为；另外一种则是环境违法行为，是违反有关环境保护的行政规定的行为。构成环境刑事法律责任的前提是环境违法行为构成了犯罪，因此，要严格区分一般的环境违法行为与环境犯罪行为。

2. 归责原则不同

环境民事法律责任一般以无过错责任原则为归责原则，即一切污染、危害环境的单位或个人只要其污染危害行为给他人造成了财产或者人身损害，即使其主观上没有故意或过失，也要对其造成的损失承担损害赔偿责任。而环境行政法律责任和环境刑事法律责任的归责原则至今无统一定论，后面将详细阐述。

3. 承担责任的方式不同

关于环境民事法律责任承担的具体方式，我国的环境法并没有作统一规定，综观有关环境保护的法律法规，主要有：（1）赔偿损失。（2）停止侵害。（3）排除妨碍。（4）消除危险。（5）生态环境修复。以上几种责任方式，既可以单独适用，也可以合并适用。承担环境行政法律责任的方式有两类，一是行政处分，二是行政处罚。环境刑事法律责任的承担方式主要有管制、拘役、有期徒刑、无期徒刑、死刑、罚金、没收财产、剥夺政治权利和驱逐出境。

三、环境民事法律责任的沿革

我国环境民事法律责任的沿革大体可分为产生、发展、完善三个阶段。

（1）1979年《环境保护法（试行）》颁布前，是我国环境民事法律责任的产生阶段。在这个阶段大都采用传统的民事责任制度来处理环境民事责任问题，以传统的过错责任原则为环境民事法律责任的承担原则。

（2）1979年《环境保护法（试行）》颁布至1989年《环境保护法》颁布前，是我国环境民事法律责任的发展阶段。这个阶段随着可持续发展理念的深入人心，环境污染防治理念也由治理向预防转变。环境侵权责任法的预防功能也越来越受到重视。与此相适应的是，环境侵权责任法在提供保护上日益向处于弱势地位的受害人倾斜。环境民事法律责任由道义责任转向社会责任。无过错责任、举证责任倒置、因果关系推定在追究环境民事法律责任时被广泛适用。

（3）1989年《环境保护法》颁布至今，是我国环境民事法律责任的完善阶段。这个阶段环境侵权损害填补综合协调机制形成。环境侵权民事责任制度在基本完成道义责任向社会责任转变时，在违法性要件的否定、无过错责任原则的兴起和扩张以及新因果关系理论发展的基础上，开始了新的演变。这种演变主要体现在赔偿主体的变化上，主要表现在出现了个人赔偿机制向社会赔偿机制演变的趋势。社会赔偿机制是指通过环境污染者交纳环境保险费或提取专门的环境防治公积金，或者建立环境损害赔偿基金和行政补偿的方式，收集环境赔偿资金，对环境受害者进行赔偿的机制，由此来将企业或者个人可能面临的环境损害赔偿责任转嫁给保险公司或者社会来承担。这样就可以在避免因污染者经济能力不足而导致的赔偿不能或者赔偿不充分的同时，通过保险或社会分担来减轻污染者的经济负担、降低发展风险，解除其后顾之忧，提高其生产、创造的积极性，从而

最终有益于保持社会稳定和促进社会经济发展。❶

第二节 环境民事法律责任的确认

环境民事法律责任的构成，需从归责原则、构成要件、抗辩事由三方面来进行思考。❷

一、环境民事法律责任的归责原则

（一）归责原则的概念

归责，即责任的归属。所谓归责原则，是指以何种根据确认和追究侵权行为人的民事责任，它解决的是侵权民事责任的基础问题，是据以确定行为人承担民事责任的根据和标准。侵权行为归责原则受民法基本原则的指导，是民法基本原则在侵权行为法中的具体体现，它体现着民法平等、公平、诚信的原则和精神。

（二）归责原则

环境民事法律责任的归责原则是据以确定实施环境侵害的行为人承担民事责任的根据和标准，它经历了从过错责任原则向无过错责任原则的转变。

环境污染随着工业的发展日益严重，其所造成的损害也急速增加。由于环境侵权的特殊性，过错责任原则在环境污染损害案件的解决中显得力不从心，主要表现在：(1)过错责任强调"无过错则无责任"，然而在环境污染致害的案件中，许多企业即使未超标排放或是采取了防治污染的措施仍不能避免损害的发生。此种情况下，如果以过错责任原则作为环境民

---

❶ [美]罗杰·W.芬德利、丹尼尔·A.法伯：《环境法概要》，中国社会科学出版社1997年版，第114页。

❷ 陈德敏：《环境法原理专论》，法律出版社2008年版，第255-264页。

事法律责任的归责原则，企业就可能因无过错而免责，从而造成受害人的损害难以获得赔偿，不利于对受害人权利的保护；（2）过错责任原则要求"行为的违法性"，而企业合法、正常的排污行为可能因为环境污染的累积性、潜伏性同样造成损害，这种潜在的侵害行为本身并没有违法；（3）过错责任原则要求"谁主张谁举证"，但在环境污染致害的案件中，受害人面对的通常是实力雄厚的大企业，举证相当困难甚至完全不可能；（4）过错责任原则要求行为与损害事实之间的因果关系相当明确，但环境污染损害会因自然界中的物理、化学反应而变得极其复杂，且可能潜伏数年，从而造成因果关系不明。如果适用过错责任原则，则不利于责任的确立。

正是由于上述过错责任原则在环境侵害案件中的缺陷的存在，使得无过错责任原则逐步发展并最终确立起来。以无过错责任原则作为环境侵权案件的归责原则的合理性在于：（1）无过错责任原则不要求加害人有过错，只要排污企业造成了环境污染损害，无论其主观上是否有过错，都应承担赔偿责任，从而避免了受害人因企业的合法排污行为而受到损害时无法得到赔偿的情况；（2）无过错责任原则无须受害人证明加害人有过错来支持自己的主张，有利于诉讼和仲裁，以保护在环境污染致害案件中处于弱势地位的受害人的合法利益。

目前，大多数学者都主张以无过错责任原则作为环境民事法律责任的归责原则。此外，我国立法也对无过错责任原则作了相应规定，如《民法典》第1229条规定："因污染环境，破坏生态造成他人损害的，侵权人应当承担侵权责任。"此外《海洋环境保护法》《水污染防治法》等一系列环境污染防治法都对无过错责任原则作了相应的规定。

然而在环境侵权中适用无过错责任原则并不是没有限制的，行为人可因法律规定的情况而免责。如果过分强调无过错责任原则，就可能使许多企业陷入破产的困境，不利于整个社会经济的发展。也就是说，环境侵权案件中适用的是相对无过错责任原则，其中的抗辩事由将于后述。

二、环境民事法律责任的构成要件

环境民事法律责任的承担以无过错责任原则作为环境侵权案件的归责原则。因此，行为人主观上是否有过错已不在环境民事法律责任构成要件的考虑范围之内。按照侵权构成要件的理论，环境民事责任构成要件有三个方面：环境侵权行为、环境损害事实、环境侵权行为与环境损害事实之间的因果关系。

（一）环境侵权行为

环境侵权行为是环境侵权责任承担的必要条件，环境侵权不要求行为人在实施该行为时有过错或过失，也不要求具有违法性。因为污染或者破坏环境的行为具有复杂性、渐进性、多样性的特点。在"污染或者破坏环境的行为"要件中，作为引发环境损害赔偿结果的行为，一般情况下是违法的，特殊情况下是不违法的，所以应适用无过错责任原则。传统民法理论认为一般侵权行为具有违法性。而污染或者破坏环境的行为，则往往不具有违法性，如我们允许企业在一定浓度和数量范围之内将污染物排入环境，排污者只要依照该排污标准排放就被认定为是合法的。又如，企业在现有生产技术水平下排放多为企业生产经营活动必须附随的产物，因为是社会发展的必要，与经济利益相协调，为国家所认可，也是具有一定合法性的。如果我们采取行为违法性的必要要件，那么对于大量企业因排污而致使公众遭受损害的案件，就都无权提起诉讼，那么法律天平必然失衡。

（二）环境损害事实

环境损害事实是确定环境民事法律责任的一个因素，是环境侵权责任成立的前提。环境污染或者破坏中的损害，是受害人因接触或暴露于被污染或者破坏的环境而受到的人身伤害、精神损害以及财产损失等后果。环境污染或者破坏致人损害，其损害的后果既有与其他侵权行为所造成的损害相同的共性，也有其自身的特殊性。共性表现为，它是侵害合法民事权益的后果，具有客观真实性、确定性和法律上的补救性。损害的特殊性包括：第一，潜伏性。多数侵权行为所造成的损害后果，都在损害发生时或者发生后不久即显现出来，但环境污染或者破坏致人损害则不尽然。只有部分致人损害的后果较快显现，而大多数致人损害的后果，尤其是损害他人健康的后果要经过较长的潜伏期才显现出来。第二，广泛性。多数环境污染致人损害的案件，其损害具有广泛性的特征，表现为受污染地域、受害对象、受害的民事权益十分广泛。关于损害事实的认定及赔偿，从实践看，环境污染或者破坏致人损害，既有财产损害，也有人身损害，但目前所受理的环境污染或者破坏致他人损害的案件，大多是有关人身损害及其赔偿。因此，因环境侵权产生的损害赔偿，无论在范围、内容和金额方面，都有明显扩大的趋势。一般而言，环境侵权损害包括人身损害和财产损害两个方面。

其一，人身损害。指与人的人格、身份密切联系的合法权益所受的损害。污染环境所造成的人身伤害包括两个方面：一方面是公民的人身健康权、生命权受到侵害而造成的身体伤害和死亡；另一方面则是精神损害，指公民的精神、心理受到侵害而产生的恐惧、悲伤、怨愤、绝望等精神痛苦。

其二，财产损害。指污染环境所造成的他人财物的减少或毁损。这既包括当事人现有财产的损失，也包括当事人期得利益的损失。

（三）环境侵权行为与环境损害事实之间的因果关系

因果关系是指环境污染或者破坏行为与环境损害事实之间存在的一定逻辑联系。传统民法理论基于一般侵害行为的一时性以及可确定性，适用一般意义上的因果关系。但是，在环境污染或者破坏的损害赔偿中，由于这种因果关系的认定比较困难，因此，在审判实践中，应以因果关系的推定原则代替因果关系的直接、严格的认定。因果关系的推定，即在确定污染或者破坏行为与损害结果之间的因果关系时，如果无因果关系的直接证据，可以通过间接证据推定其因果关系。之所以要适用推定原则，是由这种因果关系的复杂性决定的。因为环境中的污染物是通过广大空间，经过长久的时间，互相渗透、结合，通过生物的、物理的、化学的复杂变化，逐渐对人体产生损害并扩大的。其所造成的损害是持续不断的，而且它引起的疾病往往具有较长的潜伏期。例如日本的水俣病，就是这方面的典型例证。这也正是在环境损害纠纷中引入推定因果关系的关键所在。

三、环境民事法律责任的抗辩事由

（一）民事责任的抗辩

民事责任的抗辩可分为广义的抗辩和狭义的抗辩两种。广义的抗辩是指在侵权案件中，被告针对原告的指控和请求，提出的一切有关减轻或免除自身责任的主张。狭义的抗辩仅指被告针对原告的指控和请求，通过提出特别的事由来免除或减轻责任的主张。显然，广义的抗辩涵盖了狭义的抗辩。由其定义可以看出，不管是广义的抗辩还是狭义的抗辩都可以根据目的的不同分为免责的抗辩和减责的抗辩两类。

一般来说，原告只有向法院证明被告的行为已符合法律规定的某一侵权行为的全部构成要件时，才可请求法院判决被告承担相应的侵权责任。被告针对原告的诉讼请求，一般有三种方法进行抗辩：（1）通过推翻原告对侵权行为构成要件中某一个或数个要件的证明而得以免责；（2）并不否认原告对其行为符合侵权行为构成要件的证明，而是通过证明存在法定的抗辩事由，而主张免责或减责；（3）通过指出原告一方存在违反法律规定的法定程序的情节或主张原告的诉讼请求已超过诉讼时效等，从而得以免责或减责。广义的抗辩包含了上述三种方法，而其中第二种方法便是狭义的抗辩。本书所指抗辩仅指狭义的抗辩。

狭义的抗辩仅指被告针对原告的指控和请求，通过提出特别的事由来免除或减轻责任的主张。这种特别的事由通常是由法律所明确规定的，即为抗辩事由。也就是说，这种特别的事由既非针对构成要件的抗辩，也非针对程序上的抗辩，而仅仅是因为法律的特别规定而为的抗辩。通常，民事责任的抗辩事由有：不可抗力、受害人的过错、第三人的过错、依法执行职务、正当防卫、紧急避险、受害人同意等，涵盖了减责条件和免责条件。减责条件仅是适当减轻责任主体的民事责任，免责条件则是免除其责任。值得注意的是，免责条件是法律事实的一种，同一般的法律事实相比，具有重要的特征：(1) 免责条件具有对抗性，该事实是被告针对原告的诉讼请求提出来的，目的是为了免除被告的民事责任；(2) 抗辩事由必须有实体法特别规定，或在司法实践中得到普遍认可；(3) 免责条件并非是对侵权责任构成要件的抗辩，也非为程序法上的抗辩。

（二）环境民事法律责任的抗辩

环境民事法律责任是特殊的民事法律责任。同样，环境民事法律责任的抗辩事由在民事责任抗辩事由的大范围内又具有自身的特殊性，也就是说，民事责任的抗辩事由并非都是环境民事法律责任的抗辩事由。在此仅讨论狭义的环境民事法律责任抗辩事由。即被告针对原告的指控和请求，通过提出特别的事由来免除或减轻责任的主张。环境民事法律责任的抗辩事由包括不可抗力、受害人的过错、第三人的过错。

1. 不可抗力

不可抗力是指人所不能预见、不可抗拒并且不能克服的客观情况。不可抗力分为不可抗拒的自然灾害（如地震、台风、海啸等）和某些不可抗拒的社会现象（如战争）两大类。

在环境立法中，多将不可抗力作为抗辩事由，如我国《环境保护法》《水污染防治法》《大气污染防治法》等都有着相应的规定。学术界也认可不可抗力是环境民事法律责任的抗辩事由，但其是否应为免责条件还值得商榷。部分学者认为不可抗力可以作为免责条件的原因在于：不可抗力不受人的意志所支配，要人们承担与其行为无关而无法控制的事故的后果，不仅对责任的承担者不公平，而且也不能发挥法律责任的作用。应当注意的是：第一，此种见解强调不可抗力不受人的意志支配，即是说行为人主观上并无过错。然而，环境民事法律责任的规则原则是无过错责任原则，"不受人的意志支配"不能成为行为人免除责任的理由。第二，不可抗力导致环境污染造成损害，既非行为人的意志所能支配，也非受害人的意志所能支配，而受害人却因此蒙受了巨大的财产、人身损失，处于经济强势地位的企业却因不可抗力而免责，不利于对处于弱势地位的受害人的利益的保护。因此，不可抗力不应成为免责条件，但可以是企业的减责抗辩事由。

我国司法实践中已有将不可抗力作为减轻而不是免除行为人环境民事责任的抗辩事由的案例。20世纪70年代末80年代初的青岛女工王某诉青岛化工厂氯气泄漏中毒案中，原告的损害完全由雷电击毁该化工厂的电器设备导致氯气泄漏所致，是一起典型的不可抗力致损事件。然而法院最终通过调解给予了受害人一定的补偿，说明法院事实上是认可将不可抗力作为减轻而不是免除行为人环境民事责任的抗辩事由的。

2. 受害人的过错

受害人的过错按照过错的程度分为受害人的故意、受害人的重大过失、受害人的一般过失。

受害人的故意是指受害人明知自己的行为会造成环境污染，且明知由此会导致自己的财产或人身权益受到损害，却希望并追求此种后果发生。此种情形往往是受害人为获得赔偿而故意为之，企业可以此为抗辩事由免除责任。

受害人的重大过失是指受害人极端疏忽或极端轻信能够避免危害发生的心理状态。在环境侵权案件中，如该损害是由于受害人自身的重大过失造成的，应适当减轻加害人的赔偿责任。减轻加害人责任的另一面，则是加重了有重大过失的受害人的责任。这样可以促使受害人对自己尽最大注意，以防止损害事故的发生，也可以防止对加害人课以过重的负担。

受害人的一般过失是指一般人在通常情况下的过失。如果由于受害人的一般过失，导致环境污染致害事件的发生，不能成为企业的免责条件，甚至不能成为其减责的条件。这是因为：作为实际控制着危险源的企业，法律赋予其极高的注意义务，应当采取各种可能采取的措施，以防止损害的发生。如果因不能实际控制污染源的普通民众的一般过失就可以引起损害的发生，这本身就说明该企业违背了其法定的义务，主观上存在过错。因此不宜免除或减轻对污染源有实际控制能力的企业的赔偿责任。

3. 第三人的过错

第三人的过错作为环境民事法律责任的抗辩事由分为免责和减责两种情况。如果造成的环境损害完全是由于第三人的过错所致，即第三人的过错是造成环境损害的唯一原因，而侵权人的行为与损害后果之间毫无关系，此种情况下，应使侵权人免责，追究第三人的责任。假如侵权人的行为与损害后果有一点关系（例如企业未尽到谨慎、妥善监管污染物质而使第三人的过错"有机可乘"），侵权人就不能免除责任，但可视情形减轻其责任，同时追究第三人的责任。《民法典》第1233条规定："因第三人的过错污染环境、破坏生态的，被侵权人可以向侵权人请求赔偿，也可以向第三人请求赔偿。侵权人赔偿后，有权向第三人追偿。"

第三节　环境民事法律责任的实现

一、环境民事法律责任的实现概念

法律责任由担责的必为状态变为现实状态的转化过程，就是法律责任的实现过程。从狭义上说，法律责任的实现就是责任主体通过实际履行由法律责任产生的特殊义务，即实际接受惩罚或给他人以某种补偿，从而结束其担责的必为状态，以消灭法律责任。从广义上说，法律责任的实现就是除包括上述狭义的法律责任之实现外，还包括责任主体并未实际履行由法律责任产生的特殊义务，即在并未实际接受惩罚或给他人以某种补偿的情况下就从担责状态下解脱出来，从而消灭法律责任。

法律责任是责任人与他人，或责任人与国家之间的一种特殊的法律关系，这种关系的存在是为了保障一般的权利义务关系的实现。所以，法律责任实现的实质是双重的。在第一层面上，法律责任的实现即实现了责任所产生的特殊权利义务。❶ 在第二层面上，实现法律责任即推动了一般权利义务关系的实现。因此可知法律责任的实现是法律实现的一个重要方面，如果法律责任无法实现，法律也必难实现。法律责任的实现分为积极实现和消极实现两种。

法律责任的积极实现是责任人把法律责任的内容已经实际变为现实，所以它最符合责任本身的社会功能，因而是法律责任实现的主要形式。其又可分为主动实现与被动实现两大类：（1）法律责任的主动实现指国家强制力并未直接介入而责任主体主动履行了法律责任，从而使法律责任归于消灭；（2）法律责任的被动实现就是法律责任的强制实现，即由国家机关通过判决或裁定、决定等形式强制责任主体接受惩罚或给予赔偿，它表现为有关国家机关有权处置责任人的人身、财产或责令责任人为一定行为，而责任人则在国家强制下必须为一定行为。❷ 如果责任主体逃避法律责任，则将招致新的法律责任。

法律责任的消极实现即责任人并未实际承受责任，法律责任关系自行解除，这是法律责任实现的特殊形式。引起法律责任消极实现的主要原因有：（1）时效届满；（2）责任主体死亡；（3）告诉才处理的法律责任由于原告撤诉而解除；（4）某些法律责任由于权利主体放弃追究责任主体法律责任的权利，则法律责任解除；（5）司法机关或其他有权国家机关通过判决或裁定免除法律责任时，法律责任消灭。

由上可知，环境民事法律责任的实现也有广义和狭义之分。狭义上的环境民事法律责任的实现，是指环境民事法律责任主体实际履行污染破坏环境所带来的民事责任，从而使得环境民事法律责任得以消失。广义上的环境民事法律责任的实现，即是指除包含狭义的环境民事法律责任的实现以外，还包括环境民事法律责任主体并未实际履行污染破坏环境所带来的民事责任，就从担责状态下解脱出来，从而消灭环境民事法律责任。下文

---

❶ 周永坤、范忠信：《法理学——市场经济下的探索》，南京大学出版社1994年版，第125页。
❷ 周永坤、范忠信：《法理学——市场经济下的探索》，南京大学出版社1994年版，第125页。

中所述环境民事法律责任的实现是取其狭义概念。

二、环境民事法律责任的承担方式

民事责任的承担方式是指责任主体实际履行民事责任、承担法律后果的形式。我国《民法典》第179条规定的民事责任的承担方式有：停止侵害，排除妨碍，消除危险，返还财产，恢复原状，修理、重作、更换，继续履行，赔偿损失，支付违约金，消除影响、恢复名誉，赔礼道歉。这些方式既可以单独适用，也可以合并适用。环境民事法律责任有其特殊性，因此，这些承担方式并不是全都适用于环境污染破坏致损的民事案件中。《民法典》1229条规定："因污染环境、破坏生态造成他人损害的，侵权人应当承担侵权责任。"污染防治法诸如《水污染防治法》《大气污染防治法》《环境噪声污染防治法》等也都作了类似的规定。环境民事法律责任的承担方式有排除危害、赔偿损失和生态环境修复。

（一）排除危害

排除危害是要求行为人采取措施消除因其侵权行为对受害人的合法权益造成的侵害、妨碍以及各种有害影响的责任方式。它实际上是一种综合性的民事责任形式，包括了停止侵害、排除妨碍、消除危险这三种具体的承担方式。这三种方式既可以单独适用，也可以与其他环境民事责任方式合并适用。

1.停止侵害

停止侵害是要求环境侵权的加害人立即停止侵权行为的民事责任方式。它适用于环境污染、破坏的致害行为正在持续进行的状态。受害人可以依法请求法院责令侵害人立即停止其侵害行为，及时制止正在进行或延续的侵害行为，防止损害结果进一步扩大，维护环境民事主体的合法环境权利。

2. 排除妨碍

排除妨碍是指行为人实施妨害他人正常行使其环境权利的侵害行为，这种侵权行为在已经给受害人造成妨碍或将要造成妨碍的情况下，受害人可以依法请求法院责令侵害人排除妨碍的环境侵权民事责任的承担方式。应当注意的是：首先，妨碍须为不正当，否则受害人不得请求排除。其次，妨碍既可以是实际存在的，也可以是势必要出现的。所谓势必要出现，是指确实构成某种危险，而不是受害人的想象和揣测。

3. 消除危险

消除危险是指行为人的环境侵权行为对他人的人身或财产安全造成威胁，或者存在侵害他人人身或财产的巨大可能，潜在的受害人可以依法请求法院责令侵害人采取有效措施消除危险的环境民事责任的承担方式。它适用于损害尚未实际发生，但行为人的行为又确有可能造成损害后果并对他人构成威胁的情况。

在环境法领域主要具体表现为：（1）治理、消除已经发生的环境污染，防止污染损害的继续和扩大；（2）设置或加强污染防治措施和设备；（3）停止正在进行的环境侵权行为。

（二）赔偿损失

赔偿损失是指行为人因其环境侵权行为而给他人造成人身和财产权益的损害，应以其财产赔偿受害人所受的损失。它是环境民事法律责任中应用最广泛和最常见的一种形式。

在环境污染致损的案件中，由于其特殊性，对于受害人的物质损害赔偿，应贯彻全部赔偿的原则，即加害人不仅应赔偿受害人所遭受的直接损失（即现有财产的损失），也要赔偿间接损失（即"可得利益"）。所谓可得利益，是指当事人尚未得到，在未来应当得到的但因环境污染而未能得到的收入。对于受害人的人身损害赔偿，除法律规定的应当赔偿医疗费、因误工减少的收入、残疾者生活补助费等费用；造成死亡的，应当支付丧葬费、死者生前扶养的人必要的生活费等费用以外，还应将受害人治疗期间的护理费、营养费、转院治疗的交通费和住宿费、残疾者的生活辅助器具费以及由其抚养的人所必要的生活费等纳入赔偿范围。

此外,在环境污染致损的案件中,若因侵害人的行为造成受害人残疾或死亡的,还应当对受害人的精神损害给予补偿。因为在这些致损事件中受害人及其家人受到的精神痛苦,可能会远大于财产上的损失。通过精神损害赔偿,在一定程度上可以弥补、偿付受害人及其家人所受到的心灵伤害,促使其精神健康的恢复。

(三)生态环境修复

民法中的恢复原状从广义上讲是指恢复到如果没有发生损害赔偿义务的事件时原本应有的状态。若如此,恢复原状就包含了经济上的恢复原状与实际恢复原状两种情形。环境侵权中,对损害的土壤、水体、林地、草原等环境的修复亦是恢复原状的具体方式,这种方式在环境法中称为生态环境修复,具体是指采取切实可行的措施对受到损害的生态系统功能和结构进行修复,对受到破坏的生态系统内外关系进行恢复。

《最高人民院关于审理环境民事公益诉讼案件适用法律若干问题的解释》第20条规定,原告请求恢复原状的,人民法院可以依法判决被告将生态环境修复到损害发生之前的状态和功能。无法完全修复的,可以准许采用替代性修复方式。人民法院可以在判决被告修复生态环境的同时,确定被告不履行修复义务时应承担的生态环境修复费用;也可以直接判决被告承担生态环境修复费用。《民法典》第1234条规定:"违反国家规定造成生态环境损害,生态环境能够修复的,国家规定的机关或者法律规定的组织有权请求侵权人在合理期限内承担修复责任。侵权人在期限内未修复的,国家规定的机关或者法律规定的组织可以自行或者委托他人进行修复,所需费用由侵权人负担。"可以看出,生态环境修复受到"损害发生之前的状态和功能"的限制,生态环境修复不仅有对受损环境、生态系统的修复,还有对违法者的惩罚,以及对生态受损而破裂的社会关系的修复。环境修复费用能将违法获利纳入参考范围,而不是只以损害结果、经济成本作为判断依据,避免后续违法行为的发生。对已经造成的生态环境损害进行修复,生态环境修复责任人往往不仅要将环境要素恢复至侵害行为发生之前的状态，还负有在合理时间之内的维护义务，这也可以看作修复社会关系的体现。

第四节 环境民事赔偿责任社会化与环境公益诉讼

一、环境民事赔偿责任社会化

（一）环境民事赔偿责任社会化的提出

在社会本位观的影响下，作为侵权行为法的有机组成部分、环境侵权损害民事救济制度之一的环境民事赔偿责任出现了社会化的趋势，但是，对于环境民事赔偿责任社会化定义如何理解，目前在理论界尚未形成统一的认识。有学者认为："环境侵权损害填补责任的社会化主要是指将环境侵权行为所生损害视为社会损害，使侵权损害赔偿制度与责任保险、社会安全体制等密切衔接，通过高度设计的损害填补制度，由社会上多数人承担和消化损害，从而使损害填补不再是单纯的私法救济，既可及时、充分地救助受害人，维持社会稳定，又可避免加害人因赔偿负担过重而破产，保护经济发展。"❶ 有学者认为："社会赔偿机制的建立是通过保险、赔偿基金和行政补偿的方式，由污染者交纳保费或公积金，将面临的损害赔偿转嫁给保险公司或者由全社会来共同承担，以此一方面可以避免因单个污染者支付能力不足而导致的救济不力，同时也可以通过由社会分担的方式减少污染者的负担和发展风险，有益于提高生产创造的积极性和社会经济的发展。"❷ 还有学者认为："环境侵权损害赔偿责任的社会化，又称环境侵权损害的社会救济，它是在环境侵权私法救济不足和国家赔偿范围有限的情

---

❶ 王明远：《环境侵权救济法律制度》，中国法制出版社2001年版，第124页。
❷ 周珂、杨子蛟：《论环境侵权损害填补综合协调机制》，《法学评论》2003年第6期，第113–123页。

况下，为使受害人得到及时、充分和有效的救济，对私法救济和国家赔偿救济不能的部分，由侵权人之外的社会特定组织承担填补性赔偿责任。"❶

尽管上述学者对环境民事赔偿责任的社会化的界定并不完全一致，但他们对环境民事赔偿责任社会化的实质的理解是一致的，均是由于传统的民事损害赔偿制度已不能有效解决因环境侵权引起的民事责任问题的情况下，而寻求推动包括环境侵权损害赔偿责任社会化在内的其他制度来寻求对受害人的充分保护，主要是指环境民事赔偿责任方式或途径的社会化。

（二）环境民事赔偿责任社会化的具体表现

1. 环境侵权民事责任的归责原则

传统的侵权救济以过错责任为基础，要求受害人在求偿时，举证加害人之过错，并说明过错与损害间的因果关系，方可使其承担侵权损害之赔偿责任。在过错责任原则下，行为人若已尽适当注意，即可不必承担责任。过错责任的确立与完善避免了行为人动辄得咎的情况，保障了行为人的行动自由，有助于社会经济活动，甚至可以说现代工业文明的发展离不开以过错责任为精神核心的侵权行为法。但随着工业社会的发展和工业技术的进步，出现了大量的环境侵权事件，由于环境侵权具有明显不同于传统侵权行为的特点，如侵权主体间存在的不平等性和不可互换性，侵权行为的间接性、累积性、复杂性，以及造成损害的社会性与范围的广阔性，使得传统的以过错责任为原则的侵权行为法理论在这一领域的适用上遭遇困难，受害人无端遭受损害却难以得到救济，经营者制造危险并从中获取利益而不承担责任有违法律公平正义的理念。因此，作为修正，在环境侵权领域，无过错责任原则替代了过错责任原则，原因推定减轻了受害人对于因果关系的举证责任。

目前，各国的立法和理论界已基本承认了这一原则作为环境污染民事责任的归责原则。我国《民法典》侵权责任编第1165条规定："依照法律规定推定行为人有过错，其不能证明自己没有过错的，应当承担侵权责

---

❶ 曹明德：《环境侵权法》，法律出版社2000年版，第94页。

任。"《环境保护法》第 64 条规定："因污染环境和破坏生态造成损害的，应当依照《中华人民共和国侵权责任法》的有关规定承担侵权责任。"另外，在《水污染防治法》第 96 条，《大气污染防治法》第 125 条，《海洋环境保护法》第 89 条、第 91 条，《环境噪声污染防治法》第 61 条，《固体废物污染环境防治法》第 84 条亦有相应的规定。

众所周知，环境污染突发性强、受害范围大，其影响所涉及的人数之多、范围之广、时间之长是其他侵权行为难以比拟的。例如 1948 年美国的"多诺拉烟雾事件"，致 5910 人发病，17 人死亡。对于环境污染加害人而言，无过错责任原则的确立，大大加重了其经济负担，增加了经营者的生产成本和费用，有时沉重的责任是加害者无法承担的，面对庞大的赔偿金额，加害人只有宣告破产。同时面对随时可能出现的巨额环境侵权赔偿金额，大大增加了经营者的不安全感，打击了经营者在生产中利用高新技术的积极性，从而不利于他们的进一步发展。另外，从受害人的角度看，即使受害人得以胜诉，拿到手中的恐怕也只能是无法实现的债权凭证。因为无过错责任原则的使用，实现了加害人与受害人之间利益的平衡，却无法同时提高加害人的赔偿能力，受害者的利益仍然无法得到保障。同时，从整个社会的角度来看，无过错责任原则采用的情况下，大量的企业面临着经济危机的压力，而他们所从事的有很多是对社会利益有很大贡献的事业，因此会影响社会的发展，作为受害者权利受到损害却得不到充分的救济，法律的正义也无法真正地实现，也加剧了社会的不稳定。例如，1968 年开始的日本熊本市水俣病受害者诉氮肥公司赔偿案件，后经发展演变为受害者、国家、地方责任的诉讼，受害者指责政府置之不理、放任不管，没有有效行使职权。

2. 环境侵权民事责任的赔偿原则

根据《最高人民法院关于审理环境民事公益诉讼案件适用法律若干问题的解释》的相关规定，环境侵权民事责任的赔偿应当包括直接损失和间接损失，即中国现行法律对环境侵权的赔偿原则采取全部赔偿原则。这一原则如发生在侵权方有过错的情况下，似乎无可非议。但是环境侵权往往涉及面广，受害主体众多，后果严重，时常会出现施害人无力承担赔偿责任的情况，或因承担损害赔偿而造成企业经营陷入困境的情形，受害人在客观上也无法足额获得赔偿。尤其是在法院按推定过错判决行为人承担赔偿责任的时候，则更显得对侵权行为人的不公平。20世纪中期，为了避免因承担民事责任使具有社会公益性的企业陷入经济困境甚至破产的境地，法学界在全部赔偿原则基础上提出了限制赔偿原则，但这却不能对受害人进行充分救济。所谓限制赔偿原则，也称部分赔偿原则，是指依据法律的特别规定，损害赔偿责任人的赔偿限度小于环境本身所遭受的损失以及由环境侵权损害所导致的受害人的财产、生命、健康和精神损失的总和。但我们不能不注意到，限制赔偿原则虽然减轻了侵害人的赔偿负担，有利于企业的发展，有利于社会就业和稳定，但却带来另外一个问题，即环境侵权受害者得不到足额赔偿，产生新的不公平。因此，无论从理论上还是从现实的角度而言，单纯实行限制赔偿原则难以实现法律的公平价值。在环境侵权赔偿原则问题上，应建立受害人全额索赔和加害人部分赔偿相结合的原则。也就是说，受害人遭受环境侵权损害时，有权要求全额赔偿，但作为加害方仅承担部分赔偿的法律责任。受害人不能足额从加害方获得赔偿部分则通过建立环境损害赔偿社会化制度来弥补。

因此，在对受害人充分救济的前提下，保证企业的正常运行，经济的持续发展，社会秩序的稳定，环境民事赔偿责任社会化是一个有效的解决途径。

3. 环境民事赔偿责任社会化的理论基础

对环境民事赔偿责任社会化进行理论分析，是透彻理解环境民事赔偿责任社会化的必经之路。环境民事赔偿责任社会化的理论基础大致如下。

（1）环境侵害原因行为的社会公益性与行为后果的危害性。环境侵害行为与一般民事侵权行为相比较，其原因行为往往具有合法性、价值性和公益性，人们在利用环境、开发资源、改进技术、提高生产力以推进人类社会经济发展和社会进步的同时，给人类环境和生态造成了可控或不可控、可以避免或不可避免的影响，此种经济目的性，涉及人类社会本身的持续发展。环境侵害又往往以合法的生产为前提，甚至有些环境侵害本身就是合法的达标排污所累积，其环境侵害本身就在现有法律允许范围内。环境侵害行为起因于人类追求经济发展、效益提高、资源充分利用这些功利性目的，这些目的所满足的不仅仅是侵害行为人的自身需要，还来自于包括受害人本人在内的整个人类社会生活共同体。某些环境侵害本身就是社会公益的另一面，如高压路线、高速公路、铁路、机场、公共水坝等，本身在给特定社区带来巨大公益的同时，也产生巨大的环境隐患。一方面，因环境侵害而获利的或直接获利的是引发环境侵害的企业，它作为侵害者负有不可推卸的责任，无疑应当承担民事赔偿责任；另一方面，整个社会或特定社区作为环境侵害的间接或实际受益人，基于利益平衡和社会公平原则，由其承担侵害责任人不能承担的部分责任，对环境侵害给受害人造成的损失之不能弥补的部分进行一定程度和范围内的填补，应是解决环境侵害原因的社会公益性与行为后果之具体危害性矛盾的一种最好方式。

（2）法律责任的利益平衡。环境侵权损害赔偿责任社会化是随着社会法学的发展应运而生的。20世纪初，以实证哲学为基础的社会法学取代了以理性哲学为基础的自然法学的主导地位，社会法学的杰出代表庞德从强调法律的社会作用和效果的核心思想出发，认为法律是一种"社会工程"，法律"已从19世纪的抽象平等过渡到根据各人负担能力而调整负担，法律的重点从个人利益转向社会利益，法律的目的是以最少限度的阻碍和浪费以尽可能地满足人们的要求"。❶ 由此推导出法律的任务与作用是调整、保障各种利益，并以最佳方式对利益实现合理配置。对利益的合理配置，需要以利益衡平为基本原则。利益衡平是利益法学的核心，其代表人物赫克主张："法律科学的任务是通过调查研究法和相关的生活环境，准备适当的规定，以帮助法官顺利完成自己的任务；作为利益法学出发点的根本真理，是法的每个命令都决定着一种利益冲突，法起源于独立的利益

---

❶ 沈宗灵：《现代西方法理学》，北京大学出版社2000年版，第305页。

冲突，法的最高任务是平衡利益。"❶ 环境侵权损害赔偿社会化制度正是法律责任的利益衡平。以下分别从受害人、加害人、社会三方利益来进行分析。

第一，受害人利益。环境侵权中，受害人利益是被损失的，其被损失的利益是财产利益、人身利益和环境利益。根据我国法律所确定的无过错归责原则以及全部赔偿原则，受害人损失的利益无法得到充分的赔偿，加害人赔偿能力的有限性与其责任限制，使受害人的获赔率大打折扣。对受害人利益损失的漠视将导致整个社会利益的失衡和公平价值的丧失，所以，环境侵权损害赔偿社会化制度，提高了对受害人救济的可能、获赔的比例和获赔的便捷与效率，最大限度保护了受害人的利益。

第二，加害人利益。环境侵权的事实一般是在加害人（主要是企业）追逐利润的过程中产生的，加害人利益最主要的表现是因产业活动或因其支配物而取得的经济收益。获得利益者应对其造成的他人损失承担赔偿责任，但现代环境侵权的特点决定了责任的承担很有可能会使加害人处于破产境地，所以，依据传统的个人责任，会使企业陷于不利而阻碍社会的发展，而将责任社会化，减少了企业负担，一定程度上平衡了加害人的利益。

第三，社会利益。利益衡平的最终目标是社会整体利益的最大化，损害赔偿社会化可以最大限度地促进社会发展、维护社会稳定。一方面，环境侵权责任社会化可通过责任社会化的方式解决企业的责任忧虑，锁定和预测企业的责任风险，避免企业在生产、经营高新技术产品的过程中因责任的承担问题患得患失而畏缩不前，从而充分调动企业的积极性，促进经济增长和科技进步；另一方面，环境侵权责任社会化通过责任社会化的方式分配损失和承担责任，不仅保障作为社会弱势群体和处于较不利地位的受害人的损害得到及时有效的填补，而且也保证了排污行为人生产经营的正常发展以及整个社会的稳定。

---

❶ 徐国栋：《民法基本原则解释》，中国政法大学出版社1992年版，第286页。

4. 环境民事赔偿责任社会化的实现方式

社会承担环境民事赔偿责任主要表现为"私法性"的环境责任保险机制和"公法性"的社会安全保障机制。目前环境民事赔偿责任社会化的具体实现方式主要有财务保证或担保、环境侵权损害赔偿基金、政府救济、国家给付、环境责任保险等多种手段。

（1）财务保证或担保制度。财务保证或担保主要是指由潜在的环境侵权责任人（主要是污染性危险企业）提供一定的资金专门用于对受害人进行及时、有效的救助，如提存金制度（或称寄存担保制度）和企业互助基金制度（或称公基金制度）等。如日本现行《矿业法》规定的寄存担保制度。提存金制度是指污染性危险企业在开工之前，依照有关法令向提存机关预先提存一定的保证金或担保金，或者在生产经营过程中，依照有关法令按期提存一定金额，以备损害赔偿之用。对拒不履行提存金提存义务的当事人，可以依法采取吊销其营业执照等行政上的强制措施，以形成强制履行提存义务的机制。日本现行《矿业法》规定的企业互助基金制度。企业互助基金制度是指由各个具有同样危险的企业按照约定预先缴纳一定的金额，从而建立互助基金，当其中某一企业因环境侵权而被索赔时，首先由该互助基金支付赔偿金，其后再由被索赔的企业逐步将等额的资金返还给该互助基金。

（2）环境侵权损害赔偿基金。这是指依靠国家行政权力的运用，通过环境税等多种来源设立的赔偿基金，环境侵权受害人在其他方式不能合理救济时，通过申请，符合相应条件者便可以迅速、确实得到该基金补偿的一种救助方式。基金在特定情形下可被启动，特定情形主要包括环境侵权人难以确定以及环境侵权人虽能确定，但偿付能力不足或根本不具偿付能力或因具有免责事由而免除赔偿责任。通常，在侵权人可以确定的情形下，基金组织仍得以加害人的环境侵权民事责任为基础，保留其向加害人追索所付赔偿金的权利。在实践中，环境侵权损害赔偿基金在国际上和各国已有相当的发展。1971年《国际油污损害赔偿基金公约》是国际损害赔偿责任中第一个完整的赔偿基金公约。美国《超级基金法》也规定所有经营危险物质的设施的所有人或营运人必须建立并保持包括保险、担保、担保债券在内的"财政担保措施",其中包括对自然资源所受损害的赔偿。荷兰也设立基金会,负责赔偿那些未获赔偿的空气污染受害人,该基金会是通过对某些导致空气污染的产品和产业征收污染费来筹集的。

(3) 政府救济、国家给付。国家给付在德国法中又称扶助填补义务、联邦给付义务、国家给付义务或国家责任,是指因加害人以及相关的责任保险人、财务保证人等的支付能力有限,致使受害人穷尽了所有的救济手段,无法获得适当赔偿时,由国家以政府财政保证给付安全,从而负担部分损害赔偿责任。政府救济是我国当前一项重要的救济手段,特别是当发生大规模的意外事故、自然灾害时,国家往往是承担赔偿救济的最后主体。在过去很长一段时期,我国的政府救济对于环境污染尤其是大规模环境事故的损害赔偿起着重要的作用。但国家介入有明显的弊端。首先,这种救济方式要动用国家有限的财政资金,国家财政支出必须按照年度预算进行,突发性的环境污染事故,必然影响到国家的财政稳定,进而影响政府有效职能的发挥。由政府承担如此沉重的责任,加重了政府的负担,对于政府有限的行政资源来说,也是一项巨大的负担,与我国正在进行的减少政府职能建立高效政府的目标相背离。其次,政府救济所用以承担责任的资金来自全民的税收,其实质上变成了全民对此污染负责,这与现代环境法损害担责原则是不相符的。最后,政府救济是一种消极被动的事后救济方式,政府事先对环境损害风险并不了解,也无法控制,这种救济方式无法对环境损害进行有效的监督和预防。

(4) 环境责任保险。这是指以被保险人因污染环境而应当对第三人承担的环境损害赔偿或以治理责任为标的的责任保险。环境责任保险能够转移风险,使责任人的个人环境损害赔偿责任社会化。需要明确的是环境责任保险是一种财产保险,其标的是被保险人对第三人承担的损害赔偿责任,具体表现是被保险人在生产经营活动中因污染造成的第三人伤亡、财产损失或环境破坏时,对第三人支付一定赔偿金额的责任。同时由于环境责任保险不仅可以避免被保险人遭受重大经济损失,保障被保险人财产的安全和稳定，同样重要的是第三人能够得到及时充分的救济，利益得到维护，因此环境责任保险中关于第三人的明确也很重要，这在各国立法中并不完全相同。

目前，环境责任保险在西方国家得到较大的发展，如美国、德国、法国等已形成比较成熟的制度。1985年，丹麦把环境损害责任保险作为公众责任险的一部分；1991年，德国将环境损害责任保险定为强制性保险，要求所有的工商企业者都要投保该险。20世纪70年代以前，美国的公众责任保险承保被保险人的环境（公害）责任，而且对环境（公害）责任的承保并没有附加限制。但是，随着环境污染诉讼的急剧增加以及立法加强了对环境保护的力度，各保险公司开始限制承保与环境污染有关的损害，以至于所有的公众责任保险单中约定全面的环境污染责任除外条款。发展到20世纪70年代末期，美国仅有两家保险公司继续承保环境责任保险。在我国，在20世纪90年代，大连、长春、沈阳、吉林等城市开办了环境责任保险系列试点，但总的业务规模不大，且呈下降趋势，保险公司对此种业务的办理也缺乏积极性，目前，我国环境责任保险的开展仍处于不成熟状态。但是从我国现有的环境民事责任理论、责任保险理论和保险立法、保险业的运作实践来看，环境民事赔偿责任的特性及法定化为环境责任保险的创设提供了前提，通过法律的形式将该保险设定为强制保险不是难事，环境公民诉讼现有的保险立法和保险实践为环境责任保险的创设与运作提供了现实基础，尤其关键的是，污染企业只需缴纳少量的保险费，就能达到免除其法律上的赔偿责任的效果，从而减轻了企业的负担，有利于企业的长远发展；另一方面，作为受害方，也可因保险人的雄厚的财力而得到更为有力的保障，因此这一制度在我国的创设及运作是可行的，我们应在这条路上积极寻求我国环境民事赔偿责任社会化的出路。

二、环境公益诉讼与民事责任

(一)环境公益诉讼的概念

公益诉讼是相对于私益诉讼而言的。所谓公益诉讼,简言之,就是为了保护社会公共利益的诉讼。它源于古罗马,繁盛于近现代的西方发达国家。公益诉讼是相对于私益诉讼而言的。在古罗马,法分为公法和私法,诉讼也因此分为"公诉"和"私诉"两种,公诉是对有关国家利益案件的审查,私诉是根据个人的申诉对有关个人案件的审查。在公益诉讼中,原告可以是不特定的人,既可以是无利害关系人,也可以是有利害关系人。如果原告有多人,由法官选择的适宜人作原告。原告起诉的目的不是为了自己的利益,而是为了维护社会公益、法律尊严及社会公正,所起诉的违法行为范围也比较广泛,既有民事侵权行为,也有违法行为和犯罪行为。通过公益诉讼,可以使公民、组织等都参与到与违法行为做斗争的行列中来,以维护法治的权威和社会秩序,是现代法治国家的基本要求。公益诉讼的提出,突破了传统诉讼法以"利害关系"为适格当事人的限定,体现了法律调整由个人本位向社会本位的过渡。公益诉讼的构建,为追究环境法律责任,制裁相关责任人提供了制度保障,为受害人寻求权利救济提供法定渠道和实现方式,维护了社会正义。

环境与人们的生活息息相关,环境的好坏,直接影响人们的生活质量,以及身体健康。近年来,由于环境污染,导致破坏生态环境而引起的社会纠纷有不少。环境权,作为环境公益诉讼的原权,是我国环境公益诉讼的理论基础。环境权,是一种抽象、层次多、结构多的权利,加上环境污染的影响范围广,所以,只要受到环境污染影响,可能都会和环境权联系,这可能会导致诉讼的泛滥,从而影响司法效率。因此,要明确环境公益诉讼的界限。首先,环境公益诉讼是以环境公益为诉因,有环境损害,且造成了一定范围的影响,以公共利益为整体,维护整体的环境权益,因环境生态被破坏,导致的个人损害属于私益,不在环境公益诉讼范围内。其次,环境公益诉讼的目的,不是救济原告权益,原告胜诉,可能会让环境停止受损，或者进行恢复，但其他不特定的人，也有可能因此受益。这不同于救济私权的民事诉讼或行政诉讼，所以不能把环境公益诉讼简单地划分为民事诉讼或者行政诉讼。最后，要注意区分环境公益诉讼和集体诉讼。虽然都是为了共同利益提起的诉讼，但是集体诉讼是为了针对集体内个人权益受到的侵害，主要是损害赔偿，环境公益诉讼则是为了保护环境与生态，从而维护公众的环境权益。

（二）我国环境公益诉讼的立法

近些年我国把理论转化为实践，建立了环境公益诉讼制度，切实保护环境公共利益，促进我国环境保护事业的发展。

2012年《中华人民共和国民事诉讼法》第55条规定："对污染环境、侵害众多消费者合法权益等损害社会公共利益的行为，法律规定的机关和有关组织可以向人民法院提出诉讼。"该条文的规定，体现了我国对社会公共利益的保护，尤其是司法保护，同时，这也标志着我国在立法上，对公益诉讼进行了确认。之后，2014年《环境保护法》第58条规定："对污染环境、破坏生态，损害社会公共利益的行为，符合下列条件的社会组织可以向人民法院提起诉讼……"2015年《最高人民法院关于审理环境民事公益诉讼案件适用法律若干问题的解释》颁布，标志着我国在环境公益诉讼方面，法律规定和解释更加明确，在立法层面，环境公益诉讼制度也变得逐渐完整。2018年《最高人民法院、最高人民检察院关于检察公益诉讼案件适用法律若干问题的解释》第13条规定，人民检察院针对破坏生态和资源等损害社会公共利益的行为，拟提起公益诉讼的，应当依法公告，公告期满，法律规定的机关和有关组织不提起诉讼的，人民检察院可以向人民法院提起诉讼。也就是说，若是法律规定的机关和有关组织工作上有疏漏，未曾发现破坏生态和资源的行为，检察院发现了，在公告期满后，也可提起诉讼。在提起公益诉讼的程序上规定了诉前公告程序，不仅有利于实现公众参与，加强社会监督，也能体现人民检察院监督职责的履行。第20条规定，人民检察院提起的刑事附带民事公益诉讼案件由审理刑事案件的人民法院管辖，明确了管辖法院，在程序上进一步完善了环境公益诉讼制度。

环境民事责任是行为人通过侵权行为对环境或者生态造成损害承担的法律责任。不同于普通侵权案件，环境公益诉讼中，原告既要证明侵权人拥有能够损害环境的物质，比如废水、废物，还要证明原告的损害是由该物质导致的。又由于环境的损害通常有持续性，所以举证难度大，因果关系认定难，因此，环境公益诉讼采用无过错责任归责原则。由此，环境公益诉讼中，民事责任的构成要件为环境侵权行为、损害结果、因果关系。《民法典》侵权责任编规定的八种承担侵权责任的方式，能够适用在环境公益诉讼中的，主要有以下几种：预防性责任，包括停止侵害、排除妨碍、消除危险；恢复性责任，包括恢复原状、返还财产，其中，返还财产不适用环境公益诉讼；赔偿性责任即赔偿损失，包括环境被损害造成的损失，或者是修复环境时的损失等。

第十四章　环境行政法律责任

环境问题产生于市场失灵，是市场外部不经济性的主要表现形式，解决环境问题和进行环境保护的重要方法就是公共权力或者政府的介入，通过运用行政手段对人们的环境行为进行管理。我国一直强调坚决不走"先污染，后治理"的道路，但市场经济发展的同时，环境污染和生态破坏尚未得到基本的控制。这说明我国环境行政法的实施存在一些问题，而环境行政法律责任是环境行政法得以实施的最后保障。环境行政法律责任及其执行涉及环境行政主体的自由、人格、财产，深入研究其属性、特征和归责等问题，具有深刻的理论和现实意义。

第一节　环境行政法律责任概述

一、环境行政法律责任的含义

环境行政法律责任是立法者实现其立法目的的主要保障方式，因此在环境行政法律中占有重要的地位。每一部环境行政法律基本上都是围绕环境行政法律责任的根据、范围、承担者、认定、形式与实现展开的。❶

---

❶ 陈德敏：《环境法原理专论》，法律出版社 2008 年版，第 277-281 页。

(一)环境行政法律责任的概念、特征

环境行政法律责任是指环境行政法律关系的主体由于违反环境行政法律规范或者不履行环境行政法律义务所应承担的法律后果。其责任承担者多为企业、事业单位及其领导人员、直接责任人员,也包括其他公民。一般而言,行政违法行为就其社会危害性与犯罪行为相比较轻,故而行政责任较之于刑事责任要轻。该责任与环境行政违法行为之间有一定的因果关系,环境行政法律责任是环境行政违法行为所引起的法律后果。

环境行政法律责任具有如下特征:

第一,环境行政法律责任是环境行政法律关系主体的责任,它包括环境行政管理主体和环境行政管理相对人的责任。

第二,环境行政法律责任是一种法律责任,是由于环境行政法律关系主体违反环境行政法律规范所设定的法律义务而产生的,任何主体违反了这种法律义务都必须承担法律责任。

第三,环境行政法律责任是环境资源领域的行政法律责任。行政法律责任是行政法律关系主体由于违反行政法律规范而应当依法承担的否定性的法律后果。环境行政法律责任,是由环境行政法律关系主体违反环境行政法律规范所设定的义务而产生,其责任主体只能是环境行政法律关系主体,违反的法律规范只能是环境行政法律规范。当然,环境行政法律规范既存在于行政法法律部门中,也存在于环境法法律部门中,甚至还存在于其他法律部门中。另外,环境法是一个综合性的法律部门,其中不仅有环境行政法律规范,也有环境民事法律规范、环境刑事法律规范。环境行政法律责任的形成,仅仅是违反其中的环境行政法律规范。

第四,环境法上的行政法律责任是环境行政违法行为的必然法律后果。环境法上的行政法律责任必须以环境违法行为为前提,没有违法行为也就无所谓法律责任。

(二)环境行政法律责任与环境民事法律责任的区别

1.产生机理不同

环境行政法律责任是基于不平等主体之间的关系即环境行政法律关系

而发生的，而环境民事法律责任是基于平等主体之间的法律关系即环境民事法律关系而发生的。

2. 责任追究机关和法律程序不同

环境行政法律责任的追究机关具有多元性，其中对行政相对人直接由行政主体以行政程序来追究。而对行政主体、行政公务员等则以权力机关、司法机关、上级行政机关、行政复议机构、专门审计机关、监察机关作为追究机关；追究环境行政法律责任的程序也是多元的，有权力机关的特别监督程序、行政机关的行政程序和司法机关的司法程序等。而环境民事法律责任的追究机关和追究法律程序具有单一性，主要是通过人民法院和依据民事诉讼法律进行。

3. 责任承担主体和对象不同

环境行政法律责任主要是违法行为者向国家和社会承担责任。环境民事法律责任是环境民事法律关系中一方当事人对另一方当事人承担责任。

二、环境行政法律责任的分类

环境行政违法行为必然引起法律上的后果，即产生环境行政法律责任。按照不同的标准，可以对环境行政法律责任进行不同的分类，主要包括以下几种。

（一）补救性行政责任和惩罚性行政责任

根据责任的功能和目的之不同，可以将环境行政法律责任分为补救性行政责任与惩罚性行政责任。补救性行政责任是指环境行政违法主体补救自己的法定义务或补救自己的违法行为所造成的危害后果的法律责任。这类责任既适用于环境行政主体，也适用于环境违法相对人，其具体的责任形式包括承认错误、赔礼道歉、恢复名誉、消除危害、履行职务、撤销违法、纠正不当、返还权益、恢复原状、行政赔偿、支付治理费用、停业治理等。惩罚性行政责任是指环境行政违法行为导致的在法律上对违法主体进行惩罚的法律后果。具体形式主要包括通报批评、行政处分、行政处罚。其中通报批评既可适用于环境行政管理的公务人员，包括国家公务人员、被授权组织，又可适用于环境行政相对人；行政处分适用于环境行政主体或环境管理相对人内部，其主要适用于环境行政管理的公务人员，包括国家公务员、被授权组织和受委托组织内部从事环境行政管理的人员；行政处罚只能适用于环境行政相对人。

还有一类责任，它既是补救性的又是惩罚性的，如责令关闭。另外，环境行政法律责任还包括既非补救性又非惩罚性的一类特殊的环境行政法律责任。如责令"并""转"，其实质是一种行政要求。但是由于它们处在各环境法律法规的"法律责任"之中，加上《大气污染防治法》把限期治理由一种行政要求变更为行政责任，所以大多数学者倾向于认为责令"并""转"是一类比较特殊的环境行政法律责任。

（二）环境行政主体的行政责任和环境行政相对人的行政责任

根据责任承担主体的不同，可以将环境行政法律责任分为两类：第一，行使环境行政管理权力的各类环境行政主体，由于未履行环境行政监管职责，或者滥用环境行政管理职权，而应承担的行政责任。当然，受委托组织和行政公务人员承担的环境行政法律责任也包括在内。其中，环境行政主体承担的责任方式主要有通报批评、赔礼道歉、承认错误、恢复名誉、消除影响、返还权益、恢复原状、停止违法行为、履行职务、撤销违法行政行为、纠正不当行为、行政赔偿等。受委托组织承担的责任方式有通报批评、赔偿损失和行政处分。第二，环境行政相对人由于不履行环境行政法律规范规定的保护环境资源、防治污染破坏、服从环境资源管理的义务，或者滥用环境资源权利所应承担的行政责任。环境行政相对人承担的责任主要有承认错误、赔礼道歉、行政处罚、履行法定义务、恢复原状、返还权益、赔偿损失等。有种观点认为，相对人承担的"返还权益、恢复原状""赔偿损失"等责任形式应属于民事法律责任而非行政法律责任。固然，返还权益、恢复原状、赔偿损失有民事责任的性质，但在环境法中它们不同于一般民事责任是由环境行政主体通过行政手段而追究的责任形式，从而具有行政色彩，将其归纳为行政责任并无不当。

（三）内部行政责任和外部行政责任

根据责任关系主体的不同，将环境行政法律责任分为内部行政责任和外部行政责任。内部行政责任是内部行政法律关系中一方主体对另一方主体的责任，具体包括行政公务人员对行政机关的责任，受委托组织对委托行政机关的责任等。其责任形式有：行政处分、通报批评、行政赔偿。《中华人民共和国国家赔偿法》第16条第1款规定："赔偿义务机关赔偿损失后，应当责令有故意或者重大过失的工作人员或者受委托的组织或者个人承担部分或者全部赔偿费用。"该款确定了赔偿义务机关对有故意或重大过失的行政公务人员和受委托组织或者个人的行政追偿权。外部行政责任是外部行政法律关系主体之间的责任，它包括环境管理相对人所负的责任。一般地说，受委托组织和行政公务人员不是外部行政法律关系主体，不承担外部行政责任。因此外部责任形式包括行政主体承担行政责任的具体方式和行政相对人承担行政责任的具体方式，即通报批评、赔礼道歉、停止违法行为、赔偿损失等。

（四）财产性行政责任与非财产性行政责任

根据行政责任内容的不同，可以将环境行政法律责任分为财产性行政责任和非财产性行政责任。财产性行政责任是以财产为责任承担内容的行政责任，责任方式主要包括：罚款、没收违法所得、赔偿损失和支付治理费用等。非财产性行政责任是指不以财产为责任内容而以人身、名誉、行为等作为承担内容的行政责任，责任方式则包括停止违法行为、消除危险、承认错误、赔礼道歉、恢复原状等。这两种责任的承担主体都既可以是环境行政主体、受委托组织、行政公务人员，也可以是环境相对人。

（五）作为的环境行政责任和不作为的环境行政责任

根据违法行为的种类不同，可以将环境行政责任分为作为的环境行政责任和不作为的环境行政责任。作为的环境行政责任是指环境行政主体滥用职权、侵犯行政相对人合法权益所应承担的行政责任，以及环境行政相对人滥用环境资源权利、抗拒环境行政管理所应承担的行政责任。而不作为的环境行政责任是指环境行政主体未履行或者疏忽行使管理职责所应承担的行政责任，以及环境行政相对人不履行环境行政法律规定的义务或者规避环境行政管理所承担的行政责任等。

（六）权力机关确认和追究的行政责任、行政机关确认和追究的行政责任以及司法机关确认和追究的行政责任

根据确定责任主体的不同，可以将环境行政责任分为权力机关确认和追究的行政责任、行政机关确认和追究的行政责任以及司法机关确认和追究的行政责任。权力机关确认和追究的行政责任主要针对的是环境行政机关和公务员，责任方式主要有：依法撤销环境行政机关发布的违法的规范性文件、依法罢免政府组成人员。行政机关确认和追究的行政责任针对的既可能是环境行政主体、受委托组织、行政公务人员，也可能是环境相对人，其归责方式多种多样。司法机关确认和追究的行政责任的主要途径是行政诉讼，其对象主要是环境行政主体，责任方式可以是确认具体行政行为违法、依法撤销具体行政行为、责令环境行政主体履行法定职责或责令其承担行政赔偿责任。

第二节　环境行政法律责任的构成和免除

一、环境行政法律责任的构成要件

环境行政法律责任的构成要件，是指承担环境行政法律责任所必须具备的法定条件。它是违法者所必须具备的主、客观条件，这些条件是由环境保护法所规定的。❶

（一）环境行政违法行为

环境行政违法行为是指环境行政法律关系主体违反环境行政法律规范

---

❶ 陈德敏：《环境法原理专论》，法律出版社 2008 年版，第 281-290 页。

的行为。环境行政违法行为的存在是构成环境行政责任的必备要件，也是构成环境行政法律责任的首要条件。我国《环境保护法》第59条至第64条对行政违法行为作了明确规定。有关的环境资源法律、法规也规定了更为具体的应承担行政责任的环境行政违法行为。对某些违反治安管理处罚条例损害环境的行为，也可追究行政责任。

（二）行为人主观上有过错

行为人在从事环境违法行为时是否有主观过错，是进一步决定是否追究环境行政责任的必要前提。行为人的主观过错分为故意和过失两种，故意是指行为人明知自己的行为会造成环境污染或者破坏的危害后果，但是希望或者放任这种危害后果的发生；过失则是指行为人应当预见或者已经预见自己的行为会导致环境污染或破坏的后果，因为疏忽大意或过于自信而导致环境危害后果的发生。如某一企业，若其故意把在生产过程中产生的废水排入河流，则我们可以说行为人有过错，可让其承担相应的行政责任；但如果废水流入河流是由于不可抗力的因素所致，该企业在事故发生后采取积极措施以减轻消极后果，那么，该企业由于主观上没有过错，则不承担行政责任。

（三）行为的危害后果

行为的危害后果是指违反环境法的行为造成环境污染或环境破坏的事实。应当明确的是，危害后果是构成行政责任的选择性要件，其并不是环境法所规定的构成环境行政责任的必要条件。基于环境污染和破坏的特殊性，环境损害的长期性、潜伏性和复杂性，以及环境法律体系预防为主的原则的考虑，我国环境法律体系中并未将危害后果作为行为人承担行政责任的必备条件。

同时，传统的行政法要求损害必须是对人身和有主财产的损害，而环境法在追究环境行政责任时扩展了这种危害后果的范围：在一定情况下，损害有主或无主的环境因素也应当承担环境行政责任；在一定情况下，可能造成环境损害的行为也要承担环境行政责任；浪费自然资源有时也要承担环境行政责任。

（四）环境违法行为与危害后果之间有因果关系

因果关系表明的是环境行政违法行为与危害后果之间存在客观的、真实的和必然的内在联系，行为之因引起了危害之果。在环境法领域，环境因素的复杂性决定了环境行政违法行为与危害后果之间的因果关系比较复杂，在环境保护实践中，要准确认定产生环境危害后果从而确定两者的因果关系有时非常困难。但我们不能据此就认为因果关系是环境行政责任的选择性要件，环境行政违法行为与环境危害后果之间的因果关系的存在是连接两种现象的桥梁和纽带，没有这种因果关系的存在，对行为给予法律上的否定性评价就不具有正当性。

需要说明的是，在危害后果作为追究环境行政责任的选择要件而不是必备要件的情况下，是否可以不考虑因果关系？如按照我国《环境保护法》第59条至第63条等的规定，只要行为人有违法行为，环境行政主管部门就可以给予行政处罚。但这也不能否定因果关系的存在，法律作此规定的背后是预期这些行为发生必然会对环境产生危害性后果，环境法注重预防，所以我们应该在更广阔的视野内判断危害后果——是客观存在还是潜在的，在环境法的视野中对环境有危害之虞本身也应该是一种危害结果的发生。所以，在环境行政法律责任中，遇到因果关系难以认定的情况可能是经常的，关键不在于是否需要以因果关系作为要件，而是在因果关系作为必备要件的前提下，如何去认识因果关系。在一定情况下，可以借鉴环境民事责任中的"因果关系推定"等新的证明方法。❶

二、环境行政法律责任的免除

环境行政法律责任的免除，也称免责，是指行为主体违反环境法律规

---

❶ 也有学者虽然认为因果关系是选择性要件，但同时认为只要环境行政机关提出了一种直接的、表面的因果证明，即说明违法行为是危害结果发生的直接原因，行为人要反驳环境行政机关的观点，就必须提出反证。参见汪劲：《中国环境法原理》，北京大学出版社2000年版，第342–343页；常纪文、王宗廷：《环境法学》，中国方正出版社2003年版，第347页。

范并且具备承担环境行政法律责任的条件,由于存在法律规定的某些主观或者客观条件,致使环境行政法律责任可以被部分或者全部免除。责任的免除以违法和责任的存在为前提,故责任的免除不同于"不负责任"或者"无责任",因为后两者并不存在责任。

关于免责事由或者免责条件,我国法学界认识并不一致。有的人认为,免责条件可分为公法的免责条件和私法的免责条件。前者通常包括不可抗力、正当防卫和紧急避险;后者则包括不可抗力、正当防卫、紧急避险等法定的免责条件及权利主张超过时效、有效补救、自愿协议等意定免责条件。也有的人认为免责条件除正当防卫、紧急避险和不可抗力外,还包括行为人无责任能力。法律责任的免除以法律责任的存在为前提,法定责任能力是行为人承担法律责任的构成要件之一,无责任能力者不负法律责任,故行为人无责任能力不是免责条件。而正当防卫和紧急避险表面上是免责条件,但究其实质,并非免责条件,因为正当防卫和紧急避险是排除违法性或者违法阻却的合法行为,根本就不存在违法和法律责任问题。因此也不存在免责问题。

结合环境法及其他相关法律的规定和法学理论,环境行政法律责任的免除主要包括下列情形。

(1) 时效届满。法律责任经过了一定期限后而免除。例如《中华人民共和国治安管理处罚法》(以下简称《治安管理处罚法》)第 22 条第 1 款规定:"违反治安管理行为在六个月内没有被公安机关发现的,不再处罚。"《中华人民共和国行政处罚法》(以下简称《行政处罚法》)第 36 条第 1 款规定:"违法行为在二年内未被发现的,不再给予行政处罚。法律另有规定的除外。"这两部法律中的"不再处罚"或者"不再给予行政处罚"实质上就是免予处罚。

(2) 情节特别轻微。例如《治安管理处罚法》第 19 条规定,情节特别轻微的,减轻处罚或者不予处罚。《行政处罚法》第 33 条规定,违法行为轻微并及时纠正,没有造成危害后果的,不予行政处罚。一般来说,情节特别轻微的情况包括,行政违法行为的后果轻微;违法行为处于预备阶段或中断阶段；行为人的行为是基于严重的认识错误。

（3）主动消除或者减轻违法行为危害后果的。例如《治安管理处罚法》第19条规定，主动消除或者减轻违法后果，并取得被侵害人谅解的，减轻处罚或者不予处罚。《行政处罚法》第32条规定，主动消除或者减轻违法行为危害后果的，应当依法从轻或者减轻行政处罚。

（4）受他人胁迫有违法行为的。例如《治安管理处罚法》第19条规定，出于他人胁迫或者诱骗的，减轻处罚或者不予处罚。《行政处罚法》第32条规定，受他人胁迫有违法行为的，应当依法从轻或者减轻行政处罚。

（5）配合行政机关查处违法行为有立功表现的。例如《治安管理处罚法》第19条规定，主动投案，向公安机关如实陈述自己的违法行为的；有立功表现的，减轻处罚或者不予处罚。《行政处罚法》第32条规定，配合行政机关查处违法行为有立功表现的，应当依法从轻或者减轻行政处罚。

第三节　环境行政法律责任的实现

环境法律关系主体违反环境法律、法规以后，就应承担相应的法律责任。在我国，有权追究行政责任的组织包括行政机关、人民法院、各级人民政府、各级人民政府的环境行政主管机关和分管机关以及上级行政机关。其中，对于环境行政主体责任的追究依法由行政机关、人民法院和上级行政机关进行。

环境管理相对人的行政责任则由法定行使环境行政权的机关追究，在我国主要是各级人民政府、各级人民政府的环境行政主管机关以及分管机关来追究。除行政赔偿外，几乎所有的行政责任形式，都可适用于环境行政相对人。

环境行政责任的特征之一是基于不平等主体之间的法律关系而发生，

所以按照环境行政责任承担主体的差异可以分为两大类，即环境行政主体违法的环境行政责任和环境行政相对人违法的环境行政责任。

一、环境行政主体违法的环境行政责任

环境行政主体违法是指环境行政管理主体通过环境行政人员在具体的环境管理过程中所进行的侵害受法律保护的环境行政法律关系但尚未构成犯罪的有过错行为，简称环境行政违法。

环境行政违法的法律后果就是环境行政主体必须承担行政责任。其中，环境行政违法承担的惩罚性后果是行政处分，补救性后果主要是行政赔偿。违法就要承担责任，环境行政违法人员大多是公务员，所以他们都是在行政组织内部依法承担相应的法律责任——行政处分；而环境管理人员又代表国家行使职权，如果他们的侵权行为给相对人造成了经济损失，则要依照《国家赔偿法》对外承担行政赔偿责任。

（一）补救性的行政责任

（1）承认错误，赔礼道歉。环境行政违法行为损害相对人的环境权益时，应向相对人承认错误、赔礼道歉。

（2）恢复名誉，消除影响。环境行政违法行为造成相对人名誉上的损害，并造成不良影响时，应通过一定形式为相对人恢复名誉、消除不良影响。

（3）履行职务。当环境行政主体不履行法定义务或不积极履行法定义务时，相对人可以向法定机关申请要求环境行政主体履行法定义务。

（4）撤销违法。指法定有权机关撤销环境行政主体及环境行政人员的违法行为。

（5）返还权益。指环境违法行为非法剥夺了环境相对人的权益后，在撤销或变更该行政行为时，必须返还相对人的权益。

（6）恢复原状。环境行政主体及环境行政人员在依法行使职权时，导致相对人的物品损坏的，应恢复原状。

（7）行政赔偿。环境行政主体及环境行政人员由于环境侵权行为导致相对人的合法权益受到侵害的，该环境行政主体应当依《国家赔偿法》进行赔偿，相关环境行政人员承担连带责任。

（二）惩罚性的行政责任

（1）通报批评。指上级行政机关对下级行政机关或个人的违法行为所作的一种书面形式的处罚，这种处罚并不直接涉及受罚人的权利和义务，但将可能对其权利义务产生一定的影响。通报批评的目的主要在于教育当事人和其他有关人员以及提醒人们对某件事、某种行为的警觉。

（2）行政处分。指国家机关、企业事业单位依法对所属人员的违法或违纪行为给予的一种法律制裁。《中华人民共和国公务员法》（以下简称《公务员法》）第62条规定，行政处分有警告、记过、记大过、降级、撤职、开除6种。

（三）《环境保护法》对行政主体环境行政法律责任的专门规定

2014年修订的《环境保护法》的亮点之一是在第68条详细规定了行政主体承担的环境行政法律责任。该条通过详细列举的方式，规定了环境保护主管部门、其他负有环境保护监督管理职责的部门及其工作人员承担环境行政法律责任的具体情形及其法律后果。

《环境保护法》第68条规定了地方各级人民政府、县级以上人民政府环境保护主管部门和其他负有环境保护监督管理职责的部门，这些部门直接负责的主管人员和其他直接责任人员对于8种违法行为要接受行政处分，这些行为可以概括为环境行政不作为和违法环境行政作为两类。

1. 环境行政不作为

环境行政不作为是指地方各级人民政府、县级以上人民政府环境保护主管部门和其他负有环境保护监督管理职责的部门应当履行法定职责而不履行法定职责的行为。环境行政不作为的构成要件有三个：第一，有法定的作为义务；第二，有履行义务的可能性；第三，有履行义务的必要性。具体到本条，环境行政不作为包括三种情形：第一，依法应当作出责令停业、关闭的决定而未作出的；第二，对超标排放污染物、采用逃避监管的方式排放污染物、造成环境事故以及不落实生态保护措施造成生态破坏等行为，发现或者接到举报未及时查处的；第三，应当依法公开环境信息而未公开的。

2. 违法环境行政作为

违法环境行政作为是指地方各级人民政府、县级以上人民政府环境保护主管部门和其他负有环境保护监督管理职责的部门没有相应的职权而滥用职权、玩忽职守、徇私舞弊的行为。违法环境行政作为的构成要件有两个：第一，没有法定的作为权利；第二，有超越职权、滥用职权的行为。具体到第68条，违法环境行政作为包括五种情形：第一，不符合行政许可条件准予行政许可的；第二，对环境违法行为进行包庇的；第三，违反本法规定，查封、扣押企业事业单位和其他生产经营者的设施、设备的；第四，篡改、伪造或者指使篡改、伪造监测数据的；第五，将征收的排污费截留、挤占或者挪作他用的。

根据该条规定，地方各级人民政府、县级以上人民政府环境保护主管部门和其他负有环境保护监督管理职责的部门的直接负责的主管人员和其他直接责任人员，只要实施了上述8种违法行为中的一种或数种，即要视情况予以记过、记大过或者降级的处分；一旦造成严重后果，则要视情况给予撤职或者开除处分，其主要负责人应当引咎辞职。

2015年中共中央办公厅、国务院办公厅印发了《党政领导干部生态环境损害责任追究办法（试行）》，明确了"党政同责"，实行地方党委政府领导成员生态文明建设一岗双责制。依据党委和政府及其相关部门在决策、执行、监管中的责任，针对地方党委和政府主要领导成员确定了8种追责情形，针对地方党委和政府有关领导成员确定了5种追责情形，针对政府有关工作部门领导成员确定了7种追责情形，针对利用职务影响的党政领导干部确定了5种追责情形。责任主体与具体追责情形一一对应，在实践中有利于增强追责的针对性、精准性和可操作性；防止责任转嫁、滑落，确保权责一致、责罚相当。在生态环境损害责任终身追究方面，《党政领导干部生态环境损害责任追究办法（试行）》第4条明确规定："党政领导干部生态环境损害责任追究，坚持终身追究的原则。"第12条规定："实行生态环境损害责任终身追究制。对违背科学发展要求、造成生态环境和资源严重破坏的，责任人不论是否已调离、提拔或者退休，都必须严格追责。"

二、环境行政相对人违法的环境行政责任

环境行政相对人违法是指相对人违反环境法律规范，实施危害环境但尚未构成犯罪的行为。这种行为与环境行政主体违法在内容、形式和法律后果上均有很大不同。

环境行政相对人的违法行为所导致的不利法律后果就是承担行政责任，其承担的处罚性法律后果主要是行政处罚，这种后果体现了国家的权力色彩，目的在于促使相对人严格履行法定义务。

（一）补救性法律责任

补救性法律责任形式包括消除危害、支付治理费用、恢复原状、缴纳排污费、赔偿损失等。❶其中一些责任形式与承担民事责任的形式完全相同，值得注意的是出现这种相同意味着环境保护领域行政权的扩大，而行政权扩大的原因则是基于环境保护的重要性和迫切性的要求。环境污染和破坏的后果十分严重，必须及时采取制止和补救措施，避免造成更大的危害，而依民事法律程序则不利于及时、迅速地制止非法行为；环境法将原应由司法机关追究的民事责任转由行政机关追究，以便发挥行政程序简便、迅速的特点，更好地保护环境。

《环境保护法》对补救性的环境行政法律责任的规定主要有：第59条规定的"企业事业单位和其他生产经营者违法排放污染物"的要被"责令改正"；第60条规定的"企业事业单位和其他生产经营者超过污染物排放标准或者超过重点污染物排放总量控制指标排放污染物的，县级以上人民

---

❶ 吕忠梅：《环境法学（第二版）》，法律出版社2008年版，第150-151页。

政府环境保护主管部门可以责令其采取限制生产、停产整治等措施";第61条规定的"建设单位未依法提交建设项目环境影响评价文件或者环境影响评价文件未经批准,擅自开工建设的",由负有环境保护监督管理职责的部门责令"停止建设"和"恢复原状"。

（二）处罚性行政责任

环境行政处罚是环境行政主体依法对违反环境行政法律规范的相对人所给予的制裁。根据我国《环境保护法》《行政处罚法》和《环境行政处罚办法》的有关规定,环境行政处罚的主要种类和形式如下。

1. 警告

警告是环境行政主体对违法的相对人所进行的批评教育、谴责和警诫。我国《行政处罚法》第9条和《环境行政处罚办法》第10条均明确规定了"警告"是行政处罚的种类之一。我国现行的《环境保护法》没有明确规定警告,但我国《海洋环境保护法》第74、第75、第85—88条等数个条文明确规定了警告处罚。

2. 罚款

罚款即环境行政主体强制违法的相对人向国家缴纳一定数额的款项的经济处罚。罚款是非常重要的一类行政处罚形式,我国几乎所有的环境保护法律、行政法规在法律责任部分均规定了罚款这一罚种。就罚款的种类而言,我国2014年修订的《环境保护法》的亮点之一是在环境罚款制度上的创新,即通过第59条新增了按日连续计罚制度,它是针对持续性违法行为,以天为单位计算对违法单位或个人的经济处罚额度,是一种随时间累加而不断加总的动态罚款模式。根据环境保护部颁布2015年1月1日起施行的《环境保护主管部门实施按日连续处罚办法》第5条规定:"排污者有下列行为之一,受到罚款处罚,被责令改正,拒不改正的,依法作出罚款处罚决定的环境保护主管部门可以实施按日连续处罚:（一）超过国家或者地方规定的污染物排放标准,或者超过重点污染物排放总量控制指标排放污染物的;（二）通过暗管、渗井、渗坑、灌注或者篡改、伪造监测数据,或者不正常运行防治污染设施等逃避监管的方式排放污染物的;(三)排放法律、法规规定禁止排放的污染物的;(四)违法倾倒危险废物的;(五)其他违法排放污染物行为。"按日连续计罚的实施程序和计罚方式也由该办法具体规定。

许多国家和地区的实践表明,按日计罚对于遏制具有明显持续性特征的环境违法行为具有明显的效果。其法律意义在于:第一,预防环境违法行为,降低环境监督成本。按日计罚可以让企业形成违法零收益的预期,从而达到预防违法的效果。处罚力度的提升和处罚手段预防功能的发挥可以大大降低环境执法监督的公共支出和环境执法人员的工作压力。第二,促进环境守法意识和守法文化的形成。按日计罚的目的在于消除违法带来的非法收益,建立起正确的激励导向。第三,维护法律尊严,彰显公平。对违法行为的不罚和轻罚都是对守法行为的不公平。按日处罚即是要追求"赏罚平衡",以维护和追求法律的公平为归宿。第四,维护公平的市场竞争秩序。按日计罚让市场竞争主体公平地承担环境污染成本,从而可以在保证环境标准得到遵守的前提下创造公平的市场竞争环境。

3. 责令停产整顿

责令停产整顿即环境行政主体针对情节较轻的超过污染物排放标准或者超过重点污染物排放总量控制指标排放污染物的企事业单位和其他生产经营者,要求其停止生产,进行整顿,以使排污符合法律要求,在规定时间内经环保部门验收合格的,可以恢复正常的生产经营活动。《环境保护法》第60条对该环境行政处罚的表述是"企业事业单位和其他生产经营者超过污染物排放标准或者超过重点污染物排放总量控制指标排放污染物的,县级以上人民政府环境保护主管部门可以责令其采取限制生产、停产整治等措施"。这是临时性的、阶段性的相对较轻的处罚,针对的是情节较轻的超过污染物排放标准或者超过重点污染物排放总量控制指标排放污染物的行为。

其他环境保护单行法也有责令停产整顿的环境行政处罚,当然,在立法用语表述上可能稍有差异,比如,我国《水污染防治法》第82—84条"责令停产整治"和第92条"责令停产整顿"的规定。"责令限制生产"

是2014年修订的《环境保护法》新增的一种行政处罚形式,其更早见于2008年修订的《水污染防治法》第74条第2款的规定:"限期治理期间,由环境保护主管部门责令限制生产、限制排放或者停产整治。限期治理的期限最长不超过一年;逾期未完成治理任务的,报经有批准权的人民政府批准,责令关闭。"同时,环境保护部2009年颁布的《限期治理管理办法(试行)》第17条规定,"对被决定限期治理的排污单位,环境保护行政部门还应当在《限期治理决定书》中告知以下事项:……限期治理期间排放水污染物超标或者超总量的,环境保护行政部门可以直接责令限产限排或者停产整治……"该规定中的"责令限产限排"也可以认为是对"责令限制生产"的直接规定。

4. 责令停产、停业、关闭

责令停产、停业、关闭即环境行政主体针对情节严重的超过污染物排放标准或者超过重点污染物排放总量控制指标排放污染物的企事业单位和其他生产经营者,要求其停止生产,并对从事营业性活动的相对人强令其停止营业,对从事非营业性活动的单位强令其关闭。对比于责令停产整顿,这是一种永久性的处罚。该种行政处罚规定于《环境保护法》第60条:"……情节严重的,报经有批准权的人民政府批准,责令停业、关闭。"其他环境保护法单行法也有责令停产、停业、关闭的规定,比如,《水污染防治法》第83、第85、第86条"责令停业、关闭",第87条"责令关闭"的规定和《海洋环境保护法》第77、第81条"责令关闭"的规定。

5. 暂扣、吊销许可证或者其他具有许可性质的证件

暂扣、吊销许可证或者其他具有许可性质的证件,是指行政主体依法对持有某种许可证而实施行政违法行为的相对人采取暂时限制或剥夺其相应行为能力的处罚形式。暂扣许可证或者其他具有许可性质的证件,其特点在于暂时中止持证人从事某种活动的资格,待其改正违反行为后或经过一定期限,再发还证件,恢复其资格,允许其重新从事该权利和资格;吊销许可证或者其他具有许可性质的证件,其特点在于撤销相对人的凭证,

终止其继续从事该凭证所允许活动的资格。《行政处罚法》对吊销许可证规定了听证程序，以确保慎重适用该处罚形式，保护相对人的合法权益。❶ 我国《海洋环境保护法》第 85 条规定："违反本法规定，不按照许可证的规定倾倒，或者向已经封闭的倾倒区倾倒废弃物的，由海洋行政主管部门予以警告，并处 3 万元以上 20 万元以下的罚款；对情节严重的，可以暂扣或者吊销许可证。"《矿产资源法》第 42 条第 2 款规定："违反本法第六条的规定将探矿权、采矿权倒卖牟利的，吊销勘查许可证、采矿许可证，没收违法所得，处以罚款。"

6. 没收违法所得、没收非法财物

没收违法所得、没收非法财物，即环境行政主体对相对人从事违法行为的器具或非法所得予以强制收缴的处罚。该种行政处罚在很多环境保护法律、行政法规中均有规定，比如，《海洋环境保护法》第 76 条，《固体废物污染环境防治法》第 102、第 111、第 112 条，《矿产资源法》第 39、第 40、第 42、第 43 条等。

7. 行政拘留

行政拘留即公安机关对违法的相对人实施的短期限制人身自由的处罚。环境行政拘留是一种人身自由罚，是最严厉的一种环境行政处罚，通常适用于严重违反环境法律法规但不构成犯罪，而警告、罚款处罚不足以惩戒的情况。2014 年修订的《环境保护法》的亮点之一在于新增了环境行政拘留这种环境行政处罚形式，该法第 63 条规定："企业事业单位和其他生产经营者有下列行为之一，尚不构成犯罪的，除依照有关法律法规规定予以处罚外，由县级以上人民政府环境保护主管部门或者其他有关部门将案件移送公安机关，对其直接负责的主管人员和其他直接责任人员，处十日以上十五日以下拘留；情节较轻的，处五日以上十日以下拘留：……"环境行政拘留的实施主体是公安机关，移送主体是县级以上环境主管部门或者其他有关部门。环境行政拘留的对象是对企业事业单位、其他生产经

---

❶ 姜明安：《行政法与行政诉讼法》，北京大学出版社、高等教育出版社 1999 年版，第 223 页。

营者的环境违法行为负有直接责任的主管人员和其他直接责任人员。环境行政拘留的前提条件是企业事业单位、其他经营者故意实施了严重的妨害环境管理秩序的违法行为，尚不构成犯罪，这些行为的四种类型由该条明确规定。

8. 法律、行政法规设定的其他行政处罚种类

环境行政处罚是环境行政责任中非常重要的内容，在具体的环境法律法规中有明确详细的规定，对不同的处罚形式，法律规定了不同的构成要件。实施环境行政处罚必须严格依照《行政处罚法》及其他法律、法规的规定和程序，否则，也必须承担相应的法律责任。

三、环境行政责任与环境刑事责任的衔接

加强环境行政责任与环境刑事责任的衔接工作，是解决环境管理违法成本低、守法成本高等问题的有效途径，是树立环境法制权威、保障环境法律法规有效实施、维护人民群众环境权益的必然要求。《环境保护法》第63条规定，企业事业单位和其他生产经营者有下列行为之一，尚不构成犯罪的，除依照有关法律法规规定予以处罚外，由县级以上人民政府环境保护主管部门或者其他有关部门将案件移送公安机关，对其直接负责的主管人员和其他直接责任人员，处十日以上十五日以下拘留；情节较轻的，处五日以上十日以下拘留：（1）建设项目未依法进行环境影响评价，被责令停止建设，拒不执行的；（2）违反法律规定，未取得排污许可证排放污染物，被责令停止排污，拒不执行的；（3）通过暗管、渗井、渗坑、灌注或者篡改、伪造监测数据，或者不正常运行防治污染设施等逃避监管的方式违法排放污染物的；（4）生产、使用国家明令禁止生产、使用的农药，被责令改正，拒不改正的。

2013年6月出台的最高人民法院、最高人民检察院《关于办理环境污染刑事案件适用法律若干问题的解释》对此也进行了原则性规定。

根据上述条文，环境保护行政部门和其他有关部门发现有规定的环境

违法行为的，应当依职权调查处理，并主动、及时与公安机关沟通，按照《公安机关办理行政案件程序规定》的有关要求向公安机关移送，并将案件相关证据材料一并移送。

环境保护行政部门和其他有关部门向公安机关移送需要进行行政拘留的案件，应当附有案件移送书、依法需要适用行政拘留处罚的案件情况调查报告、涉案物品清单、有关监测报告或者鉴定结论等证据材料。环境保护行政部门已经对相关环境违法行为作出行政处罚决定的，应当同时移送行政处罚决定书和作出行政处罚决定的证据资料。

环境保护行政部门办理适用行政拘留处罚的环境违法案件，应当与公安机关密切配合，充分协调。在向公安机关移送案件后的 10 日内向公安机关查询受理情况，并跟踪案件办理过程。对公安机关已经受理的案件，环境保护行政部门应当予以配合，支持公安机关的调查工作，根据需要提供必要的监测数据和其他证据材料。在案件移送前，环境保护行政部门如认为必要，可以邀请公安机关派员参加相关调查工作；公安机关要求提前介入调查或者要求参加案件讨论的，环境保护行政部门应当给予支持和配合。

对应适用行政拘留处罚的案件应当移送公安机关而不移送，致使违法人员逃脱行政拘留处罚的，应当根据《环境保护违法违纪行为处分暂行规定》第 8 条规定，对直接责任人员给予警告、记过或者记大过处分；情节较重的，给予降级或者撤职处分；情节严重的，给予开除处分。

第十五章　环境刑事法律责任

第一节　环境刑事法律责任的确认与免除

一、环境刑事法律责任的确认

（一）环境刑事法律责任的概念

刑事责任的概念在刑法理论中是最根本的概念。刑事责任是指由刑事实体规范认定的行为人有罪过地违反刑法规范所应承担的法律后果。

环境刑事法律责任是刑事责任的一种，是指行为人因违反环境法律法规造成或可能造成环境严重污染或破坏，依法应当承担刑事处罚的后果。环境刑事法律责任是国家运用刑事手段保护环境资源的一种强有力的措施，是对环境违法行为最严厉的制裁。与环境犯罪相对应，环境刑事法律责任可以分为污染环境的刑事责任和破坏自然资源的刑事责任。

（二）环境犯罪的界定及其特征

要确认环境刑事法律责任必须先了解环境犯罪的概念特征。构成犯罪，必须具备四个基本要件，即犯罪的客体、犯罪的客观方面、犯罪的主体、犯罪的主观方面。环境刑事法律责任的确认同样离不开这四个基本要件。❶

---

❶ 陈德敏：《环境法原理专论》，法律出版社 2008 年版，第 336–356 页。

随着全面依法治国、建设社会主义法治国家方略的推进，刑法为适应新时期政治、经济和社会发展的需要，增设了一系列新型犯罪。其中，环境犯罪占据了很大的比例。这表明不仅环境犯罪在学理上受到学者们的普遍关注，而且在立法上也得到了极大的重视。然而，对环境犯罪的概念，理论界还缺乏统一的界定。

1. 环境犯罪的界定

（1）环境犯罪是指违反环境资源保护法规和刑法规定，破坏人类环境和其他生态环境，构成犯罪的行为。❶

（2）环境犯罪是指违反环境保护法规，破坏自然资源和自然环境，危害或足以危害环境资源以及人们生命、健康或重大公私财产的行为。❷

（3）环境犯罪是指自然人或非自然人主体，故意或过失或无过失实施的，污染大气、水、土壤或破坏土地、矿藏、森林、草原、珍危（珍贵濒危）动物或者生态环境和生活环境，具有现实危害性或实际危害后果的作为或不作为。❸

（4）环境犯罪是指具有环境刑事违法性，侵犯了环境法益，应当受到环境刑法规制或应承担环境刑事责任的行为。❹

（5）环境犯罪是指自然人故意或过失、法人（包括特殊法人即国家）无过失地污染、破坏环境及自然资源，从而严重损害环境要素及人类健康和生命或损害巨额公私财产的行为。❺

（6）环境犯罪是指自然人或法人违反环境保护法规，故意或过失实施的，污染大气、土壤或破坏土地、矿藏、森林、草原、珍危动物或其他生态环境，从而产生严重危害后果或高度现实危害可能性的行为。❻

---

❶ 蒋兰香：《环境刑法》，中国林业出版社 2004 年版，第 52 页。

❷ 刘红、孙添坚：《海峡两岸环境犯罪之比较研究》，《福建政法管理干部学院学报》2001 年第 4 期，第 50 页。

❸ 付立忠：《环境刑法学》，中国方正出版社 2001 年版，第 186 页。

❹ 张艳：《从环境刑法法益的角度谈环境刑法的完善》，《山东行政学院山东省经济管理干部学院学报》2005 年第 3 期，第 54 页。

❺ 王威、王伟：《侵犯环境犯罪研究》，天津人民出版社 2003 年版，第 12 页。

❻ 吴殿朝：《论环境犯罪的客体》，《铁道警官高等专科学校学报》2004 年第 3 期，第 36 页。

综合以上概念，可看出国内环境犯罪概念的分歧可归纳为四点：第一，是否明确指出环境犯罪的主体包括法人或国家。第三、第五和第六种定义明确指出了犯罪主体，其中第五种还特别指出应包括特殊法人即国家。第二，是否明确环境犯罪限于惩治结果犯，即强调情节严重或后果重大是构成环境犯罪的必要条件，例如第五种定义。第二、第三和第六种定义规定既处罚结果犯也处罚危险犯，而第一和第四种定义则未明确说明。第三，是否明确环境犯罪的主观方面包括过失或无过失。第三和第五种定义指明犯罪的主观方面包括故意、过失和无过失，而第六种定义认为只包括故意和过失，其他定义中未作出具体规定。第四，是否明确构成环境犯罪的前提条件是违反环境保护法规。第一、第二和第六种定义有此要求。

之所以针对环境犯罪学界存在许多的定义，一个重要的原因在于角度不同。有些学者是严格按照现行刑法的规定界定环境犯罪，还有些学者则是从理论角度阐释环境犯罪的概念，即哪些行为应定义为环境犯罪，而不仅仅限于刑法的规定。选择后者即从理论角度概括环境犯罪的定义或许更佳，环境犯罪是指自然人和法人违反环境保护法规，污染环境或破坏资源以及抗拒环保行政监督，具有现实危害性或造成实际危害后果，应受刑罚处罚的行为。

2. 环境犯罪的一般特征

环境犯罪与普通犯罪相比，具有很多特殊之处，其基本特征可归纳为：

第一，环境犯罪具有不平等性。此种不平等性是就双方当事人的地位而言。一般的犯罪行为中被告人和被害人之间具有平等性、对立性和特定性，可环境犯罪中被告人往往是具有一定经济实力和地位的企业，被害人则是抵抗能力相对欠缺的一般公民，而且多数情况下某一方当事人具有不特定性，甚至双方都具有不特定性。

第二，环境犯罪具有间接性。在环境犯罪中，被告人的行为并不是直接作用于受害人，而是先作用于环境这个载体，然后再由环境作用于受害人。环境犯罪的这个特征，使得人们对于环境犯罪行为的非难和谴责没有其他刑事犯罪那么强烈，司法机关打击环境犯罪的积极性也没有其他犯罪行为那么高。

第三，环境犯罪具有复合性。环境犯罪的原因行为与损害结果之间存在"环境"这一中间媒介，损害结果的发生除了取决于污染物本身的化学、物理、生物、放射等特性，更取决于环境的自净能力，有时某种损害结果还是在多种污染物的交互作用和反应下产生的，而各种污染物质来源广泛、性质各异，它们进入环境中以后，相互之间以及它们与环境要素之间又会发生复杂的物理、化学或生物化学反应，从而使得损害过程变得异常复杂，具有显著的复合性。

第四，环境犯罪具有潜伏性。普通的犯罪行为一旦实施，犯罪结果便会立即形成并很快显现出来。而环境犯罪恰恰相反，由于环境具有一定的自净能力，致使损害后果具有潜伏性，有些环境污染和环境破坏的损害后果往往要经过很长时间才能发现。

（三）环境刑事法律责任的确认要件

环境犯罪的构成，必须具备四个基本要件，即环境犯罪的客体、环境犯罪的客观方面、环境犯罪的主体、环境犯罪的主观方面。环境刑事法律责任的确认同样离不开这四个基本要件。

1. 环境犯罪的客体

我国刑法学界的通说认为，犯罪客体是我国刑法所保护的并且为犯罪行为所侵害的社会关系。传统刑法保护的客体包括国家、社会以及个人的合法权益，其中个人的合法权益如生命、身体、财产等一直扮演着重要角色，但在环境犯罪方面遭遇了尴尬。这是因为如果刑法保护的客体仅限于个人的合法权益，则必然要求环境犯罪行为已造成某个人生命、健康、财产等方面受到既有损害，而这些环境犯罪行为对于生命、健康、财产造成的损害结果往往需要极长的时间才会显现。因此，传统刑法对于其保护客体的限制无法有效地保护环境，扩大刑法保护范围已成必然。

关于环境犯罪的客体，在学界争议较大，并没有统一定论。有的学者认为，环境犯罪的客体包括国家环境资源管理制度、公民的环境权以及与环境有关的人身权和财产权。有的学者认为，环境犯罪侵犯的客体是环境权和公民的健康权，是复杂客体。还有学者认为，环境犯罪客体主要是为环境资源刑法所保护的环境资源法益，即环境资源刑法所保护的生态环境和自然资源。归纳起来，主要的争议焦点在于环境犯罪究竟侵犯的是"社会关系"还是"刑法所保护的利益（即法益）"？抑或两者皆有？主要有以下几种观点：

（1）公共安全说。认为环境犯罪侵犯的是不特定多数人的生命健康和重大公私财产的安全。这种观点认为环境刑法是以保护人身安全或者财产利益为目的的，没有充分反映出环境保护与环境刑法的实质内涵。

（2）经济秩序说。认为环境犯罪的对象是环境要素，其中多为经济资源，它们是我国经济建设的物质基础，危害环境的犯罪必然破坏了社会主义经济秩序。有的环境犯罪确实侵犯了一定的经济秩序，如非法采矿罪、破坏性采矿罪等，对我国的经济建设的确有极大的影响。然而，并非所有的环境犯罪侵犯的都是经济秩序，如非法猎捕、杀害珍贵、濒危野生动物罪，非法采伐、毁坏珍贵树木罪，其破坏的是整个生态环境。因此，经济秩序说不能全面概括环境犯罪的客体，有以偏概全之嫌。

（3）双重客体或多重客体说。多重客体说认为，环境犯罪所侵犯的同类客体是刑法所保护的，而行为人所直接侵犯的人与自然之间的生态关系和为环境犯罪间接侵犯的人与人之间的社会关系，环境犯罪的直接客体是国家、单位、公民的环境权。双重客体说认为，环境犯罪的客体是刑法所保护的，而为行为人直接侵犯的人与自然之间的生态关系和为环境犯罪所间接侵犯的人与人之间的社会关系。

（4）复杂客体说。认为环境犯罪的客体是环境权和公民的健康权。环境犯罪侵犯的客体是国家环境资源保护管理制度、公民的环境权以及与环境有关的人身权和财产权。环境犯罪的客体为复杂客体，表述为两个层次，即环境犯罪首先侵犯的是国家环境资源保护管理制度，其次侵犯的是人的生命健康和重大公私财产的安全。

（5）环境社会关系说。认为环境犯罪侵犯的是国家调整人类与环境各种关系的正常管理秩序。这类观点的立论依据是刑法基本理论，强调以犯罪行为侵害的某种社会关系（环境社会关系）作为环境犯罪的客体。

（6）环境保护制度说。认为环境犯罪的客体是国家环境资源保护管理制度；破坏环境资源保护罪的客体应为国家对环境保护及污染防治的管理制度。这种观点认为，刑法明确将环境犯罪定义为破坏环境资源保护罪，则不能将此类犯罪所侵犯的客体笼统视为对环境权的侵害，而应根据破坏环境资源保护罪客观表现形式的多样性，来决定其行为所侵害客体的特征。破坏环境资源保护罪的客体，或是侵犯有关保护环境资源的法规，或是侵犯有关保护环境资源的制度，抑或是对二者的同时的侵害。

（7）环境权说。认为环境犯罪所侵犯的客体就是环境权。环境权的内涵一般是指法律赋予环境法律关系主体享有在适宜、健康的环境中生活的基本权利。❶

本书认为，将环境犯罪的客体界定为环境权最为适宜，即环境犯罪所侵害的是环境法律关系主体享有在适宜、健康的环境中生活的基本权利。

2. 环境犯罪的客观方面

环境犯罪的客观方面是指行为人实施环境犯罪时的客观外在表现，包括行为人的客观行为、危害后果、客观行为与危害后果之间的因果关系。

（1）环境犯罪的客观行为。环境犯罪中行为人的客观行为一般表现为违反有关环境保护的法律规定，污染或破坏自然资源和生态环境，危害人类生命、健康的行为。这种行为可以是作为，也可以是不作为。它主要包含三个方面的内容：

第一，具有违法性的行为。我国刑法规定的 26 个环境犯罪罪名中有 23 个罪名都以违反某种行政法规作为构成具体罪名的前提。如第 338 条、第 339 条、第 344 条中"违反国家规定"，第 340 条中"违反保护水产资源法规"，第 342 条中"违反土地管理法规"，第 343 条中"违反矿产资源法的规定"等。26 个环境犯罪罪名中，只有非法猎捕、杀害珍贵、濒危

---

❶ 赵秉志、王秀梅、杜澎：《环境犯罪比较研究》，法律出版社 2004 年版，第 36–43 页。

野生动物罪，非法收购、运输、出售珍贵、濒危野生动物、珍贵、濒危野生动物制品罪，盗伐林木罪这3个罪名没有明确规定违法性要件。也就是说，环境犯罪客观行为的成立多以违反法律法规的禁止性规定为前提条件。这种规定形式表明环境刑法与环境行政法相互衔接，环境犯罪的刑事处罚只是行政处罚的补充形式或辅助手段，只有环境违法行为超过行政处罚的标准时，刑法才发生作用。❶ 这也可以看出我国刑法严格区分环境犯罪与一般环境违法行为。

第二，具体的行为方式。环境犯罪是一类犯罪的统称，其具体的行为可归纳为污染环境方面的行为和破坏自然资源保护方面的行为两类。污染环境的行为是指行为人向环境输入大量物质或能量，超过了环境的自净、调节机能，引起环境质量下降，致使环境资源要素遭受严重破坏的行为。如向自然环境排放、倾倒或者处置有放射性的废物、含传染病病原体的废物、有毒物质或者其他危险废物的行为，擅自进口固体废物用作原料的行为等。破坏自然资源保护的行为是指行为人在开发、利用自然环境的过程中，非法摄取资源和物种，改变或破坏生态环境资源的行为。如非法捕捞水产品的行为，非法猎捕、杀害珍贵、濒危野生动物的行为等。

第三，具备法定结果或情节的行为。行为人实施污染或破坏环境的行为必须达到法定结果或情节才构成环境犯罪。如我国《刑法》第340条中"情节严重"的才构成非法捕捞水产品罪，第341条第2款中"情节严重"才构成非法狩猎罪，等等。

（2）环境犯罪的形态。环境犯罪的形态主要有两种：一是结果犯；二是行为犯。所谓结果犯，是指行为人实施了某种环境违法行为，实际造成环境污染或破坏的后果，或者造成生命、健康和公私财产严重损害的结果，从而构成犯罪的情形。目前，我国刑法所规定的环境犯罪中，结果犯占有很大比例。如刑法对"非法捕捞水产品罪"等罪名的规定。所谓行为犯，是指行为人只要实施了污染或破坏环境的行为，不管是否造成了现实

---

❶ 赵秉志、王秀梅、杜澎：《环境犯罪比较研究》，法律出版社2004年版，第57页。

的危害后果,也不管是否使侵害的对象处于某种危险之中,都构成环境犯罪的行为。这是因为这些刑法禁止的行为一旦出现,必然会产生一定的危害结果或形成一种危险的状态,所以对这些环境犯罪行为的处罚不以结果作为要件。至于犯罪行为造成的严重后果,属于从重处罚的情节。如《刑法》第339条第1款规定:"违反国家规定,将境外的固体废物进境倾倒、堆放、处置的,处五年以下有期徒刑或者拘役,并处罚金;造成重大环境污染事故,致使公私财产遭受重大损失或者严重危害人体健康的,处五年以上十年以下有期徒刑,并处罚金,后果特别严重的,处十年以上有期徒刑,并处罚金。"

环境犯罪不同于一般的犯罪,行为人一旦实施了污染或破坏环境的行为,即便当时没有造成实际损害,但对环境资源产生的潜在危害可能长期存在,其造成的后果往往难以甚至无法弥补。我国刑法规定的26个环境犯罪中结果犯占大多数,这与环境犯罪的特点是不相符的。因此,除规定行为犯外,刑法还应对危险犯加以处罚,对那些使环境资源或者人类生命、健康以及财产处于危险状态的危险环境犯罪行为加以处罚。

(3)环境犯罪的因果关系。传统刑法中因果关系的确认对于刑事责任的成立具有重要的意义,行为人实施的行为与危害后果之间有必然联系是行为人承担刑事责任的前提。然而,与一般犯罪相比,环境犯罪中因果关系的认定极其复杂甚至根本无法认定。其原因表现在三个方面:首先,导致损害的物质原因难以查明。由于受到科学技术尤其是医学发展水平的限制,人们通常只是感性地将自身遭受的损害归咎于周边的环境污染行为,而对导致损害的具体物质原因缺乏明确的认识,更难以进行科学的证明。其次,污染环境行为本身的危害性难以确定。企业有依法合理开发利用环境资源的权利、依法向环境排放其生产生活废物的权利,然而,当多个企业共同向一定区域内的环境中排放污染物,这些污染物之间及其与周围的环境要素之间发生着物理反应或化学反应,最终可能对环境、对人类造成严重的损害。此时,就每一个企业而言,其污染行为本身的危害性是很难确定的。再次,污染行为导致损害发生的理由很难证明。污染行为通常都是以环境为媒介,然后再间接地作用于具体的人或物。污染环境的行为与危害结果之间的联系较为松散,很难证明有害物质就是通过某个具体且唯一的途径进入人体或腐蚀某些财物的,或者说很难证明这些损害就一定是通过该污染源排放的污染物经由该途径所导致的。且有些污染物质对人体所造成的损害要经历很长的时间才能够显现出来,往往是损害后果显现时,危害行为早已消失,无法证实。❶因此,在环境犯罪因果关系的认定上采用责任推定原则显得极为必要。

3.环境犯罪的主体

任何犯罪都有主体,也就是说,每一种犯罪都有实施犯罪行为的具体的人,即刑事责任的承担者。根据我国刑法和相关的理论,所谓犯罪主体,是指依照刑事实体法的规定,能够对自己的行为承担刑事责任的人。具体而言,就是具备刑事责任能力,实施严重危害社会的行为,依法应当负刑事责任的自然人或者单位。在我国刑法中,"单位"是指公司、企业、事业单位、机关、团体,是法律上人格化的组织。单位犯罪主体目前只适用于刑法有相关规定的部分犯罪,不能适用于所有的犯罪。

环境犯罪的主体是指实施了污染或者破坏环境的行为,依法应负刑事责任的人。环境犯罪的主体包括自然人和单位。

(1)环境犯罪的自然人主体。自然人作为环境犯罪的主体无可非议。环境犯罪的自然人主体是指达到刑事责任年龄、具有刑事责任能力的自然人。也就是说,环境犯罪的自然人主体能够认识到自己的行为属于污染环境的行为或破坏自然环境的行为,且其具有控制能力,能够控制自己污染环境或破坏自然环境行为的方向,能够对自己危害环境的行为承担刑事责任。

在环境犯罪的自然人主体刑事责任年龄上,从刑法的具体规定看,未满12周岁的人实施环境犯罪行为的,一律不负刑事责任。已满12周岁不满16周岁的未成年人实施环境犯罪行为的,也不负刑事责任。这是因为,

---

❶ 张梓太:《环境法律责任研究》,商务印书馆2004年版,第301-302页。

根据《刑法》第 17 条第 2 款的规定，已满 14 周岁不满 16 周岁的人，只有犯故意杀人、故意伤害致人重伤或者死亡、强奸、抢劫、贩卖毒品、放火、爆炸、投放危险物质罪的，才应当负刑事责任。《刑法》第 17 条第 3 款规定，已满 12 周岁不满 14 周岁的人，犯故意杀人、故意伤害罪，致人死亡或者以特别残忍手段致人重伤造成严重残疾，情节恶劣，经最高人民检察院核准追诉的，应当负刑事责任。而环境犯罪不在上述犯罪之中。因此，环境犯罪自然人负刑事责任的年龄在 16 周岁及以上。

（2）环境犯罪的单位主体。我国刑法以"单位"来规定非自然人主体在环境犯罪中的主体地位，避免了法人应否承担环境犯罪刑事责任等问题的争议。"单位犯罪"涉及的范围比"法人犯罪"更为广泛，它既包括了国有的和集体所有的公司、企业、事业单位的犯罪，也包括了私人所有的、股份制的中外合资、外商独资、合作经营以及其他各种类型的公司、企业、事业单位的犯罪，还包括了国家权力机关、行政机关、司法机关下设的各级各类机关、各种人民团体和社会团体、学术团体等的犯罪。这一规定比起法人犯罪更为科学，它既包括了所有的法人犯罪，也包括了法人犯罪概念难以囊括，而又不属于自然人犯罪的各种机关、团体、组织等的犯罪。

现代环境侵害往往是工厂、企业的生产活动所造成的，在许多环境犯罪中实施侵害行为的行为人不过是按照指示行事的工人，而真正的"幕后黑手"实为单位的负责人。因此，我国刑法规定的"单位犯本罪的，对单位判处罚金，并对其直接负责的主管人员和其他直接责任人员，依照自然人犯本罪的规定处罚"，更有利于制裁真正的犯罪主体，以实现保护环境资源的目的。

然而，应当注意，环境犯罪的单位主体具备一般单位犯罪主体的特点，即具备单位刑事责任的合法存在性和自身的完整性。所谓合法存在性，是指单位依法成立，且处于正常存续期间。如在此期间进行环境方面的犯罪，单位应承担刑事责任。如果是非法成立的组织或以已不存在的单位名义进行环境方面的犯罪，则追究自然人的刑事责任。所谓完整性是将单位作为一个整体，而非单位或其他社会实体组织的某一部分，这一部分通常理解为不具有单位的责任能力，其若实施危害环境的行为，应独立承担刑事责任。单位与环境犯罪行为之间的客观内在联系必须通过环境犯罪行为的实施者来实现。单位成员实施犯罪行为是单位意志的直接体现，而且与单位意志趋于一致，超越单位犯罪意图以外的部分，则属于个人行为，应单独承担责任。如单位内部普通成员在工作中因个人行为构成环境犯罪的，无论其主观上出于故意还是过失，都应追究其刑事责任，单位不应承担环境犯罪的刑事责任。此外，非本单位的其他人员冒用单位名义实施的环境犯罪行为不构成单位环境犯罪。

4. 环境犯罪的主观方面

犯罪的主观方面体现的是行为人在怎样的心理状态支配下实施危害社会的行为。具体而言，犯罪的主观方面是指我国刑法规定的行为主体对其危害行为及其已经或者可能造成的危害社会的结果所具有的心理态度。我国刑法理论认为，犯罪的主观方面是构成犯罪必备要件之一，包括罪过、犯罪目的和动机。其中行为人的罪过即犯罪的故意和过失，是一切犯罪构成都必须具备的主观要件。犯罪的目的只是某些犯罪构成所必备的主观要件，所以也称之为选择性要件。犯罪动机不是犯罪构成必备的主观要件，它不影响定罪，却影响量刑。

环境犯罪的主观方面是指行为人对所实施的污染或破坏环境的行为可能引起的危害环境的后果所持的心理状态。环境犯罪的罪过形式由故意和过失两种形式构成。

（1）环境犯罪的故意形态，包括直接故意和间接故意。环境犯罪的直接故意是指自然人或单位，明知自己污染和破坏环境的行为会造成危害环境资源的后果，但仍希望这种危害后果的发生，因而构成犯罪的情形。环境犯罪的间接故意是指自然人或单位，明知自己污染和破坏环境的行为会造成危害环境资源的后果，但仍放任这种危害后果的发生，因而构成犯罪的情形。实践中，这类犯罪往往与单位的生产经营相关。行为人的主观动机往往是为了经济利益，而放任破坏和污染环境的结果发生。此时行为人往往是间接故意，不是直接故意。如行为人多次排污，有的明知排放废物超出了规定限值，仍继续排放，有的虽经制止但仍实施了排放行为，以致造成污染和破坏环境的危害后果。虽然"造成危害后果"已经预见，但行为人放任其后果的出现，构成间接故意犯罪。如果行为人不是放任而是希望危害后果发生的就可能是其他犯罪。如行为人为了报复，将有毒废水倾倒在他人鱼池，造成重大的经济损失，构成的就是投放危险物质罪。

（2）环境犯罪的过失形态，包括疏忽大意的过失和过于自信的过失。环境犯罪疏忽大意的过失是指自然人或单位，应当知道自己的行为可能发生危害生态环境的结果，由于疏忽大意而没有预见，以致发生了危害后果，因而构成犯罪的情形。环境犯罪过于自信的过失是指自然人或单位已经预见自己的行为会造成污染和破坏环境的危害后果，但轻信能够避免，以致发生了危害后果，构成犯罪的情形。

在污染环境方面的犯罪中，多为过失犯罪，也存在故意的犯罪形态，但故意污染环境犯罪的情形较少。实践中，污染环境犯罪的行为人多为单位，且往往与单位的生产经营活动有关，多为追求经济效益而忽视了对环境的保护，主观上一般没有希望或追求污染结果发生的动机或目的，不存在直接故意。现实中污染环境犯罪的主观方面多为过失，也有间接故意的情况。一般是行为人为追求经济效益，在生产过程中即便是认识到该行为会对环境产生危害后果，但放任这种后果的发生，即环境犯罪的间接故意。此外，环境被污染后极有可能导致财产损失和人身伤亡的结果，行为人对这个结果的发生通常存在过失的心理，即应当预见而没有预见或者虽然已经预见但轻信能够避免造成财产重大损失或人身伤亡的结果。

对于环境犯罪的主观方面，有的学者提出要求建立刑事严格责任制度，这是因为在环境犯罪中，行为人故意侵害环境的情形很少，要证明其主观上的过失很困难，恪守传统的"无过错即无刑事责任"的归责原则，势必将放纵相当一部分的环境犯罪，从而不利于环境的保护。所谓刑事严格责任制度（或刑事无过失责任制度）是指行为人只要实施了危险行为并产生了危害后果，尽管这种行为不伴随相应的罪过，也要承担刑事责任。

这种观点来自环境民事责任中的无过错责任原则。

在英美法系国家的环境刑事立法中，存在环境犯罪严格责任的立法和判例，但为了防止打击面过大，对环境犯罪严格责任的法律的适用和解释都比较严格，还有一些限制性的规定。这些限制性的规定包括：严格责任不适用于重罪，适用严格责任应限制量刑，一般只适用于罚金刑和短期自由刑，只有在被控诉方存在一定程度的过错且难以查明的情况下，才能适用严格责任。❶

目前，我国刑法已将严格责任引入部分环境犯罪中，如《刑法》第338条污染环境罪，在《刑法修正案八》中对于原有规定作了修改，本罪从过错责任原则到带有严格责任性质的过错推定原则。有的学者认可这种责任制度的理由有三：一是符合罪刑相适应原则。如果认为环境犯罪主观方面难以认定，就不追究刑事责任，或是以其他处罚代之，不仅违背了刑法的基本原则，也使被害人的权益失去了法律保障。二是有助于加强排污者的责任感。从渊源上看，严格责任是工业革命的产物。我国目前同样面临西方工业化时期所遇到的环境问题，因此，对环境犯罪规定严格责任，有助于司法机关解决实际问题。三是符合刑罚目的。实行严格责任不仅有助于特殊预防，而且还能起到一般预防作用。❷另有学者认为应当将环境犯罪严格责任加以限制。首先，应限制在对由于数个法人的共同作为而又无法归责于各个法人的主观罪过的危害环境罪中。其次，应限制在某些具有高度危险的行业中，并造成了严重后果的危害环境罪中。❸我国多数学者不赞同在环境刑法体系中适用严格责任。理由是：首先，严格责任违背了我国刑法的内在生命，即主观与客观相统一的基本原则，将民事责任中的无过错责任直接引入刑法有客观归罪之嫌。其次，无过失的罪过形态，多存在于污染环境的犯罪行为中，如果每个企业都按合理的标准正常排污，是不可能预见到共同排污的后果的，亦没有义务注意共同排污的后

---

❶ 张梓太：《环境法律责任研究》，商务印书馆2004年版，第301-302页。
❷ 杨春洗、向泽选：《论环境与刑法》，《法律科学》1996年第1期。
❸ 陈泉生：《环境法原理》，法律出版社1997年版，第279页。

果。且每个企业的排污大多是经过有关部门的检测，获得许可后的行为，它们共同排污造成污染的结果也说明有关部门测算的失误，而单纯追究企业的刑事责任似乎有失公平。再次，将无过失责任只限于危险行业的企业或包含其他类型的企业，这些企业对环境污染和破坏的行为是以企业为整体作的决策，而企业作为实体，对其追究责任，不外是追究企业的直接负责人或决策的执行者的责任。对这些代表企业的自然人来讲，在企业无过失的情况下，代替企业承担刑事责任则显得过于苛刻。此外，对企业处以罚金刑，其目的之一应为对污染结果的治理和补偿。如单纯为弥补损害、保护环境也并非仅刑法手段可行，民事、行政手段都可起到一定的惩戒作用，如停业、罚款等。因而，对环境的保护应是多功能、多渠道的，在环境刑法出现空白的时候，可试图寻求其他途径，而无须强加无过失的责任制度。最后，我国实现环境刑事责任的目的是实现报应（惩罚）、特殊预防与一般预防目的的统一。对于那些已尽到注意义务的无过错环境行为人，仍然要他们承担环境刑事责任，不仅不利于环境刑法特殊预防与一般预防目的的实现，反过来会助长纳税人的抵触情绪，这对促进我国经济的发展和社会的稳定是非常不利的。[1]

综上所述，传统的过错责任原则在环境刑法实践中确实暴露出相当多的困难，但直接适用严格责任也是不合适的。为解决传统刑法在环境污染犯罪方面的不足，各国环境刑事立法采取了责任推定原则，通过降低因果关系证明程度或倒置举证责任、推定过错存在等方式来认定环境污染犯罪。这样就兼顾了刑法主客观相统一的基本原则和环境污染犯罪的客观性。

---

[1] 赵秉志、王秀梅、杜澎：《环境犯罪比较研究》，法律出版社2004年版，第88—89页；常纪文：《环境法律责任原理研究》，湖南人民出版社2001年版，第310页；王秀梅、杜澎：《破坏环境资源保护罪》，中国人民公安大学出版社1998年版，第18—19页。

二、环境刑事法律责任的免除

环境刑事法律责任的免除，即环境犯罪刑事法律责任的免除。环境犯罪免责事由包括主体条件和客观条件两个方面。

（一）环境犯罪免责事由主体条件

环境犯罪免责事由的主体条件包括环境犯罪刑事责任能力和刑事责任年龄。

1. 环境犯罪刑事责任能力

环境犯罪刑事责任能力是指环境行为主体构成环境犯罪和承担环境刑事责任所必需的，主体具备的刑法意义上的辨认和控制自己行为的能力，其本质是主体作出环境行为时，具备相对的自由意志能力。组织法人团体通说认为刑事责任能力一般自其成立与其行为能力同时具备。自然人依责任能力的程度可以划分为：完全刑事责任能力、完全无刑事责任能力和限定刑事责任能力（相对刑事责任能力和减轻刑事责任能力）。❶

2. 环境犯罪刑事责任年龄

刑事责任年龄即自然人刑事责任年龄，指的是法律所规定的行为人对自己实施的刑法所禁止的危害社会的行为负刑事责任必须达到的年龄。其可以分为：完全不负刑事责任年龄阶段、相对负刑事责任年龄阶段和完全负刑事责任年龄阶段。❷

（二）环境犯罪免责事由客观条件

环境犯罪免责事由的客观条件包括正当防卫、紧急避险、被害人承诺三种阻却事由。

1. 正当防卫阻却事由

正当防卫被认为是国家刑罚权鞭长莫及时，个人对于刑罚权的一种

---

❶ 有三分法和四分法，我国采用四分法。参见高铭暄：《新编中国刑法学》，中国人民大学出版社 1998 年版，第 145 页。

❷ 有三分法和四分法，我国采用三分法。参见高铭暄：《新编中国刑法学》，中国人民大学出版社 1998 年版，第 145 页。

救济。正当防卫是从保护个人权利为起点的，进而发展成为保护他人权益、公共权益、国家权益也可以实施正当防卫行为。环境犯罪正当防卫针对的是为刑罚权对于刑法法益保护鞭长莫及时，行为人采取的以牺牲某一环境利益为代价的保护另一更具有价值权益的行为。例如，某工厂持续产生严重污染物质包括气体和液体等物质，正在严重威胁侵害周边居民享有健康舒适生活环境安全时，就可以采取阻碍侵害继续的行动，包括破坏其设备、阻碍其生产秩序等方法使其不能继续侵害的行为，但却导致另一较轻微程度的环境污染和破坏的结果，此时，行为人采取的行动可构成正当防卫。

环境犯罪阻却的正当防卫成立的条件有：有不法侵害行为发生；不法侵害正在进行；防卫必须针对不法侵害主体实行；目的是保护正当权益免遭正在进行的不法行为侵害；防卫不能明显超过必要的限度而造成重大的损害。

2. 紧急避险阻却事由

紧急避险与正当防卫相类似，存在两个利益之间的权衡：正当防卫是合法利益与非法利益之间的衡量，而紧急避险则是两个合法利益之间的衡量。❶ 紧急避险是为了使其他权益免遭正在发生的危险，不得已损害一个较小的合法的环境利益的行为。环境犯罪紧急避险阻却的成立条件是：有威胁合法利益的危险发生；必须是危险正在发生；必须是使合法权益免受正在发生的危险；避险的对象是无辜的第三者及其环境权益，或者牺牲的是其他环境生态法益；避险是在不得已的情况下实施；避险不能超过必要限度造成不应有的损害。

3. 被害人承诺阻却事由

被害人承诺阻却的条件是：损害的合法环境权益必须是承诺者具有处

---

❶ 关于紧急避险阻却违法性学说有利益均衡说和折中说。利益均衡说是较大利益的保护，折中说认为较大利益当然应当保护，但在两种利益等量时，采取牺牲一种利益而保全另一种利益也属于阻却责任事由。折中说在德国被广泛采纳。也有观点认为紧急避险不能阻却违法性，但可以阻却刑事责任。

分权的权益；承诺人的承诺必须是其真实意思的表示；承诺人的承诺必须作于行为前；行为人必须不知道权利人的承诺是为了达到犯罪目的的；基于承诺实施的行为不能违背社会共同生活准则。此外，还有排除环境刑事责任的行为，即依照法律的行为、职务或业务上的正当行为、外交豁免、特赦等。

第二节　环境刑事法律责任的实现

刑事责任的实现，是指代表国家的司法机关对犯罪行为所作的否定评价和对犯罪人的谴责成为事实。环境刑事法律责任的实现是对环境犯罪行为适用刑罚的过程。由于环境犯罪相比其他犯罪更具独特性，这也就决定了其刑事责任的实现具有自己的特点。[1]

一、环境刑事法律责任的实现特点

首先，在环境刑罚的适用原则上，综观各国的环境刑事立法，惩治环境犯罪基本上遵循的有结果加重原则、责任推定原则和双重处罚原则。[2]其中，结果加重原则适用于普遍存在的危险犯和行为犯。这是由于环境犯罪大多数属于行为犯或危险犯，行为人的某一作为可能会导致某一危险状态的存在或实际侵害了某一具体的利益，如果该行为导致了严重的结果发生，则将受到较为严厉的处罚。责任推定原则主要是用于环境危害行为与结果间的因果关系的确定上。由于污染、破坏环境的行为所造成的危害往往具有流动性、潜伏性、长期性和综合性，其对环境、人身和公私财产造成的危害不是立刻就能显现出来的，而只有当危害环境的行为与危害结果

---

[1] 陈德敏：《环境法原理专论》，法律出版社2008年版，第359-361页。
[2] 赵秉志、王秀梅、杜澎：《环境犯罪比较研究》，法律出版社2004年版，第90-91页。

之间的因果关系确定后，才能认定犯罪并予以处罚，所以行为人的环境刑事责任通常都是通过降低因果关系证明程度或倒置举证责任、推定过错存在而成立的。双重处罚原则是单位犯罪刑事责任的承担方式。现代社会，单位的活动日益扩大，从社会利益的角度考虑，又必须对其严重危害自然环境的活动予以相应的处罚，以促使其活动的合法化。因而，在单位危害环境犯罪的制裁中，就规定除对单位刑事处罚之外，还对其直接负责的主管人员和其他直接责任人员，依照自然人犯本罪的规定处罚。

其次，在环境刑事责任承担方式的选择上，我国对环境犯罪主体中的自然人施以刑事制裁时，一般以自由刑为主，并采用财产刑，即罚金刑。

最后，在适用传统刑事制裁的效果上，传统的自由刑和财产刑等刑事制裁手段，并不足以甚至无法达到有效制止环境犯罪结果继续发生的目的。这是由于环境犯罪的危害后果往往具有持续性和潜伏性，还会因为科学技术和认识水平的限制而被忽略，时常是虽然已经对环境犯罪行为适用了刑罚，但危害后果仍在继续，或者是目前尚未表现出和尚未被认识的危害后果在将来出现。因此，环境犯罪的特点要求从刑罚措施和非刑罚措施两个方面改进原有的刑事责任方式，特别是要注重对非刑罚制裁手段的创新和运用，以有效地制止危害环境后果的持续和预防危害行为的再发生。

二、环境刑事法律责任的实现方式

环境刑事法律责任的实现方式，实际上就是环境犯罪主体所受到的不同种类的刑罚处罚。我国的刑罚由主刑和附加刑构成完整的体系，其中规定了轻重不同的各种刑罚方法。主刑和附加刑种类有：生命刑，即死刑；自由刑，包括管制、拘役、有期徒刑、无期徒刑；财产刑，包括罚金和没收财产；资格刑，包括剥夺政治权利和驱逐出境。此外，我国《刑法》第37条还规定了非刑罚处罚方式，具体有训诫、责令具结悔过、赔礼道歉、赔偿损失，或者由主管部门予以行政处罚或者行政处分以及禁业规定。近年来，我国环境刑事司法领域在"落实以生态环境修复为中心的损害救济制度,……最大限度修复生态环境"❶,在恢复性司法理念指导下我国环境刑事司法判决正在发挥修复生态环境,促进资源再生的作用。司法实践中对生态环境修复的判决大量增加,补种复绿、土地复垦或土地恢复原状、净化水域、增殖放流等修复生态环境的判决成为常态,并且取得了良好的效果。

环境刑事法律责任在实现方式上有一定的特性。第一,我国刑法在环境资源犯罪的刑事责任中没有生命刑即死刑的规定。因为死刑通常只适用于社会危害性极大的犯罪行为,而环境犯罪多数是过失犯罪,主观方面通常不具有直接故意,而是在盲目追逐经济利益的过程中导致了人身的重大伤亡,或不遵守一定的规定而致自然遭受破坏,生态失去平衡。"如果对此类行为适用死刑,将导致经济活动中束手束脚的现象,从而阻碍经济发展的积极性。"❷第二,在各国环境刑法中,自由刑是适用最广泛的一种刑罚措施。适用自由刑,根据环境犯罪的事实、情节等,分别适用管制、拘役、有期徒刑或无期徒刑,足以起到威慑和惩治作用,同时也给经济的发展留下了足够的空间。第三,财产刑也是环境资源犯罪适用较多的刑种。环境犯罪大多数都是以追求经济利益为目的的,且犯罪主体大部分是单位,因此,适用财产刑最为适宜,在惩罚行为人的同时还能为恢复被污染或破坏的环境提供资金,减轻国家的财政负担。第四,在环境犯罪中适用资格刑非常有限,剥夺行为人的政治权利、对于犯罪的外国人驱逐出境并没有实际的价值。此外,对于不构成环境犯罪的污染和破坏环境的行为,我国刑法规定了非刑罚处罚方式。"在严格区分危害环境的违法行为与犯罪行为界限的基础上,对那些污染破坏环境行为构成犯罪的适用刑罚处罚;未达到犯罪程度或犯罪情节轻微不需要刑罚处罚的,则依民事的、行政的强制措施予以处罚,诸如公开悔过、责令补救、限制活动、限期治理

---

❶ 参见最高人民法院《关于充分发挥审判职能作用为推进生态文明建设与绿色发展提供司法服务和保障的意见》(法发〔2016〕12号)。

❷ 赵秉志、王秀梅、杜澎:《环境犯罪比较研究》,法律出版社2004年版,第93页。

和勒令停产或解散。"❶

第三节　环境刑事法律责任立法

由于仅靠行政性质的环境法律、法规及其强制措施以及承担民事侵权责任的制裁方式并不足以预防、阻止环境违法行为的发生和蔓延，我国采用刑罚方法来加大对环境犯罪的打击力度。❷

一、我国环境刑事法律责任立法概况

我国现行刑法根据打击危害环境犯罪的实际情况所需，对环境犯罪进行了修订，在《刑法》第6章"妨害社会管理秩序罪"中专设一节，即第6节，规定了"破坏环境资源保护罪"，本节共8个条文19个罪名。它们分别是第338条的污染环境罪，第339条第1款的非法处置进口的固体废物罪，第339条第2款的擅自进口固体废物罪，第339条第3款的走私固体废物罪，第340条的非法捕捞水产品罪，第341条第1款的非法猎捕、杀害珍贵、濒危野生动物罪和非法收购、运输、出售珍贵、濒危野生动物、珍贵、濒危野生动物制品罪，第341条第2款的非法狩猎罪，第341条第3款的非法猎捕、收购、运输、出售陆生野生动物罪。第342条的非法占用农用地罪和破坏自然保护地罪，第343条第1款的非法采矿罪，第343条第2款的破坏性采矿罪，第344条的非法采伐、毁坏国家重点保护植物罪和非法收购、运输、加工、出售国家重点保护植物、国家重点保护植物制品罪，非法引进、释放或者丢弃外来入侵物种罪，第345条第1款的盗伐林木罪，第345条第2款的滥伐林木罪，第345条第3款的非法收

---

❶ 赵秉志、王秀梅、杜澎：《环境犯罪比较研究》，法律出版社2004年版，第94页。
❷ 陈德敏：《环境法原理专论》，法律出版社2008年版，第364–372页。

购、运输盗伐、滥伐的林木罪。除此之外，《刑法》的其他章节也有有关环境犯罪的规定。如《刑法》第3章"破坏社会主义市场经济秩序罪"中第151条第2款的走私珍贵动物、珍贵动物制品罪，第151条第3款的走私珍贵植物、珍贵植物制品罪，第152条第2款的走私废物罪，第228条的非法转让、倒卖土地使用权罪。第9章"渎职罪"中第407条的违法发放林木采伐许可证罪，第408条的环境监管失职罪，第410条的非法批准征收、征用、占用土地罪和非法低价出让国有土地使用权罪等。

从以上刑法规定的环境犯罪可以看出，环境犯罪也分为行为犯罪和结果犯罪两种。对于行为犯罪，只要行为人做出了刑法中所规定的违法行为就应该负相应的刑事责任，因为此时司法机关根据刑法的相关规定即可加以认定。但是对于结果犯罪来说，对于相应的环境犯罪的认定就具有一定的难度。因为一般来说，刑法中规定的诸如"后果特别严重"等定罪量刑的标准本身就是一个比较模糊的概念，不具有可操作性。与此同时，近年来我国发生的严重污染环境的犯罪也并没有得到有效的打击。在这种背景下，最高人民法院于2016年公布了《最高人民法院、最高人民检察院关于办理环境污染刑事案件适用法律若干问题的解释》。结合其他相关环境犯罪刑事处罚的解释，它们可以对现行刑法关于环境犯罪的惩治起到很好的补充作用。首先，解释对原先相对模糊的概念进行了界定，使环境犯罪行为更加清晰明了。其次，这些补充解释的规定在规范认定标准的同时也充分考虑了环境污染及其应急的最新特点。当然，还有一点比较重要的是解释明确了公私财产的损失范围。环境污染事故发生之后，若其进一步扩大就可能会危及社会公众的私人合法权益。将这种私人利益的损失纳入定罪量刑的标准，有利于督促环境违法的单位或个人在发生环境污染事故时充分维护社会公众的私人合法权益，也有利于进一步推进环境资源的保护。

总之，我国的刑法及其相关司法解释都充分体现了环境资源保护的任务，也体现了我国依法保护人权、保障我国社会公众合法的环境权益和维护严格执法的要求。刑法及其配套的相关法律规定将进一步打击环境污染犯罪行为，从而促进我国环境友好型社会与和谐社会的建设。

二、我国危害环境犯罪的主要罪名及其刑事法律责任

我国早在1997年修订《刑法》时，就在分则第六章中专设了"破坏环境资源保护罪"。这体现了国家运用刑罚这种最严厉手段保护环境资源、推进可持续发展的政策性导向。它必将推动我国环境资源保护法治建设事业的发展，并在此基础上促进环境友好型社会的早日实现。

1. 污染环境罪

污染环境罪，是指违反国家规定，向土地、水体、大气排放、倾倒或者处置有放射性的废物、包含传染病病原体的废物、有毒物质或其他危险废物，造成环境污染，致使公私财产遭受重大损失或者人身伤亡的严重后果的行为。构成本罪以违反国家相关法律规定为前提；同时，必须实施向土地、水体、大气排放、倾倒或者处置危险废物的行为，从而造成了严重的环境污染事故。主观方面是故意，即行为人对非法排放、倾倒或者处置危险废物造成环境污染事故，致使公私财产遭受重大损失或者人身伤亡的严重后果，是明知自己的行为会造成污染环境的结果，并且希望或者放任这种结果发生的心理状态。本罪的主体既可以是自然人，也可以是单位。根据《刑法》第338条规定，犯本罪的，处三年以下有期徒刑或者拘役，并处或者单处罚金；后果特别严重的，处三年以上七年以下有期徒刑，并处罚金。此外，《刑法》第346条规定，单位犯本罪的，对单位判处罚金，并对其直接负责的主管人员和其他直接责任人员，依照自然人犯本罪的规定处罚。

2. 非法处置进口的固体废物罪

非法处置进口的固体废物罪，是指违反国家规定，将境外的固体废物进境倾倒、堆放、处置的行为。"固体废物"是指在生产建设、日常生活和其他活动中产生的污染环境的固态、半固态废弃物质。这类废物对环境和人类健康的损害是极难甚至根本无法补救的，消除这类废物的危害，往往需要较高的技术并耗费大量资金，因此，刑法对本罪的处罚较重。本罪的客观方面表现为违反国家规定，将境外的固体废物进境倾倒、堆放、处

置的行为。这里倾倒与处置的必须是境外的固体废物即"洋垃圾"。当然，构成本罪主观方面必须为故意，且犯罪主体为一般主体。《刑法》第339条第1款的规定，犯本罪的，处五年以下有期徒刑或者拘役，并处罚金；造成重大环境污染事故，致使公私财产遭受重大损失或者严重危害人体健康的，处五年以上十年以下有期徒刑，并处罚金；后果特别严重的，处十年以上有期徒刑，并处罚金。此外，《刑法》第346条规定，单位犯本罪的，对单位判处罚金，并对其直接负责的主管人员和其他直接责任人员，依照自然人犯本罪的规定处罚。

3. 擅自进口固体废物罪

擅自进口固体废物罪，是指未经国务院有关主管部门许可，擅自进口固体废物用作原料，造成重大环境污染事故，致使公私财产遭受重大损失或者严重危害人体健康的行为。擅自进口固体废物罪在主观方面表现为过失，也就是说行为人对造成的严重危害后果主观是过失的，但是，对于未经国务院有关部门许可，擅自进口固体废物用作原料是法律禁止的，行为人则是明知的。根据《刑法》第339条第2款规定，犯本罪的，处五年以下有期徒刑或者拘役，并处罚金；后果特别严重的，处五年以上十年以下有期徒刑，并处罚金。另据《刑法》第346条规定，单位犯本罪的，对单位判处罚金，并对其直接负责的主管人员和其他直接责任人员，依照自然人犯本罪的规定处罚。

4. 非法捕捞水产品罪

非法捕捞水产品罪，是指违反保护水产资源法规，在禁渔区、禁渔期或者使用禁用的工具、方法捕捞水产品，情节严重的行为。"禁渔区"是指对某些重要鱼虾、贝类产卵场、越冬场等，划定禁止全部作业或者限制作业的一定区域。"禁渔期"是指对某些鱼类幼苗出现的不同繁殖期，规定禁止作业或者限制作业的一定期限。"禁用的工具和方法"是指不符合保护鱼类资源要求的捕捞工具和方法，如渔网的网眼超过了国家规定的最小尺寸，以及炸鱼、电鱼等禁用的方法。本罪属情节犯，必须是行为人的行为属"情节严重的"，才构成本罪。以非法占有为目的，在他人养殖水产品的湖泊、水库中用炸鱼、电鱼等方法盗捕水产品的不定本罪；如果危害公共安全则以危害公共安全罪中的相应罪名处罚；未危害公共安全的，以盗窃罪定罪处罚。根据《刑法》第340条规定，犯本罪的，处三年以下有期徒刑、拘役、管制或者罚金。另据《刑法》第346条规定，单位犯本罪的，对单位判处罚金，并对其直接负责的主管人员和其他直接责任人员，依照自然人犯本罪的规定处罚。

5. 非法猎捕、杀害珍贵、濒危野生动物罪

非法猎捕、杀害珍贵、濒危野生动物罪，是指违反野生动物保护法规，非法猎捕、杀害国家重点保护的珍贵、濒危野生动物的行为。"珍贵野生动物"是指具有较高的科学研究、经济利用或者观赏价值的野生动物。如大熊猫、金丝猴、东北虎、猕猴、黄羊、马鹿等。"濒危野生动物"是指除珍贵和稀有之外，种群数量处于急剧下降的趋势，面临灭绝危险的野生动物，如白鳍豚。国家重点保护的"珍贵、濒危野生动物"，包括列入《国家重点保护野生动物名录》的国家一、二级保护野生动物，列入《濒危野生动植物种国际贸易公约》附录一、附录二的野生动物以及驯养繁殖的上述物种。在认定方面，根据最高人民法院公布的《关于审理野生动物资源刑事案件具体应用法律若干问题的解释》的规定，使用爆炸等危险方法破坏野生动物资源的，构成本罪又构成危害公共安全犯罪的，依照处罚较重的规定定罪处罚。根据《刑法》第341条规定，犯本罪的，处五年以下有期徒刑或者拘役，并处罚金；情节严重的，处五年以上十年以下有期徒刑，并处罚金；情节特别严重的，处十年以上有期徒刑，并处罚金或者没收财产。另据《刑法》第346条规定，单位犯本罪的，对单位判处罚金，并对其直接负责的主管人员和其他直接责任人员，依照自然人犯本罪的规定处罚。

6. 非法收购、运输、出售珍贵、濒危野生动物、珍贵、濒危野生动物制品罪

非法收购、运输、出售珍贵、濒危野生动物、珍贵、濒危野生动物制品罪，是指非法收购、运输、出售国家重点保护的珍贵、濒危野生动物及

其制品的行为。其中,"收购"包括以营利、自用等为目的的购买行为。"运输"包括采用携带、邮寄、利用他人、使用交通工具等方法进行运送的行为。"出售"包括出卖和以营利为目的的加工利用行为。珍贵、濒危野生动物"制品"是指珍贵、濒危野生动物的肉、皮、毛、骨制成品。根据《刑法》第341条第1款规定,犯本罪的,处五年以下有期徒刑或者拘役,并处罚金;情节严重的,处五年以上十年以下有期徒刑,并处罚金;情节特别严重的,处十年以上有期徒刑,并处罚金或者没收财产。另据《刑法》第346条规定,单位犯本罪的,对单位判处罚金,并对其直接负责的主管人员和其他直接责任人员,依照自然人犯本罪的规定处罚。

7. 非法狩猎罪

非法狩猎罪,是指违反狩猎法规,在禁猎区、禁猎期或者使用禁用的工具、方法进行狩猎,破坏野生动物资源,情节严重的行为。非法狩猎罪的对象指除珍贵、濒危的陆生野生动物和水生野生动物以外,有益的或者有重要经济、科学研究价值的陆生野生动物,情节严重的行为。包括为首组织或者聚众非法狩猎的;在禁猎区或者禁猎期内,多次猎捕或大量猎捕野生动物的;使用禁用工具或者方法狩猎,使野生动物资源遭受重大损失的;长期非法狩猎屡教不改的、非法狩猎不听劝阻,威胁、殴打保护人员等。在主观方面,只要行为人出于故意,则不论动机与目的,均不影响本罪的成立。

在认定此罪时,应当注意本罪与非法猎捕、杀害珍贵、濒危野生动物罪的界限。二者在侵犯客体等方面有一些相似,但二者的显著区别在于:首先,二者侵害的对象不同。本罪侵害的对象是一般的陆生野生动物;而非法猎捕、杀害珍贵、濒危野生动物罪侵害的对象是国家重点保护的珍贵、濒危野生动物。其次,犯罪时间、地点、方法对于犯罪成立的意义不同。对于本罪来说,特定的时间(禁猎期)、地点(禁猎区)、工具(禁用的工具)或方法(禁用的方法)是本罪成立的必要条件;而对于非法猎捕、杀害珍贵、濒危野生动物罪来说,犯罪的时间、地点、工具和方法并非犯罪成立要件。最后,本罪属情节犯,只有非法狩猎,且情节严重的,才构成犯罪；而非法猎捕、杀害珍贵、濒危野生动物的行为，不论情节如何，都可构成犯罪。

根据《刑法》第341条第2款规定，犯本罪的，处三年以下有期徒刑、拘役、管制或者罚金。另据《刑法》第346条规定，单位犯本罪的，对单位判处罚金，并对其直接负责的主管人员和其他直接责任人员，依照自然人犯本罪的规定处罚。

8. 非法猎捕、收购、运输、出售陆生野生动物罪

违反野生动物保护管理法规，以食用为目的非法猎捕、收购、运输、出售在野外环境自然生长繁殖的陆生野生动物，情节严重的，处五年以上十年以下有期徒刑，并处罚金。

9. 非法占用农用地罪

非法占用农用地罪，是指违反土地管理法规，非法占用耕地、林地等农用地，改变被占用土地用途，数量较大，造成耕地、林地等农用地大量毁坏的行为。本罪属于结果犯，即要求行为人的行为造成了耕地、林地等农用地大量毁坏才构成本罪。要构成本罪首先必须是非法占用农用地后改变其用途，其次要达到数量较大，造成大量耕地破坏的程度。根据《刑法》第342条规定，犯本罪的，处五年以下有期徒刑或者拘役，并处或者单处罚金。另据《刑法》第346条规定，单位犯本罪的，对单位判处罚金，并对其直接负责的主管人员和其他直接责任人员，依照自然人犯本罪的规定处罚。

10. 破坏自然保护地罪

根据《刑法》第342条规定，违反自然保护地管理法规，在国家公园、国家级自然保护区进行开垦、开发活动或者修建建筑物，造成严重后果或者有其他恶劣情节的，处五年以下有期徒刑或者拘役，并处或者单处罚金。

11. 非法采矿罪

非法采矿罪，是指违反矿产资源法的规定，未取得采矿许可证擅自采矿的，擅自进入国家规划矿区、对国民经济具有重要价值的矿区和他人矿

区范围采矿的，擅自开采国家规定实行保护性开采的特定矿种，经责令停止开采后拒不停止开采，造成矿产资源破坏的行为。非法采矿罪在客观方面需要违反《矿产资源法》进行非法采矿的行为。同时，造成矿产资源破坏也是本罪的必要条件即由于行为人的非法采矿行为致使矿产资源的开采回采率下降或者使本来可以利用的共生矿、伴生矿和尾矿遭到破坏等情形。根据《刑法》第343条第1款规定，犯本罪的，处三年以下有期徒刑、拘役或者管制，并处或者单处罚金；情节特别严重的，处三年以上七年以下有期徒刑，并处罚金。另据《刑法》第346条规定，单位犯本罪的，对单位判处罚金，并对其直接负责的主管人员和其他直接责任人员，依照自然人犯本罪的规定处罚。

12. 破坏性采矿罪

破坏性采矿罪，是指违反矿产资源法的规定，采取破坏性的开采方法开采矿产资源，造成矿产资源严重破坏的行为。"破坏性采矿的行为"是指在开采矿产资源过程中，违反矿产资源法及有关规定，采易弃难，采富弃贫，严重违反开采回采率、采矿贫化率和选矿回收率的指标进行采矿的行为。"造成矿产资源严重破坏"是指造成矿产资源破坏的面积大，致使重要矿产资源几乎完全不能开采以及造成珍贵稀有的矿产资源破坏的情况。认定本罪的关键在于行为方式，本罪是采用破坏性的方式采矿且造成严重后果，而非法采矿罪则是无证采矿或者违章采矿行为。

根据《刑法》第343条第2款规定，犯本罪的，处五年以下有期徒刑或者拘役，并处罚金。另据《刑法》第346条规定，单位犯本罪的，对单位判处罚金，并对其直接负责的主管人员和其他直接责任人员，依照自然人犯本罪的规定处罚。

13. 非法采伐、毁坏国家重点保护植物罪

非法采伐、毁坏国家重点保护植物罪，指违反森林法的规定，非法采伐、毁坏国家重点保护植物的行为。本罪侵犯的客体，是国家的林业管理制度。本罪在客观方面表现为违反森林法的规定，非法采伐、毁坏国家重点保护植物的行为。本罪的主体为一般主体。凡达到刑事责任年龄、具备

刑事责任能力的自然人均可以构成。单位也可成为本罪主体。本罪在主观方面只能由故意构成，过失不构成本罪。

14. 非法收购、运输、加工、出售国家重点保护植物、国家重点保护植物制品罪

非法收购、运输、加工、出售国家重点保护植物、国家重点保护植物制品罪指非法收购、运输、加工、出售国家重点保护植物、国家重点保护植物制品，破坏国家林业管理制度的行为。本罪侵犯的客体，是国家的林业管理制度。本罪在客观方面表现为非法收购、运输、加工、出售国家重点保护植物、国家重点保护植物制品，破坏国家林业管理制度的行为。本罪主体为一般主体。本罪在主观方面表现为故意。根据《刑法》第344条规定，犯上述罪的，处三年以下有期徒刑、拘役或者管制，并处罚金；情节严重的，处三年以上七年以下有期徒刑，并处罚金。另据《刑法》第346条规定，单位犯本罪的，对单位判处罚金，并对其直接负责的主管人员和其他直接责任人员，依照自然人犯本罪的规定处罚。

15. 非法引进、释放或者丢弃外来入侵物种罪

根据《刑法》第344条规定，违反国家规定，非法引进、释放或者丢弃外来入侵物种，情节严重的，处三年以下有期徒刑或者拘役，并处或者单处罚金。

16. 盗伐林木罪

盗伐林木罪，是指以非法占有为目的，盗伐森林或者其他林木，数量较大的行为。所谓盗伐森林或者其他林木，是指违反森林法及其他保护森林法规，擅自砍伐国家、集体所有（包括他人依法承包经营管理国家或集体所有）的森林或其他林木，以非法占有为目的，擅自砍伐国家、集体所有的森林或者其他林木，以及擅自砍伐他人自留山上林木的行为。这里的擅自砍伐，通常表现为秘密进行，但并不以此为限，公开进行的，也可成立本罪。成立本罪，还必须是行为人盗伐了数量较大的林木。根据最高人民法院、最高人民检察院《关于办理盗伐、滥伐林木案件应用法律的几个问题的解释》，所谓数量较大是指：在林区盗伐林木2—5立方米或幼树

100—250 株；在非林区盗伐 1—2.5 立方米或幼苗 50—150 株。

根据《刑法》第 345 条第 1 款规定，犯本罪的，处三年以下有期徒刑、拘役或者管制，并处或者单处罚金；数量巨大的，处三年以上七年以下有期徒刑，并处罚金；数量特别巨大的，处七年以上有期徒刑，并处罚金。另据《刑法》第 346 条规定，单位犯本罪的，对单位判处罚金，并对其直接负责的主管人员和其他直接责任人员，依照自然人犯本罪的规定处罚。此外，根据《刑法》第 345 条第 4 款规定，盗伐国家级自然保护区内的森林或者其他林木的，从重处罚。

17. 滥伐林木罪

滥伐林木罪，是指违反森林法的规定，滥伐森林或者其他林木，数量较大的行为。"滥伐林木"是指违反森林法及其他保护森林法规，未经林业行政主管部门及法律规定的其他主管部门批准并核发采伐许可证，或者虽持有采伐许可证，但违背采伐许可证所规定的地点、数量、树种、方式而任意采伐本单位所有或管理的，以及本人自留山上的森林或者其他林木的行为。滥伐林木罪要求采伐数量必须较大，根据最高人民法院的司法解释，本罪数量较大的起点为 10—20 立方米或者幼树 500—1000 株，一年内多次滥伐而未经处罚的，应该以累计的数量来追究刑事责任。

根据《刑法》第 345 条第 2 款规定，犯本罪的，处三年以下有期徒刑、拘役或者管制，并处或者单处罚金；数量巨大的，处三年以上七年以下有期徒刑，并处罚金。另据《刑法》第 346 条规定，单位犯本罪的，对单位判处罚金，并对其直接负责的主管人员和其他直接责任人员，依照自然人犯本罪的规定处罚。此外，根据《刑法》第 345 条第 4 款规定，滥伐国家级自然保护区内的森林或者其他林木的，从重处罚。

18. 非法收购、运输盗伐、滥伐的林木罪

根据《刑法》第 345 条第 3 款规定，非法收购、运输明知是盗伐、滥伐的林木，情节严重的，处三年以下有期徒刑、拘役或者管制，并处或者单处罚金；情节特别严重的，处三年以上七年以下有期徒刑，并处罚金。另据《刑法》第 346 条规定，单位犯本罪的，对单位判处罚金，并对其直

接负责的主管人员和其他直接责任人员,依照自然人犯本罪的规定处罚。

19. 走私珍贵动物、珍贵动物制品罪

根据《刑法》第151条规定,走私珍贵动物、珍贵动物制品罪是指自然人或者单位违反海关法规和野生动物法规,逃避海关监管,非法运输、携带、邮寄国家禁止进出口的珍贵动物及其制品进、出境的行为。

根据《刑法》第151条第2款规定,走私国家禁止进出口的珍贵动物及其制品的,处五年以上十年以下有期徒刑,并处罚金;情节特别严重的,处十年以上有期徒刑或者无期徒刑,并处没收财产;情节较轻的,处五年以下有期徒刑,并处罚金。根据第151条第4款规定,单位犯本罪,对单位判处罚金,对其直接负责的主管人员和其他直接责任人员,依照自然人犯本罪的规定处罚。

20. 走私珍稀植物、珍稀植物制品罪

根据《刑法》第151条规定,走私珍稀植物、珍稀植物制品罪是指单位或者自然人违反海关法规和环境保护法规,逃避海关监督,非法运输、携带、邮寄国家禁止进出口的珍稀植物及其制品进、出境的行为。

根据《刑法》第151条第3款规定,走私国家禁止进出口的珍稀植物及其制品的,处五年以下有期徒刑或者拘役,并处或者单处罚金;情节严重的,处五年以上有期徒刑,并处罚金。根据第151条第4款规定,单位犯本罪,对单位判处罚金,对其直接负责的主管人员和其他直接责任人员,依照自然人犯本罪的规定处罚。

21. 走私废物罪

根据《刑法》第339条第3款规定,以原料利用为名,进口不能用作原料的固体废物的,依照走私废物罪的规定定罪处罚。根据《刑法修正案(四)》第2条、第5条规定,走私废物罪是指单位或者自然人违反海关法规和环境保护法规,逃避海关监督,将境外的固体废物、液态废物和气态废物运输进境,情节严重的行为。

根据《刑法修正案(四)》第2条规定,犯本罪,情节严重的,处五年以下有期徒刑,并处或者单处罚金;情节特别严重的,处五年以上有期徒刑，并处罚金。单位犯本罪，对单位判处罚金，对其直接负责的主管人员和其他直接责任人员，依照自然人犯本罪的规定处罚。

22. 非法转让、倒卖土地使用权罪

根据《刑法》第228条和第231条规定，非法转让、倒卖土地使用权罪是指自然人和单位，以牟利为目的，违反土地管理法规，非法转让、倒卖土地使用权，情节严重的行为。

根据《刑法》第228条规定，以牟利为目的，违反土地管理法规，非法转让、倒卖土地使用权，情节严重的，处三年以下有期徒刑或者拘役，并处或者单处非法转让、倒卖土地使用权价额百分之五以上百分之二十以下罚金；情节特别严重的，处三年以上七年以下有期徒刑，并处非法转让、倒卖土地使用权价额百分之五以上百分之二十以下罚金。根据《刑法》第231条规定，单位犯本罪的，对单位判处罚金，并对其直接负责的主管人员和其他直接责任人员，依照自然人犯本罪的规定处罚。

23. 违法发放林木采伐许可证罪

根据《刑法》第407条规定，违法发放林木采伐许可证罪是指林业主管部门的工作人员违反森林法的规定，超过批准的年采伐限额发放林木采伐许可证或者违反规定滥发林木采伐许可证，情节严重，致使森林遭受严重破坏的行为。

根据《刑法》第407条规定，林业主管部门的工作人员犯本罪的，处三年以下有期徒刑或者拘役。

24. 环境监管失职罪

根据《刑法》第408条规定，环境监管失职罪是指负有环境保护监督管理职责的国家机关工作人员严重不负责任，导致发生重大环境污染事故，致使公私财产遭受重大损失或者造成人身伤亡的严重后果的行为。

根据《刑法》第408条规定，负有环境保护监督管理职责的国家机关工作人员犯本罪的，处三年以下有期徒刑或者拘役。

25. 非法批准征收、征用、占用土地罪

根据《刑法》第410条规定，非法批准征收、征用、占用土地罪是指国家机关工作人员徇私舞弊，违反土地管理法规，滥用职权，非法批准征收、征用、占用土地，情节严重的行为。

根据《刑法》第410条规定，犯本罪，情节严重的，处三年以下有期徒刑或者拘役；致使国家或者集体利益遭受特别重大损失的，处三年以上七年以下有期徒刑。

26. 非法低价出让国有土地使用权罪

根据《刑法》第410条规定，非法低价出让国有土地使用权罪是指国家机关工作人员徇私舞弊，违反土地管理法规，滥用职权，非法低价出让国有土地使用权，情节严重的行为。

根据《刑法》第410条规定，犯本罪，情节严重的，处三年以下有期徒刑或者拘役；致使国家或者集体利益遭受特别重大损失的，处三年以上七年以下有期徒刑。

参考文献

一、著作

[1][法]阿尔贝特·史怀泽.敬畏生命[M].陈泽环,译.上海：上海社会科学院出版社,1992.

[2][美]爱蒂丝·布朗·魏伊丝.公平地对待未来人类：国际法、共同遗产与世代间衡平[M].汪劲,于方,王鑫海,译.北京：法律出版社,2000.

[3]白贵秀.环境行政许可制度研究[M].北京：知识产权出版社,2012.

[4][英]彼得·辛格.动物解放[M].孟祥森,钱永祥,译.北京：光明日报出版社,1999.

[5]别涛.环境公益诉讼[M].北京：法律出版社,2007.

[6]蔡守秋.调整论：对主流法理学的反思与补充[M].北京：高等教育出版社,2003.

[7]蔡守秋.环境政策法律问题研究[M].武汉：武汉大学出版社,1999.

[8]蔡守秋.环境资源法教程（第三版）[M].北京：高等教育出版社,2017.

[9]蔡守秋.基于生态文明的法理学[M].北京：中国法制出版社,2014.

[10]蔡守秋.中国环境资源法学的基本理论[M].北京：中国人民大学出版社,2019.

[11]曹明德.环境侵权法[M].北京：法律出版社,2000.

[12]曹明德.生态法新探[M].北京：人民出版社,2007.

[13]曹明德.生态法原理[M].北京：人民出版社,2002.

[14]曾世雄.损害赔偿法原理[M].北京：中国政法大学出版社,2001.

［15］常纪文.环境法律责任原理研究［M］.长沙：湖南人民出版社，2001.

［16］陈慈阳.环境法总论（修订版）［M］.北京：中国政法大学出版社，2003.

［17］陈德敏.环境法原理专论［M］.北京：法律出版社，2008.

［18］陈德敏.挑战与策略：中国资源安全法律保障［M］.北京：法律出版社，2005.

［19］陈德敏.资源循环利用论［M］.北京：新华出版社，2006.

［20］陈贵民.现代行政法的基本理念［M］.济南：山东人民出版社，2004.

［21］陈泉生，等.科学发展观与法律发展：法学方法论的生态化［M］.北京：法律出版社，2008.

［22］陈泉生，张梓太.宪法与行政法的生态化［M］.北京：法律出版社，2001.

［23］陈泉生，等.环境法学基本理论［M］.北京：中国环境科学出版社，2004.

［24］陈泉生.环境法学［M］.厦门：厦门大学出版社，2008.

［25］陈泉生.环境法学基本理论［M］.北京：中国环境科学出版社，2004.

［26］陈兴良，周光权.刑法学的现代展开Ⅱ［M］.北京：中国人民大学出版社，2015.

［27］程啸.侵权责任法（第二版）［M］.北京：法律出版社，2015.

［28］代杰.环境法理学［M］.天津：天津大学出版社，2020.

［29］邓晓芒.哲学起步［M］.北京：商务印书馆，2017.

［30］［德］恩格斯.自然辩证法［M］.北京：人民出版社，1984.

［31］樊启荣.责任保险与索赔理赔［M］.北京：人民法院出版社，2002.

［32］丰晓萌.环境法学理论与实务研究［M］.北京：中国水利水电出版社，2015.

［33］付立忠.环境刑法学［M］.北京：中国方正出版社，2001.

［34］付子堂.法理学高阶［M］.北京：高等教育出版社，2008.

［35］付子堂.法理学进阶［M］.北京：法律出版社，2005.

［36］高铭暄，马克昌.刑法学（第五版）［M］.北京：北京大学出版社，高等教育出版社，2010.

［37］郭道晖.法的时代精神［M］.长沙：湖南出版社，1997.

［38］韩德培.环境保护法教程（第八版）［M］.北京：法律出版社，2018.

［39］韩德培.环境保护法教程［M］.北京：高等教育出版社，2015.

［40］贺思源.环境侵害国家赔偿责任研究［M］.北京：中国政法大学出版社，2015.

［41］胡宝林，湛中乐.环境行政法［M］.北京：中国人事出版社，1993.

［42］胡静.环境法的正当性与制度选择［M］.北京：知识产权出版社，2009.

［43］胡玉鸿.法学方法论导论［M］.济南：山东人民出版社，2002.

［44］黄明健.环境法制度论［M］.北京：中国环境科学出版社，2004.

［45］黄霞，常纪文.环境法学［M］.北京：机械工业出版社，2003.

［46］［美］霍尔姆斯·罗尔斯顿.环境伦理学——大自然的价值以及人对大自然的义务［M］.杨通进，译.北京：中国社会科学出版社，2000.

［47］［美］J.A.麦克尼利，等.保护世界的生物多样性［M］.周开亚，薛达元，等译.北京：中国环境科学出版社，1991.

［48］计金标.生态税收论［M］.北京：中国环境出版社，2000.

［49］江平.民法学［M］.北京：中国政法大学出版社，2001.

［50］焦艳鹏.刑法生态法益论［M］.北京：中国政法大学出版社，2012.

［51］金瑞林，汪劲.20世纪环境法学研究评述［M］.北京：北京大学出版社，2003.

［52］金瑞林.环境法学［M］.北京：北京大学出版社，2004.

［53］经济合作与发展组织.环境管理中的经济手段［M］.张世秋，译.北京：中国环境科学出版社，1996.

［54］李亮.法律责任条款规范化设置研究［M］.北京：中国社会科学出版社，2016.

［55］李希慧，董文辉，李冠煜.环境犯罪研究［M］.北京：知识产权出版社，2013.

［56］李雪松.中国水资源制度研究［M］.武汉：武汉大学出版社，2006.

［57］李挚萍.经济法的生态化［M］.北京：法律出版社，2003.

［58］梁慧星.裁判的方法（第三版）［M］.北京：法律出版社，2017.

［59］梁慧星.民商法论丛（第七卷）［M］.北京：法律出版社，1999.

［60］林灿铃.国际环境法［M］.北京：人民出版社，2004.

［61］刘琳.环境法律责任承担方式的新发展［M］.北京：中国社会科学出版社，2019.

［62］刘晓虎.恢复性司法研究［M］.北京：法律出版社，2014.

［63］［美］纳什.大自然的权利［M］.杨通进，译.青岛：青岛出版社，1999.

［64］吕世伦，文正邦.法哲学论［M］.北京：中国人民大学出版社，1999.

［65］吕忠梅.超越与保守：可持续发展视野下的环境法创新［M］.北京：法律出版

社，2003.

[66] 吕忠梅. 环境法导论（第三版）[M]. 北京：北京大学出版社，2015.

[67] 吕忠梅. 环境法新视野 [M]. 北京：中国政法大学出版社，2000.

[68] 吕忠梅. 环境法学（第二版）[M]. 北京：法律出版社，2008.

[69] 吕忠梅. 环境法学概要 [M]. 北京：法律出版社，2016.

[70] 吕忠梅. 环境损害赔偿法的理论与实践 [M]. 北京：中国政法大学出版社，2013.

[71] [美] 迈克尔·D. 贝勒斯. 法律的原则———一个规范的分析 [M]. 张文显，译. 北京：中国大百科全书出版社，1996.

[72] [苏] 马尔科夫. 社会生态学 [M]. 雒启珂，刘志明，译. 北京：中国环境科学出版社，1989.

[73] 马骧聪. 环境资源法 [M]. 北京：北京师范大学出版社，1999.

[74] 齐树洁，林建文. 环境纠纷解决机制研究 [M]. 厦门：厦门大学出版社，2005.

[75] 钱水苗，范莉，夏少敏. 环境资源法 [M]. 杭州：浙江大学出版社，2007.

[76] 乔世明. 环境损害与法律责任 [M]. 北京：中国经济出版社，1999.

[77] 邱聪智. 公害法原理 [M]. 台北：三民书局，1984.

[78] 曲格平，彭近新. 环境觉醒：人类环境会议和中国第一次环境保护会议 [M]. 北京：中国环境科学出版社，2010.

[79] 曲格平. 曲之求索：中国环境保护方略 [M]. 北京：中国环境科学出版社，2010.

[80] 沈宗灵. 法理学（第四版）[M]. 北京：北京大学出版社，2014.

[81] 沈宗灵. 现代西方法理学 [M]. 北京：北京大学出版社，2000.

[82] 史玉成，郭武. 环境法的理论更新与制度重构 [M]. 北京：高等教育出版社，2010.

[83] 史玉成. 环境法的法权结构理论 [M]. 北京：商务印书馆，2018.

[84] 世界环境与发展委员会. 我们共同的未来 [M]. 王之佳，译. 长春：吉林人民出版社，1997.

[85] 舒国滢. 法哲学沉思录 [M]. 北京：北京大学出版社，2010.

[86] 宋宗宇. 环境侵权民事责任研究 [M]. 重庆：重庆大学出版社，2005.

[87] 陶信平. 环境资源法学 [M]. 西安：西安交通大学出版社，2006.

［88］万霞.国际环境法资料选编［M］.北京：中国政法大学出版社，2011.

［89］汪劲.环境法律的理念与价值追求——环境立法目的论［M］.北京：法律出版社，2000.

［90］汪劲.环境法学（第四版）［M］.北京：北京大学出版社，2018.

［91］汪劲.中国环境法原理［M］.北京：北京大学出版社，2000.

［92］王灿发.环境法学教程［M］.北京：中国政法大学出版社，1997.

［93］王利明.人格权法研究［M］.北京：中国人民大学出版社，2005.

［94］王利明.物权法研究［M］.北京：中国人民大学出版社，2002.

［95］王莉.环境侵权救济研究［M］.上海：复旦大学出版社，2015.

［96］王明远.环境侵权救济法律制度［M］.北京：中国法制出版社，2001.

［97］王树义，等.环境法基本理论研究［M］.北京：科学出版社，2012.

［98］王太高.行政补偿制度研究［M］.北京：北京大学出版社，2004.

［99］王万华.行政程序法研究［M］.北京：中国法制出版社，2000.

［100］王卫国.过错责任原则：第三次勃兴［M］.北京：中国法制出版社，2000.

［101］王文革.环境资源法（第二版）［M］.北京：中国政法大学出版社，2016.

［102］王秀梅，杜澎.破坏环境资源保护罪［M］.北京：中国人民公安大学出版社，1998.

［103］王轶.侵权责任法（第二版）［M］.北京：法律出版社，2015.

［104］王泽鉴.侵权行为法（第一册）［M］.北京：中国政法大学出版社，2002.

［105］魏振瀛.民法［M］.北京：北京大学出版社，2000.

［106］吴卫星.环境权理论的新展开［M］.北京：北京大学出版社，2018.

［107］吴卫星.环境权研究：公法学的视角［M］.北京：法律出版社，2007.

［108］幸红.环境与资源保护法学［M］.广州：暨南大学出版社，2009.

［109］徐国栋.绿色民法典草案［M］.北京：中国社会科学出版社，2004.

［110］徐国栋.民法基本原则解释［M］.北京：中国政法大学出版社，1992.

［111］徐祥民.环境与资源保护法学［M］.北京：北京科学出版社，2008.

［112］闫海，等.美丽中国的环境行政法展开［M］.北京：法律出版社，2019.

［113］颜运秋.公益诉讼理念研究［M］.北京：中国检察出版社，2002.

[114] 杨朝霞.生态文明观的法律表达：兼论环境权和环境公益诉讼［M］.北京：中国政法大学出版社，2019.

[115] 杨解君.行政责任问题研究［M］.北京：北京大学出版社，2005.

[116] 杨金田，葛察忠.环境税的新发展：中国与OECD比较［M］.北京：中国环境科学出版社，2001.

[117] 杨立新.侵权责任法（第三版）［M］.北京：法律出版社，2018.

[118] 杨立新.侵权责任法［M］.北京：法律出版社，2010.

[119] 杨仁寿.法学方法论［M］.北京：中国政法大学出版社.1999.

[120] 杨通进.当代西方环境伦理学［M］.北京：科学出版社，2017.

[121] 叶俊荣.环境政策与法律（第二版）［M］.台北：元照出版公司，2010.

[122] 余俊.环境权的文化之维［M］.北京：法律出版社，2010.

[123] 余耀君，张宝，张敏纯.环境污染责任争点与案例［M］.北京：北京大学出版社，2014.

[124] ［日］原田尚彦.环境法［M］.于敏，译.北京：法律出版社，1999.

[125] 张宝.环境侵权的解释论［M］.北京：中国政法大学出版社，2015.

[126] 张恒山.法理要论（第三版）［M］.北京：北京大学出版社，2009.

[127] 张建伟.政府环境责任论［M］.北京：中国环境科学出版社，2008.

[128] 张金海.侵权行为违法性研究［M］.北京：法律出版社，2012.

[129] 张君明.环境法与生态文明建设［M］.长春：吉林大学出版社，2017.

[130] 张明楷.法益初论［M］.北京：中国政法大学出版社，2000.

[131] 张乃根.西方法哲学史纲［M］.北京：中国政法大学出版社，1995.

[132] 张淑玲，谭柏平.环境资源法［M］.北京：北京工业大学出版社，2009.

[133] 张挺.环境侵权中侵害排除理论研究——以中日法比较为视角［M］.北京：中国社会科学出版社，2015.

[134] 张文显.二十世纪西方法哲学思潮研究［M］.北京：法律出版社，1996.

[135] 张文显.法理学（第五版）［M］.北京：高等教育出版社，2018.

[136] 张文显.法哲学范畴研究（修订版）［M］.北京：中国政法大学出版社，2001.

[137] 张晓梅.中国惩罚性赔偿制度的反思与重构［M］.上海：上海交通大学出版社，2015.

273

[138] 张新宝.中国侵权行为法[M].北京：中国社会科学出版社，1998.

[139] 张越.法律责任设计原理[M].北京：中国法制出版社，2010.

[140] 张震.作为基本权利的环境权研究[M].北京，法律出版社，2010.

[141] 张志勇.行政法律责任探析[M].上海：学林出版社，2007.

[142] 张梓太，吴卫星.环境保护法概论[M].北京：中国环境科学出版社，2003.

[143] 张梓太.环境法律责任研究[M].北京：商务印书馆，2004.

[144] 张梓太.环境与资源法学（第二版）[M].北京：科学出版社，2007.

[145] 赵秉志，王志梅，杜澎.环境犯罪比较研究[M].北京：法律出版社，2004.

[146] 赵国青.外国环境法选编[M].北京：中国政法大学出版社，2000.

[147] 郑少华.生态主义法哲学[M].北京：法律出版社，2002.

[148] 周珂，等.环境与资源保护法（第二版）[M].北京：中国人民大学出版社，2010.

[149] 周珂.环境保护行政许可听证实例与解析[M].北京：中国环境科学出版社，2005.

[150] 周珂.环境法学研究[M].北京：中国人民大学出版社，2008.

[151] 周珂.环境与资源保护法[M].北京：中国人民大学出版社，2015.

[152] 周训芳，李爱年.环境法学[M].长沙：湖南人民出版社，2008.

[153] 周训芳.环境权论[M].北京：法律出版社，2003.

[154] 周永坤，范忠信.法理学：市场经济下的探索[M].南京：南京大学出版社，1994.

[155] 周永坤.法理学：全球视野（第四版）[M].北京：法律出版社，2016.

[156] 周佑勇.行政法原论（第三版）[M].北京：北京大学出版社，2018.

[157] 朱谦.环境法基本原理——以环境污染防治法律为中心[M].北京：知识产权出版社，2009.

[158] 竺效.环境法入门笔记[M].北京：法律出版社，2017.

[159] 竺效.生态损害的社会化填补法理研究[M].北京：中国人民大学出版社，2017.

[160] 邹海林.责任保险论[M].北京：法律出版社，1999.

[161] 邹雄.环境侵权救济研究[M].北京：中国环境科学出版社，2004.

[162] 左卫民.诉讼权研究[M].北京：法律出版社，2003.

二、论文

[1] 毕成.论法律责任的历史发展[J].法律科学，2000（3）.

[2] 蔡定剑.公众参与及其在中国的发展[J].团结，2009（4）.

[3] 蔡守秋，吴贤静.论生态人的要点和意义[J].现代法学，2009（4）.

[4] 蔡守秋.从环境权到国家环境保护义务和环境公益诉讼[J].现代法学，2013（6）.

[5] 蔡守秋.环境权初探[J].中国社会科学，1982（3）.

[6] 蔡守秋.论公众共用物的法律保护[J].河北法学，2012（4）.

[7] 曹和平.浅析环境保护行政代履行制度的若干问题[J].江淮论坛，2013（5）.

[8] 陈晟，周珂.论环境犯罪的刑事处罚[J].东南学术，2009（1）.

[9] 陈海嵩.政府环境法律责任的实证研究——以环境风险防范地方立法评估为例[J].社会科学战线，2016（1）.

[10] 陈红梅.论环境侵权中纯粹经济损失的赔偿与控制[J].华东政法大学学报，2012（2）.

[11] 陈娇.我国环境犯罪刑事责任的承担方式研究[D].贵阳：贵州大学，2015.

[12] 大须贺明.环境权的法理[J].林浩，译.西北大学学报（哲学社会科学版），1999（1）.

[13] 邓海峰.环境法与自然资源法关系新探[J].清华法学，2018（5）.

[14] 丁成际.论代际正义与可持续发展[J].毛泽东邓小平理论研究，2011（8）.

[15] 钭晓东.论环境法律责任机制的重整[J].法学评论，2012（1）.

[16] 窦海阳.环境侵权类型的重构[J].中国法学，2017（4）.

[17] 付建.环境权的司法救济途径：兼论我国环境公益诉讼制度的构建[J].江汉论坛，2006（6）.

[18] 高利红.环境法学的核心理念：可持续发展[J].法商研究，2005（1）.

[19] 高利红.环境资源法的价值理念和立法目的[J].中国地质大学学报（社会科学

版），2005（3）．

[20] 葛云松．赔礼道歉民事责任的适用［J］．法学，2013（5）．

[21] 巩固，陈瑶．以禁令制度弥补环境公益诉讼民事责任之不足——美国经验的启示与借鉴［J］．河南财经政法大学学报，2017（4）．

[22] 巩固．私权还是公益？环境法学核心范畴探析［J］．浙江工商大学学报，2009（6）．

[23] 谷德近．论环境权的属性［J］．南京社会科学，2003（3）．

[24] 何家弘．论推定规则适用中的证明责任和证明标准［J］．中外法学，2008（6）．

[25] 何志鹏，孙璐．可持续发展的国际法保障［J］．当代法学，2005（1）．

[26] 胡正昌．公共治理理论及其政府治理模式的转变［J］．前沿，2008（5）．

[27] 黄锡生，张天泽．论环境污染民事法律责任的形式［J］．江西理工大学学报，2015（4）．

[28] 江山．法律革命：从传统到超现代——兼谈环境资源法的法理问题［J］．比较法研究，2000（1）．

[29] 姜明安．公众参与与行政法治［J］．中国法学，2004（2）．

[30] 金鑫柴．环境受污，党政同责：著名环保法专家王灿发解读《党政领导干部生态环境损害责任追究办法（试行）》［J］．环境教育，2015（9）．

[31] 康京涛．生态修复责任研究［D］．武汉：武汉大学，2017．

[32] 李爱年．环境法的伦理审视［J］．吉首大学学报（社会科学版），2007（6）．

[33] 李承亮．侵权责任法视野中的生态损害［J］．现代法学，2010（1）．

[34] 李林．习近平全面依法治国思想的理论逻辑与创新发展［J］．法学研究，2016（2）．

[35] 李挚萍．环境修复的司法裁量［J］．中国地质大学学报（社会科学版），2014（4）．

[36] 李挚萍．论政府环境法律责任——以政府对环境质量负责为基点［J］．中国地质大学学报（社会科学版），2008（2）．

[37] 李挚萍．生态环境修复责任法律性质辨析［J］．中国地质大学学报（社会科学版），2018（2）．

[38] 凌相权．公民应当享有环境权：关于环境、法律、公民权问题的探讨［J］．湖北环境科学，1981（1）．

[39] 刘洪岩．接驭与拓展："生态文明入宪"与环境法制革新［J］．吉林大学社会科学

学报，2019（5）．

［40］刘雪斌．正义、文明传承与后代人："代际正义的可能与限度"［J］．法制与社会发展，2007（6）．

［41］刘志坚．环境行政法律责任实现论［J］．昆明理工大学学报（社会科学版），2009（5）．

［42］罗丽．日本环境权理论和实践的新展开［J］．当代法学，2007（3）．

［43］吕忠梅，窦海阳．民法典"绿色化"与环境法典的调适［J］．中外法学，2018（4）．

［44］吕忠梅，窦海阳．修复生态环境责任的实证解析［J］．法学研究，2017（2）．

［45］吕忠梅．"生态环境损害赔偿"的法律辨析［J］．法学论坛，2017（3）．

［46］吕忠梅．环境法回归 路在何方：关于环境法与传统部门法关系的再思考［J］．清华法学，2018（5）．

［47］吕忠梅．论公民环境权［J］．法学研究，1995（6）．

［48］吕忠梅．新时代环境法学研究思考［J］．中国政法大学学报，2018（4）．

［49］吕忠梅．寻找长江流域立法的新法理：以方法论为视角［J］．政法论丛，2018（6）．

［50］吕忠梅．再论公民环境权［J］．法学研究，2000（6）．

［51］马骧聪．关于环境法、自然资源法和国土法的思考［J］．法学研究，1989（6）．

［52］那力，杨南．环境权与人权问题的国际视野［J］．法律科学，2009（6）．

［53］钱弘道．法律的经济分析工具［J］．法学研究，2004（4）．

［54］史玉成．环境利益、环境权利与环境权力的分层建构：基于法益分析方法的思考［J］．法商研究，2013（5）．

［55］孙佑海．《环境保护法》修改的来龙去脉［J］．环境保护，2013（16）．

［56］孙佑海．生态文明建设需要法治的推进［J］．中国地质大学学报（社会科学版），2013（1）．

［57］唐芒花．赔礼道歉在环境侵权责任纠纷中的适用［J］．学术论坛，2016（8）．

［58］唐双娥．美国关于温室气体为"空气污染物"的争论及对我国的启示［J］．中国环境管理干部学院学报，2011（4）．

［59］汪劲．环境法的法典化：迷思与解迷［J］．中国地质大学学报（社会科学版），2010（3）．

［60］汪劲．论全球环境立法的趋同化［J］．中外法学，1998（2）．

［61］王灿发.论生态文明建设法律保障体系的构建［J］.中国法学，2014（3）.

［62］王江，黄锡生.我国生态环境恢复立法析要［J］.法律科学（西北政法大学学报），2011（3）.

［63］王锦.环境法律责任与制裁手段选择［D］.北京：中共中央党校，2011.

［64］王晋岳.论刑事责任的实现［D］.长春：吉林大学，2013.

［65］王利明.惩罚性赔偿研究［J］.中国社会科学，2000（4）.

［66］王社坤.论环境法的调整对象［J］.昆明理工大学学报（社会科学版），2009（9）.

［67］王树义，刘静.美国自然资源损害赔偿制度探析［J］.法学评论，2009（1）.

［68］王树义.论生态文明建设与环境司法改革［J］.中国法学，2014（3）.

［69］王曦.环保主体互动法制保障论［J］.上海交通大学学报（哲学社会科学版），2012（1）.

［70］文正邦，曹明德.生态文明建设的法哲学思考：生态法治构建刍议［J］.东方法学，2013（6）.

［71］吴金梅.论环境行政法律责任［D］.哈尔滨：东北林业大学，2006.

［72］吴卫星.生态文明建设进程中环境权入宪的功能［J］.环境保护，2008（3）.

［73］吴亚平.论自然的属性及环境法的理念［J］.东南学术，2002（5）.

［74］徐本鑫.论生态恢复法律责任的实践创新与制度跟进［J］.大连理工大学学报（社会科学版），2017（2）.

［75］徐祥民.环境权论：人权发展历史分期的视角［J］.中国社会科学，2004（4）.

［76］徐以祥.环境权利理论、环境义务理论及其融合［J］.甘肃政法学院学报，2015（2）.

［77］颜运秋，李明耀.各界进言公益诉讼立法 跨越公益诉讼制度障碍："公益诉讼立法建议"研讨会会议综述［J］.经济法论丛，2012（1）.

［78］杨朝霞.环境权的理论辨析［J］.环境保护，2015（24）.

［79］杨朝霞.论环境公益诉讼的权利基础和起诉顺位：兼谈自然资源物权和环境权的理论要点［J］.法学论坛，2013（3）.

［80］姚建宗.权利思维的另一面［J］.法制与社会发展，2005（6）.

［81］湛中乐，尹婷.环境行政公益诉讼的发展路径［J］.国家检察官学院学报，2017（2）.

［82］张辉.论环境民事公益诉讼的责任承担方式［J］.法学论坛，2014（6）.

[83] 张力. 论法人的精神损害赔偿请求权 [J]. 法商研究, 2017（1）.

[84] 张式军. 环境立法目的的批判、解析与重构 [J]. 浙江学刊, 2011（5）.

[85] 张式军. 以环境公益诉讼破解环境行政执法难题——首例大气污染环境公益诉讼案核心问题之法律分析 [J]. 环境保护, 2015（15）.

[86] 张文显. 从义务本位到权利本位是法的发展规律 [J]. 社会科学战线, 1990（3）.

[87] 张文显. 法律责任论纲 [J]. 吉林大学社会科学学报, 1991（1）.

[88] 张霞. 生态犯罪案件中恢复性司法应用研究 [J]. 政法论丛, 2016（2）.

[89] 张翔. 环境宪法的新发展及其规范阐释 [J]. 法学家, 2018（3）.

[90] 张新宝, 庄超. 扩张与强化：环境侵权责任的综合适用 [J]. 中国社会科学, 2014（3）.

[91] 张新宝. 侵权责任法立法的利益衡量 [J]. 中国法学, 2009（4）.

[92] 张梓太. 论法典化与环境法的发展 [J]. 华东政法大学学报, 2007（3）.

[93] 张梓太. 论我国环境法法典化的基本路径与模式 [J]. 现代法学, 2008（4）.

[94] 赵秉志. 中国环境犯罪的立法演进及其思考 [J]. 江海学刊, 2017（1）.

[95] 赵春. 生态修复机制在环境司法中的实现路径探究 [J]. 辽宁师范大学学报（社会科学版）, 2017（2）.

[96] 赵红梅, 于文轩. 环境权的法理念解析与法技术构造：一种社会法的解读 [J]. 法商研究, 2004（3）.

[97] 赵虎. 环境侵权民事责任研究 [D]. 武汉：武汉大学, 2012.

[98] 周敦耀. 试论代际正义 [J]. 广西大学学报（哲学社会科学版）, 1997（3）.

[99] 朱广新. 惩罚性赔偿制度的演进与适用 [J]. 中国社会科学, 2014（3）.

[100] 朱国华. 我国环境治理中的政府环境责任研究 [D]. 南昌：南昌大学, 2016.

[101] 朱谦. 论环境权的法律属性 [J]. 中国法学, 2001（3）.

[102] 朱晓勤. 生态环境修复责任制度探析 [J]. 吉林大学社会科学学报, 2017（5）.

[103] 竺效, 丁霖. 论环境行政代履行制度入《环境保护法》——以环境私权对环境公权的制衡为视角 [J]. 中国地质大学学报（社会科学版）, 2014（3）.

[104] 竺效. 环境保护行政许可听证制度初探 [J]. 甘肃社会科学, 2005（5）.

[105] 竺效.论环境行政许可听证利害关系人代表的选择机制[J].法商研究,2005(5).

[106] 庄超.环境法律责任制度的反思与重构[D].武汉:武汉大学,2014.

[107] 邹雄.论环境权的概念[J].现代法学,2008(5).

后 记

本书是我承担的中南林业科技大学研究生教材项目（项目编号：2018JC003）的成果。

我所在的学院——中南林业科技大学政法学院法学专业教育始于1993年，2006年获得环境与资源保护法学二级学科硕士学位授权点，2011年获得法学一级学科硕士学位授权点。自2006年开始，我承担环境与资源保护法学硕士研究生课程《环境法原理》的教学任务。2009年《环境法原理》课程被列为学校研究生精品课程建设项目，2010年我主持中南林业科技大学研究生教材《环境法原理》建设项目。因为当时经费严重不足，教材《环境法原理》最终以讲义结项。2018年，《环境法原理》教材又重新立项。然而，随着时间的推移，我国的环境法无论是立法还是实践都发生了很大的变化，教材的编撰可以说是重新开始。

感谢向佐群教授、刘雪梅教授对我的大力帮助，为我的写作提出了许多宝贵意见。感谢蒋洁霞教授对我的关心和支持。感谢中南林业科技大学政法学院的各位领导和其他同事的鼓励和支持。感谢我的研究生胡锦华、赵紫荆、卢俊霖等为我收集资料、校对所做的工作。在本书的撰写过程中，我参阅并引用了许多专家学者的观点，在此表示感谢。本书的出版，还要特别感谢知识产权出版社的宋云主任和赵昱编辑，她们精益求精的工作作风、严谨娴熟的编辑能力使本书增色不少。书中错误和纰漏之处，敬请学界同仁批评指正。

姜素红
2021年10月18日